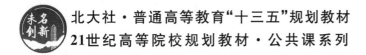

北大社·普通高等教育"十三五"规划教材
21世纪高等院校规划教材·公共课系列

新编大学体育教程

主　编　何艳君　曹志凯
参　编　（按姓名拼音排序）
　　　　蔡其飞　曹东胜　陈绍艳　冯　铭　郭洁民
　　　　黄锦瑞　黄　霞　金　伟　金哲荣　龙　艳
　　　　马莜兰　宓钟琪　王　莉　魏东强　吴　冰
　　　　查吉陆　张　晔　张　奕　赵静晓　周贤彪

图书在版编目(CIP)数据

新编大学体育教程/何艳君,曹志凯主编. —北京:北京大学出版社,2021.8
21世纪高等院校规划教材·公共课系列
ISBN 978-7-301-32447-9

Ⅰ.①新… Ⅱ.①何… ②曹… Ⅲ.①体育–高等学校–教材 Ⅳ.①G807.4

中国版本图书馆CIP数据核字（2021）第173831号

书　名	新编大学体育教程 XINBIAN DAXUE TIYU JIAOCHENG
著作责任者	何艳君　曹志凯　主编
责任编辑	李玥
标准书号	ISBN 978-7-301-32447-9
出版发行	北京大学出版社
地　　址	北京市海淀区成府路205号　100871
网　　址	http://www.pup.cn　　新浪微博:@北京大学出版社
电子信箱	zyjy@pup.cn
电　　话	邮购部 010-62752015　发行部 010-62750672　编辑部 010-62704142
印刷者	河北滦县鑫华书刊印刷厂
经销者	新华书店 787毫米×1092毫米　16开本　18.25印张　470千字 2021年8月第1版　2021年8月第1次印刷
定　　价	49.00元

未经许可，不得以任何方式复制或抄袭本书之部分或全部内容。
版权所有，侵权必究
举报电话：010-62752024　电子信箱：fd@pup.pku.edu.cn
图书如有印装质量问题，请与出版部联系，电话：010-62756370

前 言

大学体育课程是学校课程体系的重要组成部分，是高等院校体育工作的中心环节。《中共中央国务院关于深化教育改革，全面推进素质教育的决定》明确指出："学校教育要树立健康第一的指导思想，切实加强体育工作。"教育部也强调要把学校体育工作的重心切实放到面向全体学生，全面提高学生的身心健康水平上来。基于上述要求，我们明确了大学体育是学校体育教育的终点，同时又是大学生实现终身体育的起点的编写方针。在反复探索和实践的基础上，结合大学生的身心特点和学习的实际要求，我们组织编写了这本《新编大学体育教程》，在编写过程中将切实增进大学生的身心健康放在首位。

本书主要体现健康第一和以发展学生综合能力为本的教育指导思想，根据教育部颁发的《全国普通高等学校体育课程教学指导纲要》精神，在内容的选择上，既体现健身性和文化性、选择性和实效性、科学性和可实施性原则，又充分反映和体现教育部制定的《学生体质健康标准》的内容和要求。

一方面，本书从宏观角度将大学生应该掌握的体育理论知识融入各个章节中，对体育的起源、性质、制度、体育健身原理与方法进行了较详细的介绍，有利于大学生系统地掌握所需的体育知识，增强体育意识，掌握科学的健身方法，养成健康的生活方式，明确体育对人的发展所产生的积极影响，为今后终身体育的形成奠定坚实的基础。另一方面，本书从微观角度介绍了各个体育运动项目的起源、基本技术、基本战术、方法等相关内容，有利于大学生掌握和了解体育锻炼的一些基本知识、技能与技巧，掌握适合自身特点的体育锻炼方法和手段，培养和形成与自身相适应的体育锻炼模式。

在编写过程中，本书参考了一些优秀的教材和资料，在此表示感谢。由于作者编写水平有限，书中尚有不完善之处，恳请广大师生批评指正，以便今后修订和完善。

编　者
2021 年 7 月

目　录

第一章　体育概述 ·· 1
　　第一节　体育的产生与发展 ·· 2
　　第二节　体育的基本功能 ·· 4
　　第三节　学校体育与人的全面发展 ·· 8
　　第四节　大学体育课程的目标 ·· 11

第二章　体育健身原则、方法与卫生保健 ·· 15
　　第一节　体育健身的原则与方法 ·· 16
　　第二节　常见运动损伤的预防及处理 ·· 19
　　第三节　体育健身的合理营养 ·· 26

第三章　足球 ·· 31
　　第一节　足球运动概述 ·· 32
　　第二节　足球基本技术 ·· 36
　　第三节　足球基本战术 ·· 42
　　第四节　足球竞赛规则 ·· 46

第四章　篮球 ·· 51
　　第一节　篮球运动概述 ·· 52
　　第二节　篮球基本技术 ·· 56
　　第三节　篮球基本战术 ·· 64
　　第四节　篮球竞赛规则 ·· 77

第五章　排球 ·· 81
　　第一节　排球运动概述 ·· 82
　　第二节　排球基本技术 ·· 86
　　第三节　排球基本战术 ·· 95
　　第四节　排球竞赛规则 ·· 99

第六章　乒乓球 ·· 103
　　第一节　乒乓球运动概述 ·· 104
　　第二节　乒乓球基本技术 ·· 106

第三节　乒乓球基本战术 …………………………………………………… 115
　　第四节　乒乓球竞赛规则 …………………………………………………… 117

第七章　羽毛球 …………………………………………………………………… 121
　　第一节　羽毛球运动概述 …………………………………………………… 122
　　第二节　羽毛球基本技术 …………………………………………………… 124
　　第三节　羽毛球基本战术 …………………………………………………… 133
　　第四节　羽毛球竞赛规则 …………………………………………………… 135

第八章　网球 ……………………………………………………………………… 139
　　第一节　网球运动概述 ……………………………………………………… 140
　　第二节　网球基本技术 ……………………………………………………… 143
　　第三节　网球基本战术 ……………………………………………………… 153
　　第四节　网球竞赛规则 ……………………………………………………… 155

第九章　棒垒球 …………………………………………………………………… 159
　　第一节　棒垒球概述 ………………………………………………………… 160
　　第二节　棒垒球术语 ………………………………………………………… 161
　　第三节　棒垒球基本技术 …………………………………………………… 166
　　第四节　棒垒球基本战术 …………………………………………………… 168

第十章　游泳 ……………………………………………………………………… 171
　　第一节　游泳概述 …………………………………………………………… 172
　　第二节　游泳运动的基本动作 ……………………………………………… 173
　　第三节　水上救护 …………………………………………………………… 183

第十一章　田径健身运动 ………………………………………………………… 189
　　第一节　田径健身运动概述 ………………………………………………… 190
　　第二节　健身走 ……………………………………………………………… 191
　　第三节　健身跑 ……………………………………………………………… 192
　　第四节　健身跳 ……………………………………………………………… 194

第十二章　健美操 ………………………………………………………………… 197
　　第一节　健美操概述 ………………………………………………………… 198
　　第二节　健美操基本动作 …………………………………………………… 202
　　第三节　健美操运动损伤的预防 …………………………………………… 208
　　第四节　健美操欣赏 ………………………………………………………… 210

第十三章　自行车运动 …………………………………………………………… 213
　　第一节　自行车运动概述 …………………………………………………… 214
　　第二节　自行车骑行技术 …………………………………………………… 215
　　第三节　自行车长途旅行指南 ……………………………………………… 219

第十四章　体育舞蹈 ……………………………………………………………… 223
　　第一节　体育舞蹈概述 ……………………………………………………… 224

第二节　体育舞蹈的基本动作及其组合 …………………………………… 224
　　第三节　体育舞蹈竞赛规则 ……………………………………………… 231

第十五章　瑜伽 ………………………………………………………………… 233
　　第一节　瑜伽概述 ………………………………………………………… 234
　　第二节　瑜伽的练习方法 ………………………………………………… 235
　　第三节　瑜伽的功效及注意事项 ………………………………………… 236

第十六章　定向运动 …………………………………………………………… 239
　　第一节　定向运动概述 …………………………………………………… 240
　　第二节　定向运动的器材和装备 ………………………………………… 243
　　第三节　定向运动的基本技术 …………………………………………… 244

第十七章　武术 ………………………………………………………………… 251
　　第一节　武术概述 ………………………………………………………… 252
　　第二节　传统武术 ………………………………………………………… 254
　　第三节　现代竞技武术 …………………………………………………… 259

第十八章　舞龙、舞狮 ………………………………………………………… 261
　　第一节　舞龙运动概述 …………………………………………………… 262
　　第二节　舞狮运动概述 …………………………………………………… 263

附录：国家学生体质健康标准（2014年修订） ……………………………… 265
参考文献 ……………………………………………………………………… 284

第一章 体育概述

第一节 体育的产生与发展

体育作为一种社会现象,是一种有目的、有意识的社会实践活动。这种社会现象是随着人类社会的产生和发展而出现和演进的。体育的发展与社会的发展息息相关。在人类社会漫长的历史中,体育运动也像其他事物一样,经历了一个由萌生到发展再到不断完善的过程。它犹如人类历史长河中的一条小支流沿着自己的河道前进,而又与整个社会洪流保持着血肉相通的联系。

关于体育的起源,有多种理论和观点,如"劳动产生体育说""需要产生体育论"等。从体育产生的"一源观"到"多源观",人们对其认识在不断地开拓与发展。这无疑是一种进步和突破,使认识更接近客观实际。

一、体育与生产劳动

在原始社会,原始人在严酷的生活环境中,没有劳动工具,只能利用一些简单的石器,靠采集、狩猎、捕鱼等方法来获得各种食物、维持生存。他们的劳动主要靠攀登和爬越去采集野果,靠游泳或用掷矛器捕鱼,靠刺杀来对付虎、豹、熊等凶猛的野兽……原始人类的这些活动,其根本目的是为了生存的需要,而不是为了锻炼身体,增强体质。因此,严格地说,这些都只能称为生活和劳动。人们当时的跑、跳、投、攀、爬等动作技能既是劳动动作,又是基本生活技能,也是现代体育活动的前身,现代体育运动正是从这些活动中脱胎出来的。

二、体育与教育

原始人在长期的生产和生活实践中,自然知识与社会知识不断积累,生产工具不断改进,生产力不断提高,劳动技能日趋多样化、复杂化。这时,人们逐渐意识到对未来生活必须有所准备,劳动经验、生活技能和身体素质必须产生某种继承、传授、学习和训练,才能使下一代很好地生存和发展,这种继承、传授、学习、训练的过程,就是早期教育的产生。原始体育主要是一些生产技能的传授,而原始的生产技能又多是极笨重的体力劳动,因此,在原始教育中体育是主要的内容和手段。可见体育问世之初,就是一种教育人、培养人的手段。

早期教育孕育了体育,后来又为体育的形成和发展奠定了基础。我国殷商时期的"学宫"就是把习射作为教育的主要内容;周代的"六艺"(礼、乐、射、御、书、数)教育中的射、御也包含了体育的因素;古希腊的斯巴达教育体系中,把军事和体育列为主要的教学科目;现代体育更是以现代教育中的学校体育为基础。由此可见,体育是教育的组成部分之一,教育为体育的产生、发展创造了条件,促进了体育的形成和发展。

三、体育与娱乐

原始娱乐的主要形式是舞蹈,舞蹈与体育有很多的共同特点,比如都是身体活动,都有健身的作用。原始人为了表达对狩猎成功的喜悦、对自然的崇拜、对祖先的祭祀以及抒发情感,他们往往在酋长的率领下进行集体舞蹈,这种舞蹈既是一种对身体的训练,又是一种娱乐。

体育的一些项目,是在人们的娱乐中发展起来的。如各种游戏,民间流传的秋千、毽子,以及各民族之中盛行的带有民族色彩的一些体育项目,都是娱乐项目;我国历史上宫廷中流行的投壶等也都带有娱乐的性质;又如现代的羽毛球、乒乓球等,相传也是由英国贵族在娱乐的过程中逐渐发展起来的。

四、体育与宗教祭祀

随着社会中宗教活动的产生,人们在祭祀活动中逐渐用舞蹈、竞技和角力来进行祈祷,以寻求神灵的庇护。为了表示对寺院的尊敬,人们进行步行巡礼(赶庙会)、步行化缘等,都包含着许多体育的因素。

五、体育与军事

在热兵器发明和使用以前,古代的战争都是短兵相接,多种体育技能在军事上有很大的实用价值,体育技能与军事往往相一致。同时作为强身健体的体育,即使没有直接的军事价值的身体训练,也成为增强士兵体质、提高作战能力的手段。因此,历代统治阶级,为了战争和军事的需要,都把体育作为训练士兵的重要内容和手段。

另外,为了战争的需要,历代统治阶级又往往把军事技术渗透到教育的内容中,发展成为后来的军事体育。

六、体育与医疗、卫生

在人类历史的发展过程中,健康的身体始终是生产、生活的基础。我国古代人民对体育增强体质、祛病延年的作用,早就有了不断深化的认识,自觉地把一些身体的基本活动作为祛病强身的手段,留下了丰富和珍贵的史料。如春秋战国时代的"吐纳术",两汉时代盛行的"导引术",以及东汉末期由华佗编制的保健体操"五禽戏",宋代的健身操"八段锦",明、清时代的"太极拳"等。这些既是医疗手段,又是健身活动。从目的上来看,这些活动比那些为了生存、防卫、教育而进行的身体活动更接近于体育,以后又逐渐发展成各种成套的保健体操,健身的目的更加明确,体育的因素也进一步得到加强。

综上所述,体育是由于人类生产和生活、个体和社会、生理和心理等方面的需要而产生的一种社会活动,它主要产生于劳动的过程中。然而,由于原始社会生产力低下,人们还不可能有明确的社会分工,各种社会活动都还处于萌芽状态,互相之间多无明晰的界限。因而,体育与教育、军事、医疗卫生、娱乐及宗教祭祀等活动互相联系、互相促进、互相推动,共同进步和发展。体育的盛衰随着社会的发展和变革而演进。其发展受社会政治和经济的制约,并为一定的政治、经济而服务。

第二节 体育的基本功能

体育的功能是指体育对人类社会生活所发挥的有利影响和效果。它是体育基本特性的客观反映。随着体育科学的发展,体育自身的规律及其与其他各种社会现象之间的关系不断地被揭示,体育的功能也在进一步地被认识、被开发,并在实践中继续向纵深发展。

体育作为一个有机的整体,是一个多功能、多目标的系统,对人类社会生活所发挥的作用是多方面的:有生物的,还有社会的。其生物功能有健身、健美和娱乐等功能,其社会功能有教育、经济、政治和军事等功能。

一、健身功能

体育是通过身体运动的方式进行的,它要求人体直接参与活动,这是最突出的特点。这个特点决定了体育的健身功能。

体育的健身功能具体表现在以下几个方面。

(一)体育运动能改善和提高中枢神经系统的工作能力

大脑是人体的指挥部,人体一切活动的指令都是由大脑发出的。长时间进行脑力劳动的人,其机能活动的特点是呼吸表浅,血液循环慢,新陈代谢低下,腹腔器官以及下肢部分血液停滞。因此,长期伏案会使人感到头昏脑涨,这是由于大脑供血不良,缺氧所致。

体育运动可改善大脑的供血、供氧情况,通过活动能使人体内的胰岛素工作正常,可以促使肝脏储存更多的肝糖原,以备在大脑需要时分解释入血液,使大脑保持正常的工作能力。通过体育运动,促使大脑皮层的兴奋性增强,从而改善神经过程的均衡性和灵活性,因而使人体对外界刺激的反应更加迅速、准确,大脑皮层的分析综合能力加强,从而提高了整个有机体的工作能力。

(二)体育运动能促进有机体的生长发育,提高运动能力

骨骼是人体的支架,骨的生长发育不仅对人体形态有重要影响,而且对脏器官的发育,对人的劳动能力和运动能力都有直接影响。骨的生长是由于骺软骨不断增加和骨化的结果,体育运动能刺激骺软骨的增生,从而促进骨的生长。实验证明:普通人的股骨只要承受300千克的压力就会折断,而一个经常从事体育运动的运动员的股骨可承受350千克的压力而不折断。

人体的任何运动都要通过肌肉工作来完成的。一般人的肌肉重量只占体重的40%左右,而运动员的肌肉重量可占体重的45%~50%。经常参加体育活动,能增加人体肌肉的营养物质,特别是蛋白质的含量,使肌纤维变粗,使人能更好地适应劳动和工作的需要,其运动能力也得以相应的提高。

(三)体育运动能促进人体内脏器官的机能改善和提高

体育运动能增加人体内能量消耗,使代谢产物增多,新陈代谢旺盛,血液循环加速,从而

使内脏器官的机能得到改善。

经常运动能使心脏产生运动性肥大,心肌增强,心壁增厚,心脏容积增大。在机能上,心脏的每搏输出量增加,而心搏频率减少,出现"节省化"现象。有人做过统计,发现心跳的快慢与人的寿命的长短成反比,即心跳越慢的人(病理性的除外)寿命越长,反之则越短。经常从事运动的人每分钟心率在45～60次。可见,体育运动能增强心脏功能,降低每分钟心搏频率,可延缓人体的衰老过程。

(四)体育运动能调节人的心理,使人朝气蓬勃,充满活力

从事体育运动可以使人心情舒畅、精神愉快,调节人们不健康的情绪和心理。现代生活和工作给人们带来了高负荷的运转,身心处在高度紧张的状态,需要有合适的手段进行发泄和放松。体育运动就是一个最好的调适情绪的手段。通过运动进行一些能量的消耗和情绪的发泄,可以消除疲劳、放松精神,从而起到调节情感和情绪的作用。

(五)体育运动可以防病治病,推迟衰老,延年益寿

人体的衰老有两种:一种是病理性衰老,疾病导致人过早地衰老,使人类的寿命普遍达不到"尽终其天年"的高龄;第二种是生理性衰老,指的是人类生长过程中不可避免地发生普遍的退行性变化。

通过体育锻炼,可以推迟生理性衰老的到来,一定程度上避免病理性衰老的发生。体育运动之所以能防病、治病、推迟衰老,除了它能增强体质,提高有机体自身的抵抗力外,还可以提高身体的免疫力。这是因为运动使白细胞数量增加,使它们的生存能力增强,而白细胞可以吞噬病菌,从而增强机体的免疫功能。

总之,体育运动的健身功能已经得到了科学的证明,经常从事体育运动能使青少年生长发育正常、体型健美、姿态端正、动作矫健;能使中年人身体健康、精力旺盛;能使老年人延缓老化过程、健康长寿。

二、娱乐功能

体育运动的娱乐功能产生于人们的精神需要。体育运动由于它的技术的高难性、造型的艺术性、配合的默契性和易于接受的特点,成为现代人们闲暇生活的重要组成部分,起到了丰富社会文化生活,满足人们精神需要的作用。

(一)观赏体育比赛可消除疲劳,愉悦身心

现代竞技运动,技艺日益向高、难、新、尖的方向发展,一些杰出的运动员能够在一定的空间和时间限度内把身体控制到尽善尽美的程度,使健、力、美三者高度统一,加上和谐的韵律、鲜明的节奏、微妙的配合,使人在观看时产生一种美的享受。

观看高水平的体育比赛,常常给人以一种强烈的移情作用,这种作用在观众和运动员之间扩散,以至于他们在关键时刻屏息无声,在胜利时大笑大叫,甚至上街游行,手舞足蹈。这种消遣和娱乐,缓解了人们由于工作和劳动所带来的紧张的神经、疲劳的脑力和紊乱的情绪,不仅有助于元气的恢复,而且是一种精神享受。

(二)参加体育运动可增强自信心和自豪感

人们通过参加体育运动,特别是参加那些自己喜爱和擅长的运动项目,在身体完成各种复杂练习的过程中,得到一种非常美妙的快感。这种心理状态可以增强自信心和自豪感,满

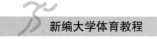

足人们与同伴交往、合作的需要,增进人与人之间的感情。

工作之余与家人、同事、朋友一起参加一些体育活动,如打篮球、踢足球、打羽毛球等,在活动中可交流感情,增进友谊和相互了解,充满着愉悦的气氛,从而减少很多烦恼。可见,体育运动无愧为一种积极、健康的娱乐方式。

三、 教育功能

体育的教育功能最突出的一点是它已广泛地被纳入各国的教育体系之中,成为培养人才的一部分。此外,通过体育教育,可以培养人们良好的道德品质,激发人们的爱国热情和奋发向上的力量。

(一) 培养优良的道德和意志品质

体育道德属于职业道德范畴,是运动员、教练员、裁判员、其他体育工作者,以及一切体育活动爱好者,在从事体育活动时,所应遵循的行为规范和准则。

体育运动是一项社会集体活动,在这一活动过程中,个人与个人、集体之间,运动员与裁判员之间,运动员与观众之间发生着频繁而激烈的情感或行为上的交流。一场高水平的体育比赛,观众多达万人、10万人甚至更多,运动员在场上的一举一动、一言一行都会引起广泛的关注与影响。从这个意义上来说,运动员就是"社会教员"。

体育运动中,特别是在激烈的比赛中,运动员受伤的概率是非常大的,运动员在比赛中表现出的轻伤不下火线,勇敢顽强的拼搏精神对社会的每一个成员都起着一定的教育作用,同时也是在培养自身的意志品质。体育运动中的许多项目是在特定的环境条件下进行的,因此,可培养和锻炼人们不同的优良品质。如长跑可锻炼人的顽强意志,冲撞性项目可锻炼人的勇敢品质。

此外,竞赛成绩面前人人平等,这激励了人们奋发向上的精神,培养了人们的竞争意识,使人们在成功与失败中经受考验,对培养顽强拼搏的精神起到了很好的教育作用。

(二) 激发爱国热情,振奋民族精神

世界上无论哪个国家、哪个民族都有自己的国家荣誉感,都有自己的民族自尊心。由于比赛的对抗性,并且在国际比赛中规定升国旗、奏国歌等仪式,这样一场比赛会牵动亿万人的心。在一场重大国际比赛中,获得胜利会举国欢腾。

改革开放以来,我国体育健儿在世界体坛上夺得了一次又一次的胜利,这大大激发了广大人民的爱国热情,特别是2008年8月在北京举办的第二十九届奥运会,充分显示了国家的强大和综合国力,是每一个中国人的光荣和骄傲。

与此同时,我国体育界提出了"从零开始""冲出亚洲,走向世界""胸怀祖国,放眼世界"等口号,不仅把体育界的思想境界提升到一个新的高度,而且把全国人民的思想境界提升到一个新的高度。可见,体育运动是优秀的教育手段,对整个社会的教育作用是非常广泛、非常深刻的。

(三) 教育青少年健康成长

体育精神和体育活动激励着广大青少年奋发向上。近些年来,我国体育健儿在国际比赛中取得了一个又一个的好成绩,国家经济的发展,科技的进步,极大地鼓舞了广大青少年,他们纷纷表示要像体育健儿大振国威一样,去振兴祖国的工业、农业、国防、科技、文化、教育,使中华民族在新时代更加繁荣、昌盛、强大。

同时,体育运动所产生的深刻的社会影响,对各种不同心理状态的人们都起着积极的调节作用。把体育活动融入青少年的业余文化阵地,可使他们的业余生活更加健康,更加充实。

四、经济功能

体育与经济的关系,可简单概括为,体育的发展要受国民经济的制约,体育的发展又能促进国民经济的发展。

(一)体育活动的广泛开展有助于促进体育产业的发展

开展广泛的体育活动,并按经济规律办体育,将促进体育产业的发展。21世纪以来,全球经济的发展,使得体育产业成为第三产业的重要组成部分。提高体育场馆设施的利用率,利用体育的娱乐特点,开展体育旅游、体育影视、体育宣传、电视转播、商品出售,发行纪念品,开售有奖彩券等,都有助于促进体育产业的发展。

(二)体育促进其他行业经济的发展

体育部门是一个潜力很大的市场,它不仅可以促进生产资料的发展,而且可以促进消费资料的发展。例如,开展体育活动需要体育场馆、器材,运动员、教练员和职工需要住房,参加体育活动需要体育用品,这些都不同程度地促进了相关行业的发展,给相关行业带来了更多的就业机会和经济收入。

五、政治功能

自有阶级的社会存在以来,体育与政治就紧密联系在一起。体育为政治服务,为统治阶级服务,它作为统治阶级的一种手段和工具在治理国家、处理国与国之间的关系等方面,起到了非常重要的作用。

(一)为外交服务

体育能促进各国人民之间的交往和友谊,它超越了世界上任何一种语言和社会障碍。通过体育交往可以促进各国人民之间的了解和增进友谊,加强国与国之间的文化交流和合作。因此,人们把体育看作是一种文化交流的工具。

(二)促进国内政治一体化

所谓一体化,就是使人与集体达到和谐的联合体。这个集体小至一个班、一个队,大至一个民族、一个国家。体育是促进这种一体化的有效手段。

体育运动具有群众性,能提供群众性聚会的机会,使人们在这些活动中加强人际交往,满足人们交往的需要。在体育交往的过程中,人们互相传授技术和方法,互相帮助和关心,大家处于团结和睦的氛围之中。

我国是一个多民族的国家,体育在促进民族大团结中发挥着重要的作用。例如,我国每四年举办一次的全国运动会是各族人民大聚会大团结的象征。在运动会上,各族运动员欢聚一堂,相互交流技艺、交流感情、观赏比赛,有助于促进祖国大家庭的和谐统一。

六、军事功能

体育的发展与军事的发展有着密切的关系,体育中的某些项目既是军事内容,又是体育的手段。军事上不仅使用体育的内容,而且还直接运用体育来作为军事训练的辅助手段。从古到今即是如此,即使在现代战争的条件下,一个国家国防力量的强弱,一方面取决于武器的好坏,另一方面也取决于国民的体质、军队的身体训练等。因为,现代战争不管武器多么先进,也得有人操纵指挥,而最后解决战斗、实行军事占领的还是人。因此,各国都非常重视在部队中广泛开展体育活动,把体育作为军事训练的重要辅助手段,来提高官兵的体力,训练官兵的意志,这样不仅丰富了体育的内容,而且使一些体育项目得到了广泛的发展。

以上介绍了体育在六个方面所表现出来的功能,它们是相互联系、互相交叉的。体育功能的实现是有条件的,而不是自然就可以实现的,如健身功能并不是参加体育运动的必然结果。相反,违背科学原则的盲目锻炼,不仅对健康无益,而且有害。又如教育功能也不是可以自行实现的,体育运动提供了进行教育的有益内容、有利时机和条件,但如果具体领导、组织者、教师、教练员、运动员本身不去注意进行这方面的教育工作,那么也会产生不良的后果。如运动队伍中发生的道德事件、违法犯罪,竞赛中搞"君子协定",运动员互相殴打、不尊重裁判,观众闹事等。因此,体育工作的组织者和具体实施者要有意识地去宣传、灌输、引导,这样才能更好地开发和利用体育,让体育真正发挥它应有的功能。

第三节 学校体育与人的全面发展

学校体育是学校教育的重要组成部分,它与德育、智育、美育紧密结合,肩负着为社会培养德、智、体、美全面发展人才的历史使命。学校体育又是国民体育的重要组成部分,是社会体育、竞技体育和终身体育的基础,是发展我国体育事业的战略重点,它对促进社会精神文明建设具有积极的作用。随着社会的发展,人们认识的不断深入,学校体育的地位将变得越来越重要。

一、学校体育与全面发展教育

全面发展教育,是指为促进教育者的全面发展而实施的德育、智育、体育、美育等多方面的教育。学校体育是全面发展教育的重要组成部分。

学校体育在全面发展教育中的地位,是由学校体育的功能与社会发展对学校体育的要求所决定的。学校体育既是学校教育的重要内容,也是学校教育的重要手段。马克思在历史上第一次完整地提出了人的全面发展的学说,他指出:"我们把教育理解为以下三种东西:第一,智育;第二,体育,即体操学校和军事操练所传授的东西;第三,技术教育。"[①]这些论述都阐明了学校体育在全面发展教育中的重要地位与意义,是学校体育的指导思想。

1993年,中共中央、国务院发布的《中国教育改革和发展纲要》(以下简称《纲要》)是指

---

① 马克思恩格斯选集:第一卷[M].北京:人民出版社,1972:268.

导我国20世纪90年代乃至21世纪教育改革和发展的纲领性文件。《纲要》明确提出了"教育必须为社会主义建设服务,必须与生产劳动相结合,培养德、智、体全面发展的建设者和接班人"的教育方针,进一步确立了体育在全面发展教育中的地位,赋予学校体育新的使命,并给学校体育的改革和发展指明了方向。在学校教育中,体育只有与德育、智育、美育密切配合,才能共同实现培养全面发展的人的目标。

（一）学校体育与德育

学校体育不仅可以健身、启智,而且可以育德,通过有组织、有计划地进行体育课教学和课外体育活动,可以对学生进行爱国主义、集体主义和社会主义教育,培养学生热爱集体、服从组织、遵守纪律、团结协作、勇敢顽强、不怕困难等精神品质,有助于学生良好的思想品质和道德行为的形成。

（二）学校体育与智育

学校体育可为智力开发提供良好的基础,是一种增强智力的手段。在当今社会,智育与体育、生产劳动的结合已经越来越紧密,而且是不可分割的。学生要成为祖国建设需要的一代新人,若没有好的身体作为保证是很难实现的。现代社会对智力的要求相当高,但只有好的身体才能保证智力的发展。

（三）学校体育与美育

学校体育是对学生实施美育教育的有效途径。通过体育活动,可以使学生身体各部分的骨骼和肌肉都达到均衡、协调的发展,培养学生的形体美、动作美、姿态美、仪表美、心态美、心灵美,以及发挥美的形式对学生身体健康的重要作用,能够收到美育身心的良好效果。

总之,学校体育与德育、智育、美育等紧密结合、相互促进、相辅相成,它对促进学生全面发展具有重要的作用。

二、学校体育与国民体育

学校体育是国民体育的基础,是发展我国社会主义体育事业的战略重点。

（一）学校体育对增强民族体质,提高民族素质具有重要意义

当今,世界正处在激烈的国际竞争和新技术革命的挑战时代。世界范围的经济竞争和综合国力竞争,实质上是科学技术的竞争和民族素质的竞争。身体素质是民族素质的组成部分,民族体质的强弱,民族素质的优劣,关系到一个民族、一个国家的兴衰存亡。青少年的身体素质水平是一个民族素质水平的标志和象征。

目前,由于社会生活水平的不断提高,科学技术的不断发展,脑力劳动和体力劳动发展的不平衡现象已经反映到青少年的身上。营养过剩、运动缺乏的现象在青少年的身上逐步体现出来。人的身体素质尽管受发育水平、种族、营养、环境、疾病等多种因素的影响,但起决定作用的因素还在于参加合理的体育锻炼,这是提高全民族人口素质的必要途径。而学校体育又是这一途径的关键一环。

（二）抓好学校体育,对扩大我国体育人口,推进体育社会发展具有积极的作用

我国的奋斗目标是跻身于世界体育强国的先进行列。体育强国的标志有三个：一是人民的身体素质状况,二是参加体育锻炼的人口数量(体育人口),三是运动技术水平的程度。

其中一个标志就是体育人口的数量。目前在校生均属于国家的体育人口,如果他们在学校学会了锻炼身体的方法,养成了锻炼的习惯和培养了锻炼的兴趣,那么一旦走上社会,就会成为社会体育人口的一员,壮大我国的群众体育队伍,同时,他们还可以成为社会上的体育骨干,为开展群众体育工作做出贡献,动员更多的人加入体育运动的行列。因此,学校体育工作如果抓得紧、开展得好,将推动整个社会的体育工作。学校体育的发展水平,实际上已成为我国群众体育普及水平的重要标志。

(三) 学校体育对发现和培养体育后备人才,提高竞技运动水平具有意义

运动训练实践证明,要想提高竞技运动水平,就要从儿童抓起,选好苗子进行长期的系统训练,才能提高运动技术水平。我国在校学生数量众多,如果在增强学生体质的体育锻炼时,积极开展业余训练,就可以为国家源源不断地提供后备力量,学校就可以成为体育后备人才的摇篮。

总之,学校体育对增强民族的体质,增加社会体育人口,提高运动技术水平,都具有十分重要的战略意义,它起着长期、全局性、基础性的作用。

三、学校体育与终身体育

终身体育是指人们在一生中所进行的身体锻炼和所受到的各种体育教育的总和。即从一个人的生命开始,到生命结束,都要从适应环境和个人的需要来进行身体锻炼,以取得生存、生活、学习与工作的物质基础或条件。

终身体育是在终身教育思想的影响下形成的。20世纪60年代,法国著名教育思想家和成人教育家保罗·朗格朗提出了"终身教育"这个概念。他认为传统的观点是把人生分成两半,前半生用于受教育,后半生用于劳动,事实上,教育应该是每个人从生到死的继续过程。这一思想已成为当今一种有影响的国际教育思潮。而终身体育是终身教育的一个组成部分,它要经历学前体育、学校体育和学校后体育的连续过程。社会的每个成员都要接受学校的教育,而学校体育是终身体育的关键环节,它不仅有承前启后的作用,更重要的是为终身体育打好基础。

四、学校体育与社会精神文明建设

精神文明建设主要包括文化建设和思想建设两个方面。体育是文化建设的一项重要内容,同时是思想建设的重要手段之一,对促进精神文明建设具有积极的作用。

在文化建设方面,学校体育不仅可以传播社会文化,提高学生的文化素养,而且还可通过其竞技和娱乐,丰富学生的课余生活,扩大和占领学校文化领域,防止和矫正学生不良品行,对建设健康、生动活泼的校园文化,形成良好的校风和学风,以及促进精神文明建设都具有重要作用。

在思想建设方面,学校体育是对学生进行思想品德教育的重要手段之一。体育课上对学生进行品德、意志的教育,从某种意义上讲,比其他课程的作用更大。此外,各种体育手段与方法,都有不同的健身、启智、育德的价值。从"育人"出发,充分开发利用体育的教育功能,把思想品德教育贯穿渗透于学生体育的全过程,可以培养学生爱国主义、集体主义、社会主义思想,以及勇敢、顽强、坚韧、果断、拼搏、创新、进取、艰苦奋斗的优秀品质和精神。学校体育是一个开放的系统,学校体育对文化、思想建设的积极作用,必然影响到全社会。因此,

它有助于推进整个社会的精神文明建设。

总之,社会发展到今天,学校体育的作用越来越大,地位越来越高,其意义越来越深远。它的作用超出了学生时代的时间界限,具有终身意义;超出了学校教育的范畴,具有广泛的社会价值;超出了增强体质的独特功能,具有促进学生身心协调发展的全面效应。学校体育的旺盛的生命力,日益显示出其重要的地位和意义。

第四节 大学体育课程的目标

一、我国学校体育的发展概况

(一)我国古代学校体育的发展概况

在奴隶社会,奴隶主为了扩大疆土,实行文武合一的教育,以西周最为典型,其教学内容是"六艺"(礼、乐、射、御、书、数),其中的射、御是直接用来进行军事技能和身体训练的。而礼、乐中的舞蹈,也有锻炼身体的作用,这些可以看作我国学校体育的雏形。

到了封建社会,学校体育几乎中断。汉朝"独尊儒术",学校教育以"六经"(诗、书、礼、乐、春秋、易)为基本内容;隋朝开始实行科举制度,逐渐形成文武分途;宋朝到清朝的教育,进一步主张静坐学习与思考,更助长了文弱之风。在我国封建社会,教育思想是重文轻武、强调读书做官,体育基本上被排除在学校教育之外,只在武举制中曾一度设有武学,主要是学习一些军事体育的技能。

总之,在中国古代教育中,体育处在次要的地位,未能获得充分的发展。特别是秦汉以后,由于重文轻武思想的日益严重,致使学校体育教育急剧衰落,真正意义上的学校体育未得到足够的重视,得到相应发展的主要是军事性质的体育活动,而以健美、娱乐为目的的学校体育发展较少,这是一个明显的欠缺。

(二)我国近代学校体育的发展概况

我国近代学校体育是清朝末年由欧洲传入的,史学家普遍认为:它开始于"洋务运动"时期,形成于"戊戌变法"时期,正式推行于"自强新政"时期。近代体育传入初期,主要局限于军队和军事学堂,其社会影响很小。"戊戌变法"失败后,阶级矛盾和民族矛盾日益尖锐,清政府为缓解矛盾,于1901年宣布了实行"新政",1902—1903年又颁布了各级各类学堂都开设体育学科的文件,这是我国近代史上第一个将体育列入学校正式课程的重要文件,是我国教育史上的一次重大突破。据不完全统计:1905—1911年,清政府大约开办了以"大通师范学堂体操专修科"为龙头的多所培养体育师资的学校。

(三)中华人民共和国成立以来学校体育的发展概况

中华人民共和国的学校体育可分为四个历史时期,即:中华人民共和国成立初期的学校体育(1949年10月至1956年8月),社会主义建设初期的学校体育(1956年9月至1966年4月),"文化大革命"时期的学校体育(1966年5月至1976年9月),具有中国特色社会主义建设时期的学校体育(1976年10月至今)。

第一个历史时期体育发展的突出特点是:在参照苏联"劳卫制"的基础上,先后颁布了大学、中学、小学的《体育教学大纲》。

第二个历史时期体育发展的突出特点是:强调德、智、体的全面发展,并在20世纪60年代中期逐渐形成"两课、两操、两活动"的学校体育新格局。

第三个历史时期体育发展的突出特点是:学校体育在"文化大革命"的影响下受到全面的冲击。

第四个历史时期体育发展的突出特点是:第一,学校体育的全面恢复,规章制度的全面建立。如1990年,国家教委颁布了《大学生体育合格标准》和《大学生体育合格标准实施办法》;1992年8月,国家教委下发了《全国普通高等学校体育课程教学指导纲要》,同年12月又下发了《普通高等学校体育场馆设施、器材配套目录》;1995年,国家颁布了《中华人民共和国体育法》等。第二,学校教育全面树立了健康第一的指导思想。第三,全面贯彻素质教育和终身体育的思想,各项体育教学改革迅猛发展。

2021年4月21日,教育部办公厅发布《关于进一步加强中小学生体质健康管理工作的通知》,以科学、规范、有效、可操作为原则,将学生体质健康具象为教育教学中的实事。

目前,我国已建立并健全了学校体育的管理机构,从而保证学校体育工作向着规范化、制度化、科学化的方向发展。

二、 我国大学体育课程改革

教育是一个系统工程。在这个系统工程中,"德"是方向,"智"是根本,"体"是基本前提,"能力"是核心。现代大学最根本的任务就是要培养全面发展的高素质人才,构建合理的知识体系,以增强学生的社会适应能力为出发点和落脚点。因此,在大学阶段的课程改革中,体育课程的改革是不可忽略的一部分。具体应做到以下几个方面。

(一)高等学校体育与学校教育的发展应趋于同步

随着社会生产的发展,社会对高等学校教育规模和速度的发展将提供更多的可能,并对人才的培养提出更高的要求。学校体育作为教育的组成部分,在培养适应未来社会的人才方面所表现的功能将越来越明显,因此会更加受到社会的重视。在教育发展的同时,高等学校体育将与学校教育保持同步发展,例如,国家在20世纪90年代提出的从应试教育到素质教育转轨这一指导思想的转变,会促使学校体育得以发展,而高等学校的体育教育如何在培养高素质的人才中发挥应有的作用,是体育课程改革必须思考的问题。

(二)高等学校体育课程在指导思想上应适应社会发展的需要

高等学校体育课程在指导思想上应进一步超越"健身"的局限,向"快乐""能力""终身"方向发展。随着认识的深入,学校体育功能和目标的进一步挖掘与充实,学校体育的意义会得到更深刻的理解。随着现代化生产在我国的发展,体力与智力在生产过程中的投入比例会产生转变,以往以增强体力来满足社会对学校体育所提要求的学校体育思想将会有所突破。我们应改变过去过分强调体质教育的培养方向,向培养兴趣、能力以及发展个性的方向发展,以使人能终身从事体育活动并享受其中的乐趣,从而提高生活质量。

(三)高等学校体育的科学化、规范化、制度化程度要提高

随着体育科学和教育科学的发展以及学校体育地位的不断提高,学校体育的科学化程度也会不断提高。如教学目标的科学化程度,以及场地设备的规范化程度都将随着科学技

术的进步和经济的发展而有所提高。随着学校体育法规文件的不断完善与进一步实施,以及新的法规的颁布执行,学校体育必将向更高层次的制度化、规范化方向发展。

(四)构建合理、有效的高等学校体育课程教材体系

目前,高等学校体育教材体系呈现出百花齐放的局面,但是,不管哪种版本的体育教材,必须建立在适应当今社会发展对人才要求的新理念的基础上。当前,大学体育课程教材体系的构建应强调体育的社会意义与体育技术意义的整合,使教学内容涵盖"体育养成教育、体育运动技术教育、锻炼方法和手段教育"等多维度的知识领域。

(五)高等学校体育应趋向社会化,途径与形式应多样化

随着体育体制改革的深化,传统的学校体育模式将在更深刻意义上被突破。21世纪的高校体育课程已经打破了过去的常规,根据不同内容、不同项目、不同风格、不同时间进行教学是当今体育课程改革的成果。体育选项课的开展,俱乐部体育形式的管理模式都极大地促进了高等学校体育的发展。

学校体育的发展与社会体育的联系更加紧密,并深入社会生活,充分利用社会上的体育设备,参加社会组织的各种体育活动已成为发展势头,使得学校体育走出校园。此外,随着经济的不断发展,仅靠国家拨款办学校体育的现状将得以改变,集体、个人、外资办教育和体育的局面将有所发展,学校体育的途径和形式呈多样化趋势。

(六)学校竞技运动训练日趋完善,其目标将转向丰富校园生活,发展学生个性,培养竞争意识

由于竞技运动的文化、娱乐和高度的欣赏功能,以及国家对学校体育在发现竞技人才方面的重视,学校体育中的训练体系将随着教育和体育事业的发展趋于完善。但由于竞技体育职业化的发展,学校竞技体育的总的趋势将向普及的方向发展,为更多的学生提供从事竞技活动的机会,达到丰富校园文化生活,培养运动兴趣,发展学生个性,培养适应今后社会的竞争意识为目标。

三、我国大学体育课程的目标

(一)确定大学体育课程目标的依据

目标对人们的实践活动具有导向和激励的作用,它通过对活动的各方面的控制和调节,使活动维持其稳定的方向,成为具体行动的导向;同时目标具有激励作用,能调动人们的积极性;目标又具有动态性特点,它既有相对的稳定性,又因外部环境和内部条件发生变化而具有可变性。

大学体育课程的目标,是指在一定的时期内,大学体育课程实践所达到的预期结果,它是学校体育课程的出发点和归宿。

(二)大学体育课程的目标

我国大学体育课程的目标是根据党的教育方针、学生的年龄特征,以及体育的功能来制定的。根据党的教育方针,大学应培养德、智、体、美全面发展的人才。特别是进入21世纪,社会需要的是通才,为了适应社会发展的需要,遵循教育规律、体育规律和学生身心发展规律,大学体育课程也应该秉承这一指导思想。以"体"为对象、以"育"为手段、以锻炼身体为特征、以培养人为中心、以培养人的优秀性为目的的通才教育应贯穿大学体育教学的全

过程。

我国大学体育课程的目标是：增强大学生的身体素质,培养心理素质,提高人文素质,促进学生全面发展,以适应社会发展的需要。

(三) 大学体育课程的任务

(1) 全面锻炼学生的身体,增强体质,促进身体形态结构、生理机能和心理的发展,提高身体素质和人体基本活动能力,提高对自然环境的适应能力。

(2) 使学生掌握体育的基本知识、技术和技能,培养独立锻炼身体的态度、能力和习惯,学会科学锻炼身体的方法,养成经常锻炼身体的习惯。

(3) 通过体育,对学生进行思想品德教育、审美教育,发展智力,培养文明行为,促进学生个性的全面发展。

(4) 发现、培养、输送体育人才。针对部分体育基础好,有一定专项运动才能的学生,应进行专门的运动训练,以提高他们的运动技术水平,为优秀运动队输送后备力量,为国家体育事业培养人才。

第二章 体育健身原则、方法与卫生保健

第一节 体育健身的原则与方法

一、体育健身的原则

体育健身的原则是体育锻炼过程中客观规律的反映,是在长期的体育锻炼实践中积累起来的、具有指导意义的经验总结和概括。体育健身的原则主要有:全面性原则、自觉性原则、渐进性原则、经常性原则和适量性原则。

(一)全面性原则

全面性原则是指通过体育锻炼使身体形态、机能、素质和心理品质等各方面都得到全面和谐发展。人体是有机的统一体,各组织、器官、系统之间是相互联系、相互制约的。身体某一方面的发展会影响其他方面的发展。这就要求我们在体育锻炼中应注意全面锻炼身体,要把身体形体和机能的锻炼、身体和心理的锻炼紧密结合起来,使有机体得到全面协调的发展。

要达到全面发展,一方面,要尽可能选择那些对身体有全面影响的锻炼内容,如跑步、游泳等;另一方面,也可以某一运动项目为主,辅以其他锻炼内容。此外,在锻炼过程中还要注意扬长补短,加强薄弱环节的锻炼。

(二)自觉性原则

自觉性原则是指体育锻炼应该出自锻炼者的内在需要和自觉的行动。

体育锻炼是人类特有的一种有目的、有意识的健身活动,它主要是通过人体的自身锻炼来获得发展身体、增强体质的实效。它要求锻炼者自觉、积极地投入,只有这样才能使人在活动中得到身心发展。

贯彻自觉性原则,应不断提高认识,明确目的,掌握一定的锻炼知识和技能,并经常看到自己的进步和锻炼的效果,才能不断提高锻炼的自觉性和积极性。

(三)渐进性原则

渐进性原则是指体育锻炼的内容、方法和要求等都要根据锻炼者的实际,由易到难,由简到繁,运动负荷由小到大,逐步提高。

人体对内外环境变化的适应,是一个缓慢的由量变到质变的过程。体育锻炼时,肌肉活动对肌体提出了各种要求,器官系统的结构与技能也是逐步适应和逐步取得平衡的。因此,参加体育锻炼只有循序渐进,才能取得良好的效果,才能避免出现运动损伤或运动性疾病。

(四)经常性原则

经常性原则是指参加体育锻炼要持之以恒,坚持长期、不间断地锻炼。众所周知,生命在于运动,运动贵在坚持。人的体质增强是一个长期积累的过程,绝非一朝一夕就能奏效。任何运动水平的提高,都是通过肌肉活动反复、多次强化的结果。人体在体育运动的作用下所发生的各种适应性变化,只靠几次身体锻炼是不可能取得明显效果的,甚至是不起作用的。同时,运动技能的形成,人体结构、机能的改善,身体素质的提高等,都符合"用进废退"的规律,如果不能经常锻炼,已取得的锻炼效果就会逐渐消退。

经常性原则告诉我们,锻炼者要有坚定的信念,从自己身体的实际情况出发,制订合理的锻炼计划,确定锻炼的时间和次数,这样才能持之以恒。

(五) 适量性原则

适量性原则是指体育锻炼要根据锻炼者的实际情况(年龄、性别、健康状况等)合理确定锻炼的运动负荷。人体能够承受的生理负荷都有相对的极限,锻炼的运动负荷要力求控制在一定的范围之内。锻炼效果的大小,很大程度上取决于运动刺激的强度,弱的刺激不能引起机体功能变化,而过大负荷的刺激可能损害身体健康。适宜的强度取决于能量的消耗和恢复的超量补偿,能量消耗过多,便产生了疲劳。适度疲劳经过休息和恢复,可以促进人体机能水平的提高,产生明显的锻炼效果。而过度疲劳则造成身体机能水平的下降并损害身体健康。

二、体育健身方法

体育健身方法是指在身体锻炼过程中,为达到预期健身效果而采取的健身手段和方式。健身方法的合理选择,直接关系到锻炼内容的实施和健身目标的实现。在我国历史上就有如导引、保健按摩等传统的健身养生方法,并一直流传至今。现代社会人们为了适应生产和生活方式的变化,也总结出了具有科学性、实效性和针对性的现代健身方法。

(一) 有氧锻炼法

有氧锻炼法是国内外比较流行的一种运动健身方法,是指锻炼者通过呼吸就能够满足运动对氧气的需求,在不负氧债的情况下进行锻炼的方法。该方法的特点是运动强度适中,运动时间较长(30分钟左右)。通过有氧锻炼可以有效地提高心血管机能和呼吸机能,提高人体的供氧能力,同时减少脂肪堆积,提高抵抗疾病的能力。

有氧锻炼的项目通常有长跑、游泳、自行车运动、球类运动等。以健身长跑为例,每次跑步练习时间应控制在30分钟以上,并要保持适当的速度。跑步过程中还要注意姿势和呼吸的节奏,呼吸要慢而且有深度。跑步要长期坚持,持之以恒。其他运动项目,只要达到相应的练习时间和强度,也可以得到相应的练习效果。

(二) 健美锻炼法

健美锻炼是指通过承受重力训练的方法来发展肌肉和塑造形体,形成优美姿态与优美动作的一种运动。健美锻炼有两种:一种是为了参加健美比赛而进行的专门健美运动;另一种是指大众性健美教育和健美锻炼,也就是大众健美运动。大众健美运动可以达到人体美,健康美(健康的肤色、眼神等)、体形美(人体的轮廓、线条美,如女子身材苗条,男子身体魁梧、四肢匀称等)、姿态美(坐、立、行时的正确姿态)、动作美(举止大方、动作协调优美等),因而深受广大青年学生的喜爱。

健美锻炼主要通过发展肌肉来塑造体形美,可以选择单杠、双杠、拉力器、哑铃、杠铃、徒手体操、技巧等练习进行锻炼。锻炼过程中应注意身体各部分的肌肉匀称和协调发展,把力量练习和素质练习结合起来,把发展大肌肉群和小肌肉群结合起来,把体形美和姿态美结合起来。

（三）自然力锻炼法

科学和实践证明，利用自然力锻炼身体，能增强体质，提高身体对外界环境的适应能力。日光、空气、水等自然力因素，对身体各器官、系统的作用是很大的。如经常坚持日光浴，能增进人体调节体温的能力，预防伤风感冒；空气中由于氧气丰富，能使中枢神经系统、新陈代谢和呼吸系统的机能增强。

（四）运动处方锻炼法

运动处方锻炼法是指针对锻炼者个体的具体情况制订的一种科学的体育锻炼计划。它可以使体育锻炼更好地达到健身和防治疾病的目的，避免不必要的运动伤害。运动处方可以分为预防性运动处方和治疗性运动处方。

制定运动处方首先要对锻炼者进行医学检查，了解其健康状况，然后根据各项检查结果，结合锻炼者性别以及运动经历等因素制定运动处方。锻炼者经过一段时间的锻炼后，应评定锻炼效果，制定和修改下一阶段的运动处方。运动处方的内容包括锻炼内容和方法、锻炼的运动负荷和锻炼的注意事项。

（五）重复锻炼法

重复锻炼法是指在相对固定的条件下，按照一定要求反复做同一练习的方法。这种方法主要适合于负荷较小、动作技术比较复杂、难于掌握的项目，或者运动负荷较大、难以一次完成的练习。这种方法在练习过程中每组或每次练习都安排一定的休息时间，且每次（每组）练习的距离、时间、强度、间歇时间和练习的总次数要合理和固定。

（六）变换锻炼法

变换锻炼法是指在改变锻炼内容、强度和环境的条件下进行锻炼的方法。如可以改变锻炼项目，变换练习要素，改变运动负荷，改变练习环境和条件等。变换锻炼法能够提高中枢神经系统的灵活性，发展身体的调节能力和适应能力。同时，对于调整锻炼计划，活跃锻炼氛围，提高锻炼积极性也有一定的意义。

采用变换锻炼法要根据长远计划和实际需要，让机体有一个适应的过程。同时也应该积累和收集反馈信息，不断调整锻炼计划和方式，并注意对锻炼结果及时总结，为制订新计划提供依据。变换锻炼法应是短期和非经常性的，在达到变换的要求之后，应尽快转入常规练习，如果变换时间过长或者过于频繁，则不利于原锻炼方案的实施。

（七）间歇锻炼法

间歇锻炼法是指在两次练习之间，规定一个严格的休息时间，以使机体处于不完全恢复状态下，反复进行练习的训练方法。间歇锻炼法由于两次练习之间休息时间短，机体尚未完全恢复，故对提高机体运动负荷有重要的作用。它对青少年锻炼者最为适宜。

间歇锻炼法的间歇时间的长短可根据锻炼者个人身体机能状况而定。水平低者，间歇时间可长；反之，间歇时间应短。一般以心率每分钟120次左右为宜。在间歇过程中应进行积极性的休息和放松，如慢跑、按摩和深呼吸等，以加快血液回流，保证氧气供应。应特别注意的是，间歇锻炼法对机体的机能有较高的要求，要注意根据自身实际情况，加强对负荷的监测。

运用体育健身方法要考虑多种因素，如健身目的、锻炼者自身的特点和锻炼者所处的环境条件等，这些都会直接影响锻炼者锻炼内容的实施和锻炼效果的达成。

第二节 常见运动损伤的预防及处理

一、运动损伤产生的原因

运动损伤的发生,大多不是偶然的,归纳起来可分为直接原因和诱发因素两大方面,且具有一定的规律性。掌握好运动损伤的原因,可以把运动损伤的发生率降到最低。

(一)直接原因

1. 缺乏运动损伤的防范意识

运动损伤的发生常与运动者对损伤的意义认识不足或麻痹大意有关。他们多存在着某些片面认识:身体做运动哪有不受伤的;要锻炼,伤病就难免;运动中有些小伤小病无所谓等。运动中一些人缺少预防心理,争强好胜,或心血来潮,常盲目、冒失地从事力所不能及的运动动作,导致运动损伤。一些人胆小、害羞、畏难,做动作时紧张、犹豫,也会因动作失败而受伤。在损伤造成以后,运动者如不认真分析原因,不总结经验,损伤就会不断发生。

2. 准备活动不合理

准备活动的目的是进一步提高中枢神经系统的兴奋性,增强各器官系统的功能,使身体在体育活动中发挥更大的作用。据国内有关调查资料分析,缺乏准备活动或准备活动不合理,是造成运动损伤的重要原因。准备活动不合理包括以下几种情况。

(1)准备活动不充分或未做准备活动。运动者未做准备活动或准备活动不充分时,神经系统和内脏器官机能没有充分动员起来,微循环状态不良,肌肉温度还没有提高,肌肉伸缩能力、弹性以及关节灵活性均较差,身体缺乏必要的协调性,在这种情况下就进行紧张激烈的运动,很容易造成身体损伤。

(2)准备活动量过大。运动量安排不合理,准备活动量过大,当进入正式运动时,身体已经开始产生疲劳感,身体机能不但没有处于良好的状态,反而有所下降,这种情况下也容易造成运动损伤。

(3)准备活动的强度安排不当。开始做准备活动时,用力过猛,速度过快,违反循序渐进的原则和功能活动规律,易引起肌肉拉伤和关节扭伤。

(4)准备活动内容安排不当。准备活动的内容与运动项目的基本内容结合得不好或缺乏专项性,使运动中负担量较重的身体部位的机能没有很好地动员起来,这样就容易使得身体受到伤害。

(5)未掌握好准备活动的时间。准备活动的时间距正式运动的时间过长,在进行正式运动时,准备活动所产生的生理作用已经减弱,相当于没有做准备活动,也易使身体受到损伤。

3. 技术动作的错误

技术动作的错误,违反了人体结构功能的特点及运动时的力学原理而造成损伤,这是学习新动作时发生损伤的主要原因。在学习新动作时,注意力不集中,动作要领不清楚,动作不熟练,掌握技术动作能力差,在没有掌握技术动作要领时盲目去做,或在运动时选择的运动项目难度大,不考虑运动者的实际能力,容易造成运动损伤。

4. 运动负荷量过大

安排运动负荷时,没有充分考虑到运动者的生理特点。运动负荷超过生理负担量,尤其是局部负担过大,引起微细损伤的积累而发生劳损,这是运动损伤的主要原因。而在运动中,内容搭配不合理,使人体某一部位负担较大,或急于求成、训练方法单一都会引起局部负担量过大而造成损伤。

5. 心理状态不良

心理状态与运动损伤的发生有着一定的关系。在运动过程中,特别是学习较难的技术动作时,如双杠、跳马、跨栏等动态动作,如果教学训练的方法与手段不适合,学习者害怕受伤,缺乏完成动作的意识,那么在练习中因强迫完成动作而产生紧张、不安和焦虑等消极情绪,加之精神过分紧张,导致肌肉僵硬、动作不协调等情况出现,往往容易造成运动损伤。

6. 身体功能状态不佳

在睡眠不好、患病受伤或伤病初愈阶段,以及疲劳时肌肉力量、动作的准确性和身体的协调性显著下降,甚至连运动技术熟练的运动员,如果疲劳时进行运动,也可能造成严重的损伤。此外,在疲劳状态,机体的警觉性和注意力减退,反应较迟钝,此时参加剧烈运动或练习较难的动作,就可能造成运动损伤。

7. 运动安排不合理,组织方法不当

运动安排不合理是指在体育锻炼中,未遵循循序渐进、系统性和个别对待的原则,以及体育运动的年龄分组原则等,往往因局部负担过重、疲劳积累而引起伤害事故。在组织方法方面,如人数过多,指导者又缺乏正确的示范和耐心细致的指导;运动者缺乏保护和自我保护意识;允许有病或身体不合格的人参加运动等,这些都可成为运动损伤的原因。

8. 运动场地及设备不良

这是指运动场地不平,如有碎石、杂物;跑道太硬、太滑;沙坑沙量过少、沙面过硬,坑的边缘暴露过高,踏板突出或陷于地面;垫子之间存有较大缝隙或安放不平整;器械表面粗糙不平、有裂缝、生锈或年久失修,器械安装不牢固或放置位置不当;器材高低、大小或质量不符合锻炼者的身高特点等。此外,缺乏必要的护具,如护腕、护踝、护膝等,也可能会造成运动损伤。

9. 气候条件差

气温过高或潮湿都容易引起疲劳或中暑,大量出汗会引起抽筋和虚脱;气温过低可使肌肉僵硬、耐力降低、协调性下降而发生肌肉损伤,在冰雪寒冷的冬季易发生冻伤或其他损伤事故。此外,光线不足,能见度差会影响人的视力,使运动者兴奋性降低、反应迟钝而导致运动损伤发生。

(二)诱发因素

诱发因素又称潜在因素,它必须在上述直接原因(如局部负担过大、技术动作发生错误等)同时作用下,才可成为致伤的因素。

1. 各项运动的技术特点

由于各运动项目都有自己的技术特点,且人体各部位的负荷承受能力又不相同,因此,各运动项目都有它的易伤部位。例如,篮球的滑步、防守、进攻、急停、踏跳和上篮等技术,都要求膝关节处于半蹲位时做屈身和扭转动作。因此,膝关节的负担较大,髌骨与股骨关节面之间易发生异常的错动、撞击与捻转摩擦而发生髌骨劳损。

2. 人体的解剖生理特点

某些组织所处的特殊的解剖位置在运动中易与周围组织发生摩擦和挤压,如肩袖;或局部某一组织在结构上较为薄弱,抗拉或抗折能力相对较差,在一定外力作用下易发生损害,如骺软骨板;或某些关节在运动时,关节面承受到几个不同方向的应力的作用时,关节稳定性下降,易发生关节脱位,如蹲位发力;或某些关节在运动时,关节面承受几个不同方向的应力,如肱骨、桡关节在运动过程中,关节面既有滑动又有旋转摩擦;或运动中由于相互间力学关系的改变而导致负担最大的组织发生损伤。

二、常见的运动损伤及处理

运动损伤多见于年轻人,他们热爱运动并积极参加各项体育活动,但常会因缺乏一定的科学运动知识和运动损伤后的处理方法而给伤者造成不必要的痛苦,严重者甚至导致终身遗憾。

(一) 擦伤

擦伤即皮肤的表皮擦伤。如果擦伤部位较浅,只需涂碘酒即可;如果擦伤面较脏或有渗血时,应用生理盐水清创后再涂上碘酒。

(二) 肌肉拉伤

肌肉拉伤是指由于肌纤维撕裂而导致的损伤。它主要是由于运动过度或热身不足造成,可根据伤后的疼痛程度来判断受伤的轻重。一旦出现痛感应立即停止运动,并在痛处敷上冰块或冷毛巾,保持30分钟,以使毛细血管收缩,减少局部充血、水肿,切忌搓揉及热敷。

(三) 挫伤

挫伤是指身体局部因受到钝器的打击而引起的组织损伤。轻度损伤不需特殊处理,可冷敷24小时后涂抹活血化瘀酊剂,局部贴伤湿止痛膏。伤后第一天冷敷,第二天热敷,约1周后症状可消失。较重的挫伤可用云南白药加白酒调敷伤处并包扎,隔日换1次药,此过程中可加理疗。

(四) 扭伤

扭伤是指关节部位突然过猛扭转,损伤了关节周围的韧带和肌腱,多发生在踝关节、膝关节、腕关节及腰部。不同部位的扭伤,其治疗方法也不同:腰部扭伤时,应仰卧在垫得较厚的床上,或在腰下垫一个枕头,先冷敷,后热敷;关节(踝关节、膝关节、腕关节)扭伤时,将扭伤部位垫高,先冷敷2~3天后再热敷。

(五) 脱臼

脱臼又称关节脱位。一旦发生脱臼,应立即停止活动,更不可揉搓脱臼部位。如果脱臼部位在肩部,可把肘部弯成直角,用三角巾把前臂和肘部托起,挂在颈上,再用一条宽带缠住胸部,在对侧胸部作结。如果脱臼部位在髋部,则应立即躺在软床上送往医院处理。

(六)骨折

骨折通常分为两种:一种是皮肤没有伤口,断骨不与外界相通,称为闭合性骨折;另一种是骨头的尖端穿过皮肤,有伤口与外界相通,称为开放性骨折。开放性骨折不可用手回纳,以免引起骨髓炎,应用消毒纱布对伤口进行初步包扎、止血后,再用平木板固定送医院处理。

三、常见的运动性病症及处理

运动性病症是指因机体对运动应激因子不适应或锻炼安排不当而造成体内紊乱所出现的一类疾病、综合征或机能异常。其常见的有以下几种。

(一)肌肉痉挛

肌肉痉挛是指人体某一部分肌肉发生强直性收缩,引起局部疼痛和活动障碍,多发生在小腿部位。游泳时,大腿、脚趾、手指甚至腹部肌肉也可能发生痉挛。痉挛的原因一般与准备活动不够充分、过度疲劳和强烈的冷刺激有关。发生痉挛后,要及时加以处理。如游泳运动中发生肌肉痉挛,要注意保持镇静,不可慌乱,要对抽筋部位的肌肉做牵引、做伸展动作或者掐穴位。小腿抽筋时可用力使足尖上翘,足跟用力蹬,并用力揉捏小腿肚子即可解除。同时,要及时上岸休息、保暖。

(二)运动中腹痛

运动中腹痛多出现在右上腹部,有的人出现在上腹中部或左部,个别伴有绞痛。运动中腹痛一般不是疾病,而是肌体不适应的表现。腹痛时应减少运动量或停止运动,按压疼痛部位并结合做深呼吸即可缓解,必要时要做进一步检查。同时注意饭后不可立即进行剧烈运动。

(三)晕厥

晕厥是指突然发生的、暂时性的知觉和行动能力丧失的状态,多由于脑部供血不足引起,也可以是过度紧张的一种表现。引起晕厥的原因与精神和心理状态不佳、直立性血压过低、重力性休克等因素有关。其主要表现为突然失去知觉、昏倒、皮肤苍白、四肢发凉、脉搏微弱等。

晕厥发生后应使患者平卧或保持头部稍低位,安静、保暖,并松解衣领腰带,用热毛巾擦脸,或做向心性揉推按摩,用针刺人中、百会、合谷、涌泉等穴位。要预防晕厥发生,平时应坚持体育锻炼,提高心血管的运动机能水平。

(四)运动性贫血

血液中红细胞数和血红蛋白量低于正常值,称为贫血。因为运动的原因导致的贫血称为运动性贫血。导致运动性贫血的原因主要是蛋白质和铁的摄入量不足和消耗增加,其主要症状为头昏、眼花、乏力、食欲不振、体力活动差以及运动中心悸、气短、心跳加快等。

出现上述症状应减小运动负荷,注意合理膳食和增加营养,并合理安排生活制度。

(五)中暑

中暑是由于在高强度或者烈日暴晒下进行长时间的运动,肌体体温调节功能紊乱引起的。中暑一般发病比较急,发病初期患者感到头昏、眼花、全身无力,随后出现头痛、恶心、呕吐、口干、体温上升、面色潮红、脉搏加快、呼吸急促等现象,严重者会出冷汗、脸色苍白、血压下降、昏迷不醒。为了预防中暑,在高温和闷热的天气下运动时,应穿浅色、轻薄、易于散热的服装,并注意适当休息。

四、运动损伤的预防

运动损伤的预防,不仅应该采取综合性措施,而且要强调思想因素和创造好外界条件。一般来说,在体育锻炼中预防运动损伤应做好以下几个方面的工作。

(一)全面提高身体素质

运动损伤的预防,首先要加强科学合理的训练,全面提高身体素质和专项素质,这对预防运动损伤的发生有重要意义,特别是要加强易伤部位及相对薄弱部位的训练,提高机能。

(二)使机体处于良好的运动状态

在锻炼时,锻炼者要克服麻痹大意的思想,树立运动安全意识,充分认识准备活动的重要性,认真做好准备活动,这是防止运动损伤的重要措施。锻炼者在锻炼后应注意进行放松活动,它可以防止运动引起的肌肉酸痛,使机体尽快恢复,消除疲劳,缓解精神压力。锻炼者应根据不同运动项目进行有针对性的放松活动。

(三)加强医务监督

锻炼者应定期进行体格检查和机能评定,以便全面清晰地掌握自身的健康状况和运动基础,为锻炼活动的科学性提供参考依据。锻炼者自己也应该加强锻炼的自我监督,根据自己锻炼后的脉搏、体重、食欲、睡眠、疲乏感等情况判断自身的健康状况,也可根据不同运动项目的特点及常见的外伤发生规律,特别注意运动器官的局部反应,及早发现运动损伤的早期症状,便于早发现、早治疗、早康复。

(四)加强运动中的自我保护

锻炼者应学会自我保护的方法,如自高处落地时必须双腿屈膝并拢;重心不稳即将摔倒时应立刻低头,屈肘团身,以肩背着地顺势滚动,切忌直臂撑地等。在运动前还应该注意对锻炼场地、器械等进行卫生安全检查,穿着适合运动的服装进行活动等。

五、体育锻炼的基本常识

(一)单次锻炼的基本常识

体育锻炼要想取得实际效果,必须要有科学的安排。因此,锻炼者只有学会科学地安排体育锻炼,才能获得理想的健身效果。

1. 锻炼前的准备活动

每次体育锻炼前进行充分的准备活动,使人体有准备地从安静状态逐步过渡到运动状态,这样不仅可以提高锻炼效果,而且可以减少运动损伤。

人体运动时,对能量的消耗、氧气的供给以及其他能源物质的需求都会急剧增加,对代谢产生的废物也会及时排除,这对人体心、肺等内脏器官的机能水平提出了更高的要求。但同时人体内脏器官又存在较大的生理惰性,因此,如果人体很快地从安静状态转换到剧烈的运动状态,就会出现运动机能与内脏机能之间的矛盾,只有通过准备活动使内脏器官的惰性逐渐被克服以后,人体的运动能力才能得到充分发挥;另外,准备活动不仅可以提高中枢神经系统的兴奋性,还能够提高全身物质代谢的水平,提高肌肉韧带的柔韧性和弹性以及肌肉的黏滞性,对预防运动损伤有重要作用。

准备活动分为一般性准备活动和专门性准备活动。一般性准备活动是在锻炼前进行的活动量较小的全身性练习,如慢跑、徒手操等,主要目的是让全身各器官为即将开始的锻炼做好准备。其活动时间一般为5~10分钟,并随季节变化适当延长或缩短。专门性准备活动是指与即将开始的锻炼内容相似的练习,它主要是针对专项运动的特点进行的练习,如武术的踢腿、劈叉等练习。准备活动不仅要使身体机能和心理状态达到最佳,而且也要因人、因情况不同而异,不能千篇一律。

2. 锻炼中运动负荷的控制

进行体育锻炼时必须掌握适宜的运动负荷,运动负荷要遵循循序渐进的原则,在运动开始后的负荷变化要遵循人体生理机能活动能力变化的规律,使负荷有一个逐步上升、相对稳定和暂时下降的过程。

每次锻炼的时间应该至少在30分钟以上,同时注意负荷量和负荷强度的合理搭配。一般情况下,每天锻炼1小时左右的效果最好,但同时也应该因人而异,身体机能好的人时间可以长一些,身体机能差的人时间相对可短一些。

锻炼者在锻炼过程中应该学会监测运动负荷的方法,常用的方法主要有以下几种。

(1) 测量运动时的脉搏。

在体育锻炼过程中或者锻炼后即刻测量10秒钟的心率和脉搏,一般锻炼者不要超过25次/10秒。即使是特殊需要,锻炼者的运动心率也不要超过30次/10秒。

(2) 根据年龄控制运动负荷。

锻炼负荷与人的年龄有密切关系,随着年龄的增加,人体的运动能力逐渐下降,运动负荷也应该相应减小。体育活动中可以用"220-年龄"的值作为体育锻炼者的最高心率数。

(3) 根据"晨脉"调节运动负荷。

"晨脉"是指每天早晨清醒后(不起床)的脉搏数,一般情况下,每个人的晨脉是相对稳定的。如果锻炼后,第二天晨脉不变,说明运动负荷适宜;如果第二天的晨脉较以前增加5次/分钟以上,说明前一天的负荷偏大,应适当调整运动负荷。

(4) 主观感觉。

锻炼时感觉轻松自如,并保持浓厚的兴趣,锻炼后有适宜的疲劳感,说明运动负荷适宜;如果锻炼时呼吸困难、情绪低落,运动后感到极度疲劳,甚至厌恶运动,则说明运动负荷过大,应及时调整负荷。

3. 身体疲劳与恢复

锻炼一段时间后,身体必然会产生疲劳,疲劳是一种正常的生理现象,只有出现疲劳,才能产生生理机能的超量恢复。但是,疲劳的长期积累也会造成身体的过度疲劳,对身体产生不良影响。

疲劳产生的原因主要有:能源物质的大量消耗导致身体机能下降,体内代谢产物的堆积造成代谢紊乱,水盐代谢紊乱造成身体机能下降,神经细胞的保护性抑制造成整体工作能力下降。疲劳的出现可以通过生理指标的测定、人体的主观感觉和观察的方法进行判断。

疲劳产生后应该尽快采取必要手段进行恢复,有效提高锻炼效果。常用的消除疲劳的手段有:充足的睡眠,进行整理性活动,以及营养补充等。

(二)长期锻炼的基本常识

体育锻炼只有持之以恒,才能获得理想的健身效果。但是,在长期的体育锻炼过程中,从锻炼内容的选择,到锻炼负荷的设计,都应该根据锻炼者的实际情况进行科学合理的安排。

1. 养成良好的运动习惯

人体的活动是在大脑皮层支配下进行的。科学地安排好一天的时间,使神经活动形成一定规律,使各系统、器官的活动有节奏地、协调地进行,养成按时起床、早操、工作、学习、休息、进餐、体育活动和睡眠的良好习惯至关重要。在一天的生活中,要有适当的体育锻炼,以加快体内的新陈代谢,这对脑力劳动者来说更为重要。

早操能促使肌体更快地由睡眠状态转入清醒状态,使全身肌肉、关节和内脏器官的活动很快协调一致,为一天的工作、学习准备良好的条件。课间操和课外体育活动是一种积极的休息。人体在连续工作和学习两个小时后,容易产生疲劳,降低学习效果。这时如果进行适量的课外体育活动,就能调节大脑神经细胞,防止大脑过度疲劳。

运动时要穿着舒适轻便的服装,服装的透气性能、吸水性能要好;鞋的大小要合脚,既便于活动又有一定的保护作用;运动后要及时换掉被汗水浸湿的衣袜,并把身体擦干,以免感冒;运动时身上不要携带小刀、钢笔、钩针、校徽等物,不要穿塑料底的鞋子和皮鞋,以免发生伤害事故。

2. 适量饮水

在正常的情况下,人体摄入的水量应与排出的水量平衡。运动时因出汗多,需水量较大,必须补充水分,缺水会造成身体无力、唇舌发干、精神不振等疲劳现象,但由于运动时呼吸加快,身体水分蒸发较快,因此,不能等到口渴时才饮水。需要注意的是,运动中不可大量饮水,饮水过多易导致胃膨胀,影响呼吸,增加心脏和肾脏的负担,造成腹痛。运动刚结束时内脏的活动还很剧烈,此时更不宜大量饮水,大量饮水会造成排汗量增大,体内盐分随汗液排出,会发生抽筋等现象。正确的做法是用水漱口或者饮少量的碘盐水。运动刚结束也不宜大量饮用冰冻饮料,否则会刺激胃、肠,血管突然收缩,减少供血,导致胃痉挛、腹痛、恶心等现象。

3. 选择适宜的体育锻炼项目

锻炼者要根据个人的实际情况灵活选择适合的体育锻炼项目。首先,锻炼者可以根据自己的兴趣爱好选择锻炼项目,如大学中,男生喜欢篮球、排球、足球等对抗性强的运动项目,而女生喜欢健美操、瑜伽等塑身和美体类运动项目。其次,锻炼者也可以根据健身的目的来选择锻炼内容。如为了减肥,就应该选择长时间的有氧练习;而为了保持优美的身材和形体,就应该选择健美操或者健美运动。

在长期的体育锻炼中,锻炼者也应该根据季节气候的变化合理安排体育锻炼内容。如春季应该以有氧练习为主,内容包括长跑、骑自行车、跳绳、爬山等,同时预防损伤,防止感冒;夏季锻炼应该选择慢跑、散步、游泳、羽毛球等项目,最好在清晨和傍晚锻炼,运动中和运动后注意补充水分,防止脱水和中暑;秋季锻炼应选择球类、武术、长跑等项目,注意增减衣服,多补充水分;冬季锻炼可选择长跑、跳绳、拔河、滑雪、溜冰等项目,注意做好准备活动和锻炼时的呼吸方式等。

4. 根据年龄科学安排运动负荷

青少年随着年龄的增长和身体机能水平的提高,应该遵循其生长发育的规律,在体育锻炼中不断增加锻炼的负荷,以满足提高身体机能的需要;如果是成年人,由于其身体机能水平比较稳定,在体育锻炼开始阶段可逐渐增加运动负荷,当达到一定水平后就应该保持一定的负荷水平。

六、体育健身与环境卫生

(一)生活卫生习惯中的体育锻炼

生活卫生习惯包括睡眠、饮食、工作学习、休息和体育锻炼等各项活动的合理安排。在个人的生活作息制度中,适当的健身运动可以促进身体健康,提高生理机能。大学生应该根据个人的实际情况,确定每天的锻炼时间、内容及运动负荷,每天不能少于1小时。

(二)运动环境对体育健身的影响

运动环境是指人们进行体育运动时所处的外界条件,如空气、水、场地和运动建筑设备等。设计运动场馆时,要充分考虑周围的地理环境和卫生条件,应注意避免风沙、尘土、气味、噪声、空气污染、交通等影响,在修建室外场地(如游泳池)时,不要被山或高层建筑挡住阳光,游泳池的水源应是未被污染的,池水要保持清洁,要有预防污染疾病的措施。运动设施要考虑到安全合理。体育场馆要有良好的通风设备,要合理安排运动员与观众之间的温度差别,因为运动员与观众所需要的适宜温度是不一样的,对更衣室、浴室、住所的通风及清洁卫生,也应加强监督。因此,为了保护身体健康和保证运动能力的发挥,必须注意环境的状况,尽量使其符合卫生要求。

第三节 体育健身的合理营养

人体健康,营养为本。合理营养是健康的重要基石,也是影响体育锻炼效果的重要因素。因此,针对大学生锻炼过程中的营养问题进行研究,对提高学生的健身效果、增进学生的身心健康具有深远的意义。

营养是人体不断从外界摄取食物,经过消化、吸收、代谢和利用食物中身体需要的物质(养分或养料)来维持生命活动的全过程。人体为了维持正常生命活动和从事劳动,必须每日不断地摄取食物和饮水,食物和饮水中含有50多种营养素,这些营养素包括七大类:蛋白质、脂肪、碳水化合物、维生素、矿物质(包括微量元素)、水和膳食纤维。

营养与健康的关系极为密切,近年来研究发现,细胞的类型和多种功能取决于营养素的适宜摄入量。营养素与基因的相互作用对人类的受孕、生长、发育、健康、长寿都有潜在的影响,营养是生命和生存的物质基础。

一、营养素的营养功能

不同营养素对人体的作用各有不同,但总的来说,有以下五大功能。

(1) 提供热能,维持体温,满足生命活动和生产劳动所需的动力。碳水化合物、脂类(其中绝大部分为脂肪)和蛋白质在体内氧化产生热能供维持生命和从事活动时使用,所以这三类为产热营养素,又称热源质。

(2) 构成身体组织,供给生长、发育、修补、更新所需的材料。从化学结构来看,身体是由蛋白质、脂类、碳水化合物、矿物质、水和维生素所组成。由于维生素在体内含量甚微,以毫克或微克计,可以忽略不计。

(3) 调节生理活动。维生素、矿物盐、蛋白质和水都具有各自不同的调节生理活动的作用。很多维生素是各种酶的辅基。很多矿物盐是酶的激活剂。蛋白质是酶、激素、抗体等的组成成分。

(4) 保护器官功能,调控代谢反应,维持内环境的相对稳定,使机体各部分工作得以协调地进行。

(5) 具有强身、益智、祛病、防癌、维护健康、延缓衰老等一种或多种营养功能和药理作用。

二、合理营养与健康

合理营养是指全面而平衡的营养,它是健康的基石。运用饮食来养生健体在我国有着悠久的历史。历代医家从不同角度对食物的性能、功用、主治以及膳食结构提出了精辟的论述,指出饮食应该有节有度、调配得当,对合理营养、平衡膳食进行了高度概括。饮食营养虽然对人体的作用是缓慢和渐进的,但由于营养不良所产生的后果已经越来越多地影响到人们的健康水平和素质,膳食结构的不合理已经给我们敲响了警钟。合理营养的基本要求如下。

(一) 热能和各种营养素摄入量比例适宜

产热营养素比例、热能与某些维生素比例、必需氨基酸比例、动物和植物脂肪比例、钙磷等各种矿物质比例和各种维生素比例等均要保持适宜比例。食物在烹饪、加工和储藏过程中营养素损失要少,要改进方法,讲究科学,提高食品中营养素保存率,提高食品营养价值。

(二) 膳食制度要合理

进餐时间、进餐数量要有规律,进餐环境要舒适。这样,有利于提高食欲、增加吸收,从而提高人体健康水平。

(三) 食物对人体无害

摄入的食物中各种有害物质(包括微生物、化学性物质和放射性物质)不能超过国家允许的限量标准。

三、体育健身运动与营养供给

体育运动和营养物质两者都是维持运动员健康的主要因素,运动可以增强机体活动的功能,而营养是构成机体组织器官的物质基础。研究证明,高蛋白饮食对加强肌肉的力量是必需的；脂肪对机体有保护和保温作用，在超常耐力项目中，由于肌肉和肝脏的糖原消耗，脂肪成为重要的能源；为预防疲劳及嗜睡，满足运动能量需求，运动员必须保证糖的摄入等。

（一）健身运动中的一般营养要求

随着体育科学的发展，人们对营养的研究成果不仅可用来维护身体健康，而且可以促进运动成绩的提高。健身运动能够促进人体的物质代谢过程加强，热能和各营养素的消耗增加，激素效应和酶的反应过程更加活跃，代谢产物堆积等，使内环境发生剧烈的变化。因此，人们在运动时及运动后有着特殊的营养要求。

1. 保持热量平衡

充足的热能是运动员合理营养的首要条件。由于人体的热能消耗包括维持体温、完成各种生理活动、骨骼肌运动等几个方面，因此，了解人体热能代谢的特点与不同运动项目的热能消耗，合理地安排运动员的膳食是运动营养学研究的重要内容。运动员的能量消耗较大时需要及时补充热量，以满足机体的正常需要和保持充沛的运动能力，并有一定的热能储备。补充热量要根据食物的发热量和人体的能量消耗情况而定。

2. 注意热能物质的比例适当

运动员的热能物质以糖为主，脂肪量较少。对于大多数运动项目的健身者来说，体内蛋白质、脂肪、糖三种物质之比约为 1∶0.8∶4。而世界卫生组织（World Health Organization，WHO）推荐的膳食构成是：来自碳水化合物（糖类）的能量为 55%～65%，来自脂肪的能量为 20%～30%（饱和脂肪少于 10%），来自蛋白质的能量为 11%～15%。世界卫生组织推荐的饮食结构（饮食计划）是一种平衡饮食结构，值得遵从。

3. 补充充足的维生素

运动对维生素的需要量增加，维生素的需要与运动负荷、功能状况及营养水平有关。健身锻炼早期维生素缺乏的表现为运动能力下降，容易疲劳，免疫能力减弱，一旦得到维生素的补充，这些表现将会得到纠正。但服用过多的维生素也会产生不良影响。

4. 建立合理的膳食制度

膳食制度包括严格的饮食时间、饮食质量和饮食的分配。锻炼者除基本的三餐之外，可适当补充点心。运动后应休息 30 分钟以上再进食，进食后一般要休息 1.5～2 小时后才能剧烈运动。早餐注意蛋白质和维生素的摄入，晚餐脂肪和蛋白质不宜过多。

5. 选择多样食物和正确地加工

锻炼者应选择体积小、易消化且营养丰富的食物，同时注意酸碱食物的搭配。烹调时注意尽量保留食物的营养成分。

（二）不同运动项目的营养要求

从事不同运动项目的锻炼者，由于其训练时在力量、耐力、爆发力、协调性、反应性等方面各有不同侧重性，因此在运动营养方面有与之相应的不同特点与要求。

1. 速度性运动

短跑等速度性运动，其特点是体内高度缺氧，运动时能量来源主要由糖的无氧酵解供应，并在短时间内体内堆积大量酸性物质，对骨骼肌、血液循环和神经系统有不良影响。因此，其膳食中应含有丰富而易吸收的糖、维生素 C、维生素 B_1、磷等营养素，并增加蔬菜和水果的供给,使体内碱性储备充足,维持身体酸碱平衡。由于锻炼者在运动时肌肉剧烈收缩及神经高度紧张,所以应多摄入含蛋白质丰富的食物。

2. 力量性运动

举重、摔跤、投掷等力量性运动项目,要求肌肉有较大的力量和爆发力,神经肌肉协调性好,体内蛋白质代谢较快,同时热量消耗也较大。因此,其对蛋白质与维生素 B 族的需求较高。为了保证神经肌肉的正常功能,锻炼者应摄入高蛋白食物和丰富的碳水化合物,并增加蔬菜和水果的摄入量,对无机盐、糖和维生素 C 的补充也很重要。

3. 耐力性运动

长跑等耐力性运动的特点是运动时间长,运动无间歇而运动强度较小,热能与各种营养物质消耗大,能量代谢以有氧、氧化为主,运动营养素消耗量大,特别是在运动后期血糖降低、肌肉疲劳。因此,食物中应有充足的热能,应摄取足够的碳水化合物、蛋白质,以及含甲硫氨酸丰富的食物,如奶酪、牛肉、羊肉等,相应增加维生素 B 族和维生素 C。食物中还应含有适量的脂肪以缩小食物的体积,减轻胃肠道负担。

4. 球类运动

篮球、排球、足球等项目的运动对身体各种素质要求较全面,注意力必须高度集中,反应要敏捷,对力量、速度、耐力的要求较高。因此,食物中的糖、蛋白质、磷、维生素 B_1 和维生素 C 等营养素的供给应充分,但比赛间歇不必进食,可服用少量含水果酸及维生素 C 的饮料。

5. 游泳运动

游泳运动中水的导热性大,人体在水中的散热也增加,代谢强度和能量消耗大,所以,要求膳食的热量高,需要较多的脂肪和维生素 A,以保持体温和保护皮肤。

6. 灵敏、技巧类运动

跳水、跳高和体操等灵巧类项目动作技术复杂,人体在运动中神经系统处于高度紧张状态,要求机体协调性高。为完成一些高难度动作,还要求控制体重和身体成分,因此,其营养特点为需要较多的蛋白质,同时需要较多的维生素 B_1、维生素 C、钙和磷。

第三章 足球

第一节　足球运动概述

足球运动是以脚为主支配球的球类运动之一,是目前世界上影响最大的体育运动项目,号称世界"第一大球"。正式比赛时每队上场11人,在两端各设有球门的长方形平坦的场地上进行。攻方队员尽量把球引到对方球门较近的地方,争取射球入门;守方队员则努力抢截对方的球,阻挠对方带球或传球接近自己的球门,并阻止对方射球入门。双方如此不断互换攻守,最后以射球入门的多少判定胜负。

一、足球运动的起源与发展

古代足球运动起源于中国。战国时期民间已盛行集体的"蹴鞠"游戏。到了西汉,足球已进一步发展成为竞赛性的运动。公元前4世纪,因古希腊马其顿国王亚历山大发动的战争而传入中东,之后传入古罗马便发展成一种把球带到对方一端为胜的竞赛性游戏。接着,这种游戏又因战争传到法国,1066年传入英国。

虽然足球起源于中国,但是由于封建社会的局限性,中国古代的蹴鞠活动最终没有发展成为以"公平竞争"为原则的现代足球运动,这个质的飞跃是在英国完成的。所以,现代足球又有始于英国之说。1863年10月,英国足球协会在伦敦成立了第一个足球俱乐部,制定了最初的比赛规则,现代足球运动随之逐渐兴起。

足球最早的比赛阵形是英国人创造的"九锋一卫"式,即9名前锋,1名后卫,再加1名守门员。随着技术水平的提高,1名后卫难以抵挡9名前锋的进攻,于是产生了"七锋三卫"式阵形,使攻守力量达到相对平衡。由于技术水平的进一步提高,战术的发展,前锋活动的加强,防守力量又日趋薄弱。为了改变这种状况,1870年苏格兰人创造了"六锋四卫"式阵形。之后,英国人又创造了"1+2+3+5"阵形。这一阵形对当时世界足球运动的发展影响很大,因为它体现了攻守力量的基本平衡。为了适应足球运动发展的需要,1904年,法国、比利时、丹麦、荷兰、西班牙、瑞典、瑞士等国家在巴黎发起成立了国际足球联合会(以下简称国际足联)。1925年,国际足联公布了新的"越位"规则,加重了防守任务,攻防矛盾又趋尖锐。据此,英国人埃尔贝·契甫曼于1930年创造了"WM"式阵形,使攻防人数达到均衡状态。这一阵形虽然在19世纪40年代盛行于全世界,但因"W"式的进攻很容易被"M"式的防守盯死,故此阵形的出现对技术、战术的发展并没有起到重大的推动作用。19世纪50年代以来,世界足球运动经历了三次革命性的变革。1953年,匈牙利人突破了"WM"式的传统阵形,运用"四前锋制"的打法击败了足球王国——英国队,并在第五届世界杯比赛中以创纪录的进球数战胜了大多数世界强队,震惊了世界足坛。由于这一阵形开创了以攻为主的局面,因而有力地推动了当时的世界足球运动。1958年,巴西人在技术、技巧上有了新的发展,并创造了攻守趋于平衡的"四二四"阵形,使其夺取第六、七、九届世界杯,取得了辉煌成绩,轰动了世界足坛。由于这一阵形与现代足球"全攻全守"打法相适应,因而很快被世界各国广泛采用,"WM"式打法被彻底抛弃。此后,又出现了"四三三"式阵形及其变体,但基本特点与"四二四"式阵形相同,只不过在力量分配上更侧重于防守。1974年,在第十届世界锦标赛上出现了以荷兰、西德、波兰为代表的总体型打法。这种打法,阵形只是在比赛开始前队员站位时看得出来,比赛开始后,由于全攻全守,阵形就难以辨认。这种打法打破了严格的位置分工,每名队员既能进攻又善防守,且守中有攻,攻中有守,攻守转换快速,战术灵活多变,体现了技术、战术和身体素质全面发展的趋势,因而被誉为足球运动史上的第三次革命。

目前,国际上规模较大的足球比赛有两种:一种是由国际足联举办的每四年一次的世界足球锦标赛,这是水平最高、影响最大的世界杯足球比赛;另一种是奥林匹克运动会的足球赛。为了培养后备力量,国际足联还从1977年起,举办两年一届的世界青年足球锦标赛;从1981年起,举办世界少年足球锦标赛。现在,足球运动已经成为亿万人民喜爱的"世界第一运动"。

二、我国足球运动的发展概况

中华人民共和国成立后,我国逐步开展了足球运动。1951年,我国举行了第一届全国足球赛,从中选拔公布了我国首批30名国家选手,他们是我国此后30多年来开展足球运动的骨干力量。1953年、1954年我国接连举办了全国足球联赛,开始发展全国性竞赛活动。1954年后,各省(自治区、直辖市)陆续组建了足球队,国家青年队赴匈牙利学习,邀请匈牙利和苏联教练来华执教或举办教练员培训班。这些为举办甲级联赛奠定了基础和创造了条件。

我国足球甲级联赛始于1957年,是全国足球最高水平的角逐,当年有10支队参赛。1957年,我国开始建立甲、乙级升降制和青年联赛等较为系统的全国竞赛制度。1957年、1958年参加甲级联赛有12支队。1959年因举办第一届全国运动会,甲级联赛没有举行,但举办了全国足球锦标赛。1960年至1963年参加全国甲级联赛的队伍多达29～39支队,1964年至1966年则都为12支队,1966年至1977年因"文化大革命"影响,被迫中止比赛。1978年恢复了甲级联赛,每年一届,春季开始角逐,年末结束,一般有16支队参加比赛,采用双循环、分阶段集中比赛赛制,按积分、净胜球、进球数依次排列席位;排名最后的4支队降为乙级队,而乙级前4名晋升甲级队行列。1983年我国召开第五届全运会,当年甲级联赛分南、北两区,采用主客场双循环赛制,且没有实行升降级。1984年我国举办了首届足协杯赛,当年获得足协杯赛前16名的队保留甲级席位,第17～24名的队参加次年的乙级联赛。1988年甲级联赛分两个阶段进行,获得第一阶段前12名的队和后8名的队,第二阶段再分2组较量,获得前8名的队,第9～18名的队及当年乙级联赛冠亚军,分别参加1989年甲级A组和B组比赛;获得第19、20名的队降为乙级队。1989年后甲级A组最后2名降至B组,甲级B组前2名和后2名分别升为甲级A组和降为乙级队。进入20世纪90年代后,为提高我国足球运动水平,先在甲级A组实行了主客场赛制,1992年在甲级B组也实行主客场赛制。第十五届世界杯外围选拔赛,中国队小组未能出线,促使中国足球协会采取更大的改革措施,决定自1994年起实行足球俱乐部制,甲级A、B组均为12个队,采取主客场互访赛制;甲级A组最后2名降为甲级B组;甲级B组前2名和后4名分别升为甲级A组和降为乙级队;甲级A组的各俱乐部将获得60%的门票收入分成。

1992年,北京红山口全国足球工作会议为中国足球揭开了职业化改革的序幕。

1994年,中国足球甲A联赛正式开幕,谱写了中国足球职业化改革的新篇章。中国足球真正开始有了职业性质的联赛。

2001年,深圳全国足球工作会议明确了21世纪中国足球事业发展规划,推出中国足球协会超级联赛计划。

2002年,中国国家男子足球队首次参加世界杯决赛圈比赛。

2004年,随着中国足球竞技水平的提高和足球市场的不断成熟,中国足球协会在总结中国十年职业足球的基础上,为进一步提升中国职业足球竞赛水平和品牌,正式推出"中国足球协会超级联赛"(简称"中超联赛")。

2006年,为进一步完善中国足球产业的市场化进程,中国足球协会与所有中超联赛参赛俱乐部共同出资成立了中超联赛有限责任公司(简称"中超公司")。

2009—2015年,中国足球长期存在的问题并没有得到根本性解决,中超联赛很快又陷入了信任危机,球场暴力行为屡禁不止、裁判员执法不公、各类操纵比赛的行为得不到整治,假球黑哨、开盘设赌等歪风邪气严重损害了中超联赛的形象。2009年开始的"反赌扫黑"风暴,既是中国足球职业化改革面临的重大挫折,但也为中超联赛提供了历史性发展机遇。在这场风暴中,多名足协领导、足球裁判和国脚球员等牵涉其中,锒铛入狱。然而,也正是以此为机遇,中国足球职业联赛出现了强势的触底反弹。各大中超俱乐部开始加大对球队和球员的投资力度,特别是以"广州恒大"为代表的新兴资本力量,使中超联赛重现往日火爆场景,联赛的上座率、收视率乃至商业价值不断攀升。

2016年,中国国家男子足球队15年后重返世界杯预选赛亚洲区的最后阶段,但12强赛前5轮不胜,未能闯入世界大赛。

2020年12月,国际足球联合会更新了2020年度最后一期国家队排名,中国国家男子足球队年终排名世界第75,亚洲排名第9。

三、足球运动的特点

(一) 整体性

足球比赛每队由11人上场参赛。场上的11人思想要统一,行动要一致,攻则全动,守则全防,整体参战的意识要强。只有形成整体的攻守,才能取得比赛的主动权及良好的比赛结果。

(二) 多变性

足球运动是一项技术上多姿多彩、战术上变幻莫测、胜负结局难以预测的非周期性运动项目。比赛中运用技战术时要受对方直接的干扰、限制和抵抗。技战术要依临场中具体情况而灵活机动地加以运用和发挥。

(三) 设备简单,规则简明,易于开展

正式的足球比赛只需要球门、球门网等简单的设备即可进行。大众足球活动可以不受时间、人数、器材等限制,只要有一块场地和一个足球即可进行健身活动。场地根据参加活动的人数可多可少。球门可用砖、石、衣物等代替。活动方式灵活机动,单人或两三人可进行颠耍球、传接球或练习各种基本技术。人数稍多可进行小型比赛,如3对3、4对4、5对5等。足球竞赛的基本常识比较容易掌握,群众性足球活动可利用余暇时间,一年四季都能开展。

(四)对抗激烈,观赏性强

高水平足球比赛紧张、激烈、精彩,战局跌宕起伏,变化莫测,胜负难料,因而引人入胜,具有很高的观赏性。每逢世界杯足球比赛,上至国家元首,下至普通百姓,都被扣人心弦的精彩比赛深深地吸引着。一场高水平足球比赛始终在高速激烈的对抗中进行。攻守转换快,从地面到空中的立体角逐始终贯穿着进攻与防守、限制与反限制、制约与反制约。观众的情绪随着比赛的进行而剧烈地变化着。裁判员的错判、漏判,比赛中的偶然性,运动员的过激行为都对观众的心理造成强烈的刺激。比赛双方在技战术、身体和心理的综合抗衡中尽显足球运动之美。

(五)丰富的文化内涵

足球运动具有丰富的文化内涵,是一种满足人们生理、心理需要,表现人们行为举止、思想情感、民族特征、风格的身体文化运动。世界足球强国,如巴西、法国、意大利、阿根廷、德国、英国等,他们的运动员在比赛中都体现了鲜明的技战术风格,而风格的形成则是本民族文化、地域、身体条件、心理、主观追求等因素综合作用的结果,民族文化是其中的主要因素。

(六)诱人的经济效益

足球运动发展至今已经高度国际化、职业化、商业化,蕴含着十分诱人的经济效益。在意大利,足球是国民经济中的十大支柱产业之一。足球产业具有高投入、高产出的特点。优秀运动员的转会费直线上升,高达上亿欧元。经营状况好的职业俱乐部每年的盈利也十分丰厚。一个足球职业俱乐部的足球产业开发是其生存的经济基础。

四、足球运动的作用

(一)有利于良好的心理品质及思想品德的形成

经常从事足球运动,不仅对自身良好性格的形成能产生巨大的影响,而且可以培养人的意志、自制力、责任感及勇敢顽强、机智果断、坚韧不拔、团结协作、密切配合等思想品德。

(二)有利于增强体质、促进健康

足球运动是全面锻炼和健全体魄的良好手段,是全民健身活动中一项行之有效的体育运动项目。经常从事足球运动,可以提高人们的力量、速度、灵敏、耐力、柔韧等身体素质,并能使人的高级神经活动得到改善,尤其能增强人体的心血管系统、呼吸系统等内脏器官的功能,从而促进人体的健康。据测定,一名优秀的足球运动员的肺活量比正常人要多2000~3500毫升,安静时的心率要比正常人低15~22次/分。

(三)有利于精神文明建设

现今,足球已成为许多城市中人们生活的一部分。人们从踢足球中得到情绪体验,从看足球中得到艺术享受,从谈论足球中得到思想交流,足球运动丰富了人们的业余文化活动,提高了人们的生活质量。足球已成为一些城市的政治、经济、文化、生活的重要组成部分。它吸引着千千万万的市民,反映了城市的精神面貌,是城市形象的标志之一,也是精神文明建设的载体。

(四)有利于振奋民族精神

重大国际足球比赛能激发人民团结拼搏、进取向上的精神和爱国主义热情。如喀麦隆足球队进入世界杯前 8 名时,总统授予守门员和前锋最高公民爵位——"勇敢勋爵",对全体队员及教练也授予"勇敢勋章"。再如 2001 年,当中国队在沈阳五里河体育场以 1 比 0 战胜阿曼队,首次杀进世界杯决赛圈时,神州大地呈现一片欢腾的景象,振奋了民族精神。

第二节　足球基本技术

足球的基本技术包括踢球、停球、运球、抢截球、头顶球、掷界外球等。

一、踢球

踢球是运动员有目的地用脚的某一部位把球击向预定的目标。它是足球技术中最重要的技术,在比赛中主要用于传球和射门。踢球的动作方法很多,这里只介绍几种主要的踢球方法。

(一)脚内侧踢球(又称足弓踢球)

它的特点是脚与球的接触面积大,易控制出球方向,出球平稳、准确,但力量小,适用于短传配合和射门。

踢定位球时,直线助跑,支撑脚踏在球的侧方约 15 厘米处,脚尖指向出球方向,膝微屈。在支撑脚着地的同时,踢球腿以髋关节为轴,由后向前摆动,屈膝外转,脚尖稍跷起,脚内侧正对出球方向,小腿加速前摆,出球时,踝关节紧张,脚掌与地面平行,用脚内侧击球的后部(如图 3-1、图 3-2 所示)。

图 3-1

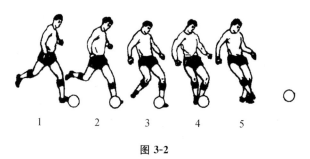

图 3-2

(二)脚背内侧踢球

它的特点是出球有力,方向有较大变化,适用于中、远距离传球和射门。比赛中经常用脚背内侧踢定位球(如球门球、任意球、角球)、过顶球和行进间转身踢球。

踢定位球时,斜线助跑,要与出球方向成 45 度角,支撑脚外侧着地,踏在球的侧后方 20~25 厘米处。膝微屈,脚尖指向出球方向,身体稍向支撑脚一侧倾斜,踢球腿以髋关节为轴,大腿带动小腿由后向前摆,当身体转向出球方向,膝盖摆到接近球的内侧垂直上方时,小腿加速前摆,脚背绷直,脚趾扣紧,脚尖斜指前下方,以脚背内侧踢球的后中部或后中下部。

踢球后,踢球腿随球继续前摆(如图3-3、图3-4所示)。

图3-3　　　　　　　　　　图3-4

(三) 脚背正面踢球

它的特点是踢球的力量大,但出球方向单一,性能变化较小,比赛中常用来踢定位球、空中球、反弹球及倒钩球等。

踢定位球时,直线助跑,最后一步稍大,支撑脚踏在球的侧方10～15厘米处,脚尖正对出球方向,膝微屈。在支撑脚前跨和助跑的最后一步蹬离地面时,踢球腿顺势向后摆起,小腿弯曲。在支撑脚着地的同时,以髋关节为轴,大腿带动小腿由后向前摆。当膝盖摆至接近球的正上方的一刹那,小腿加速前摆,脚背绷直,脚趾扣紧,以脚背的正面击球的后中部。踢球后,踢球腿随球继续提膝前摆(如图3-5、图3-6所示)。

图3-5　　　　　　　　　　图3-6

(四) 脚背外侧踢球

这种方法除具备脚背正面踢球的特点外,还有踢球时脚踝关节灵活性较大和摆腿方向变化较多等优点,因此它是踢各种距离弧线球的主要方法。比赛中常用脚背外侧踢定位球、弧线球以及弹拨球等。

踢定位球(平直球)时,动作方法基本与脚背正面踢球相同,只是触球部位是用脚背外侧(如图3-7、图3-8所示)。

图3-7　　　　　　　　　　图3-8

二、停球

停球是指队员有目的地用身体的合理部位把运行中的球停挡在所需要的范围内。常用的停球方法有脚内侧停球、脚底停球、脚背正面停球、脚背外侧停球和胸部停球等。下面重点介绍其中三种。

(一) 脚内侧停球

它的特点是脚接触球的面积大，停球稳，便于改变方向和衔接下一个动作，适用于停地滚球、反弹球和空中球。

1. 脚内侧停地滚球

支撑脚正对来球，膝微屈，停球腿屈膝外展并前迎，脚尖稍跷起，脚内侧对准来球。当脚与球接触前的一刹那，踝关节放松后撤，缓冲来球力量，把球挡在需要的位置上（如图3-9所示）。

2. 脚内侧停反弹球

判断好来球的落点，支撑脚踏在球落点的侧前方，停球脚提起，髋关节外展，脚内侧对准球的反弹方向。在脚触球的一刹那脚稍下压，缓冲球反弹的力量，将球控制在需要的位置上（如图3-10所示）。

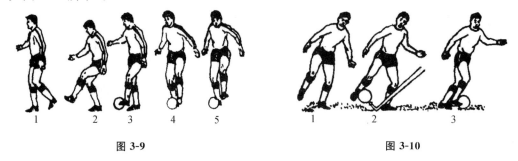

图 3-9   图 3-10

3. 脚内侧停空中球

停球脚的大腿高抬，膝弯曲，上体侧转，脚弓对准来球。在脚与球接触的一刹那，小腿放松向后撤或下切球的侧上部，将球停在地面，控制在需要的位置上（如图3-11所示）。

图 3-11

(二) 脚底停球

脚底停球的特点是脚底接触球面积大，停球稳，常用于停地滚球和反弹球。

1. 脚底停地滚球

停地滚球时,支撑脚踏在球的侧后方,脚尖正对来球,膝关节微屈,停球脚脚跟离地低于球,脚尖跷起高于球。当球刚接触脚掌时,脚掌轻轻下压球的中上部,将球停于脚下(如图3-12所示)。

2. 脚底停反弹球

停反弹球时,支撑脚踏在球落点的侧后方,当球着地的一刹那,用停球脚前脚掌对准球的反弹路线,触球的中上部(如图3-13所示)。

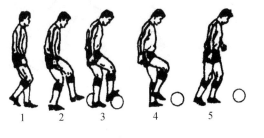

图 3-12

图 3-13

(三)胸部停球

胸部面积大,有弹性,位置高,能停高球和空中平直球。胸部停球有收胸停球和挺胸停球两种方法。收胸停球一般用来停胸部高度的平直球,挺胸停球一般用来停高于胸部的下落球。

1. 收胸停球

准备停球时,面对来球,两脚前后开立,两臂自然张开,重心前移,挺胸迎球。当球与胸部接触前的一刹那,身体重心迅速后移,收胸、收腹挡压球,以缓冲来球力量,把球停在身前(如图3-14所示)。

2. 挺胸停球

准备停球时,面对来球,收下颌,两臂自然张开,两脚前后开立,身体重心落在两脚之间,两膝微屈。当球与胸部接触前的一刹那,两脚蹬地向上,同时展腹,上体稍后仰、挺胸迎球,使球弹起改变运行路线然后落于体前。

图 3-14

三、运球

运球是运动员在跑动中用脚连续推拨球使球始终处于自己控制范围内的触球动作。常用的运球方法有脚背正面运球、脚背内侧运球、脚背外侧运球和脚内侧运球。

(一)脚背正面运球

跑动时,身体自然放松,上体稍前倾,两臂自然摆动,步幅不要过大。运球脚提起时,屈膝,脚跟提起,脚尖下指,在迈步前伸脚着地前,用脚背正面推拨球的后中部。此种方法多在运球推进的情况下使用。

(二)脚背内侧运球

跑动时,步幅要小,上体前倾并稍向运球方向转动。运球脚提起时,膝微屈,脚跟提起,脚尖稍外转,在迈步前伸脚着地前,用脚背内侧推拨球。此方法多在改变方向并需用身体掩护球的情况下使用。

(三) 脚背外侧运球

运球脚提起时,屈膝,脚跟提起,脚尖稍内转。在迈步前伸脚着地前,用脚背外侧推拨球。此种方法多在快速奔跑和向外改变方向时使用(如图 3-15 所示)。

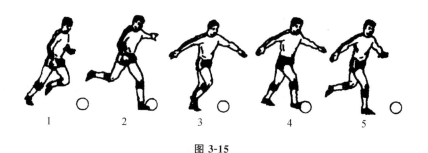

图 3-15

(四) 脚内侧运球

运球时,支撑脚稍向前跨,踏在球的前侧方,膝微屈,上体前倾身体重心向里。随着身体的移动,运球脚提起,用脚内侧推球的后中部。此种方法多在接近对手需要用身体掩护球时使用。

四、抢截球

抢截球是转守为攻的积极手段,是防守技术的综合体现。它包括抢球和截球两种技术手段。其中,抢球是运用规则允许的条件和动作,把对方控制或将要控制的球夺过来、踢出去或破坏掉。截球是把对方队员间传出的球在运行过程中截住或破坏掉。抢截球包括正面跨步抢截球、侧面抢截球和侧后面抢截球三种方法。

(一) 正面跨步抢截球

面向对手,两脚前后稍开立,两膝微屈,身体重心稍下降并放在两脚间,在对方运球脚触球即将着地或刚着地时,要突然、果断、准确地向前抢球。支撑脚蹬地,抢球脚向前跨出的同时用脚内侧对准球,膝微屈,上体前倾,身体重心移至抢球脚上。另一只脚立即前跨成支撑脚。如双方的脚同时触球,则要顺势向上提拉,使球从对方脚背滚过,同时身体重心要迅速跟上,把球控制住(如图 3-16 所示)。

图 3-16

（二）侧面抢截球

当与对方平行跑动争球时，身体重心稍下降，接触身体的一侧手臂要紧贴住对方，在对方靠近自己一侧的脚离地时，用肩和上臂做合理冲撞，使对方失去平衡，趁机把球抢夺过来（如图3-17所示）。

图 3-17

（三）侧后面抢截球

侧后面抢截球，又称侧后铲球，多属于破坏性的抢截。有异侧脚铲球和同侧脚铲球两种方法。其中，异侧脚铲球的方法是当控球队员拨出球的一刹那，抢球队员后脚用力后蹬成跨步，前脚（异侧脚）的外侧沿地面向前内侧滑出，用脚底将球铲出去，接着小腿和大腿外侧、臀部依次着地（如图3-18所示）。

图 3-18

五、头顶球

头顶球是争取时间、夺得空间优势的一项重要技术，比赛中常用于抢截、传球和射门。头顶球分为前额正面顶球和前额侧面顶球。这两个部位都可以做原地顶球、跑动中顶球、跳起顶球，而原地顶球又是跑动、跳起顶球的基础。

（一）原地前额正面顶球

身体正对来球，两脚前后站立，膝微屈，上体稍后倾，身体重心放在后脚上，两臂自然张开，目视来球。当球运行到身体前的一刹那，后脚用力蹬地，重心移至前脚，同时迅速向前摆体，颈部紧张，快速收腹、甩头，用前额正面顶球的后中部，触球后上体随球继续前摆（如图3-19所示）。

（二）原地前额侧面顶球

两脚前后开立，出球方向的同侧脚在前，上体和头部稍向出球的相反方向回旋侧屈，身体重心放在后脚上，后膝微屈，两臂自然张开，目视来球。当球运行到出球方向同侧肩前上方的一刹那,后脚用力蹬地,上体迅速向出球方向扭摆,同时颈部紧张地甩头,以前额侧面击球的后中部(如图3-20所示)。

图 3-19　　　　　　　　　　　　　　图 3-20

六、掷界外球

掷界外球是队员在场地边线外把球远、准、快地掷向同伴,给本队创造良好的进攻机会。掷界外球有原地掷界外球和助跑掷界外球两种。

(一)原地掷界外球

面对出球方向,两脚前后或左右开立,膝关节弯曲,上体后仰,身体重心移到后脚上(左右开立时,身体重心在两脚间),两手自然张开,拇指相对,持球的侧后部,屈肘将球置于头后。掷球时,后脚用力蹬地,两腿迅速伸直并快速摆体,身体重心由后脚移到前脚,同时两臂急速前摆。当球摆到头上时,用力甩腕将球掷入场内。掷球时,后脚可沿地面向前滑动,两脚均不得离地或踏入场内,但允许踏在线上(如图3-21所示)。

图 3-21

(二)助跑掷界外球

双手持球于胸前,在助跑迈出最后一步时,上体后仰成背弓,同时将球上举至头后,掷球时的动作与原地掷界外球动作相同。

第三节　足球基本战术

足球的基本战术是指比赛双方为充分发挥本队队员个人与集体的特长和优势,攻击对方的弱点和不足,从而战胜对方所采取的手段与方法。足球基本战术可分为进攻战术和防守战术两大系统。首先介绍足球比赛阵形与不同位置队员的职责。

一、比赛阵形与不同位置队员的职责

(一)比赛阵形

比赛阵形是指场上队员基本位置的排列,是本队攻守力量搭配和职责分工的形式。比

赛阵形的运用,要根据本队队员的技术水平、身体素质、战术的需要和对方的情况来决定,要有利于发挥己方的特长,达到克敌制胜的目的。

比赛阵形是随攻守技术的发展而不断变化的。从 1920 年至今,足球比赛阵形经过多次的变化。从"WM"(即"三二二三")阵形、"三三四"阵形到"四二四"阵形、"四三三"阵形、"四四二"阵形至"一三三三"阵形等。目前普遍采用的阵形有"四三三""四四二"两种。

(二) 不同位置队员的职责

1. 守门员

其主要职责是守住球门,观察场上比赛变化情况,指挥全队的攻守。

2. 边后卫

其主要负责防守对方的边锋或插入边锋位置的其他队员,并与中后卫协同防守,相互补位,封锁直接进攻球门的去路。本队进攻时,也可伺机插上助攻,起边锋作用。

3. 中后卫

其是防守的支柱,主要职责是防守球门前中央场区最危险的区域,制止对方射门,并与边后位和另一中后卫协同防守,相互补位。其还应起到攻守的组织和指挥作用。

4. 前卫

其活动于锋线队员和卫线队员的中间地带,主要职责是控制中场,是防守的屏障,又是前沿攻击的纽带。其应进可攻,退可守,并能及时插上或远射,起到全队的核心作用。

5. 中锋

其主要职责是突破射门或插上接传中球射门。其次,其要通过交叉换位、左右策动、扰乱对方防线,为同伴创造插上、切入或射门的机会。中锋是一个队伍的尖刀和射手。

6. 边锋

其主要职责是从边路突破对方的防线,带球切入射门、下底传中或包抄射门。其防守时要紧盯对方防守自己的后卫,不让其自由助攻,并协助本方边后卫防守对方边锋。

二、进攻战术

进攻战术是指在比赛中,为了战胜对手所采取的个人进攻行动和集体配合方法。这里重点介绍局部进攻战术。局部进攻战术是指进攻中两个或几个队员之间的配合方法。它是集体配合的基础。局部配合形式有:传切配合、交叉掩护配合和二过一配合。

(一) 传切配合

传切配合是指控球队员将球传给切入的进攻队员的配合方法,是局部进攻战术中运用最多的方法。传切配合的形式有局部传切和转移长传切入。

1. 局部传切

局部传切按传切的路线可分为直传斜切、斜传直切和斜传斜切(如图 3-22 至图 3-24 所示)。边路进攻多采用直传直切和直传斜切的配合方法。中路进攻多采用斜传直切和斜传斜切的配合方法。

图 3-22

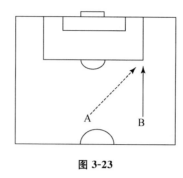
图 3-23

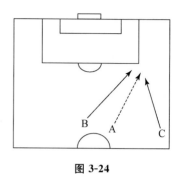
图 3-24

2. 转移长传切入

转移长传切入是指一侧进攻受阻，长传转移到另一侧，切入队员得球后展开进攻（如图 3-25 所示）。

传切成功的要素一是控球队员要把握准传球的时机，并控制好传球的方向和力量；二是跑位队员要明示切入的方位、时间，启动突然、快速，并用身体掩护住球。

（二）交叉掩护配合

交叉掩护配合是指在局部地区两名进攻队员在运球交叉换位时，以自己的身体掩护同伴越过防守队员的方法（如图 3-26 所示）。

交叉掩护配合成功的要素：第一，运球队员必须用自己的身体护住球并挡住两名防守队员，将球传递给同伴后，要继续向前跑动；第二，接球队员必须主动迎面跑向运球同伴，交叉距离贴近，接球后快速向前运球。

图 3-25

图 3-26

（三）二过一配合

二过一配合是指在局部地区两名进攻队员通过两次连续传球配合，越过一名防守队员的方法。二过一配合的形式根据传球和跑位的路线有直插斜传二过一、斜插直传二过一、斜插斜传二过一等。

1. 直插斜传二过一

当防守队员身后有一定空当，防守队员距插入队员较近时采用此种方法（如图 3-27 所示）。

2. 斜插直传二过一

当防守队员身后有较大空当，防守队员移向接应队员时采用此种方法（如图 3-28 所示）。

3. 斜插斜传二过一

当防守队员身后空隙较小时或采用连续二过一时可采用此种方法(如图3-29所示)。

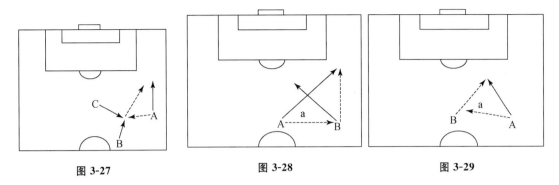

图 3-27　　　　　　图 3-28　　　　　　图 3-29

三、防守战术

防守战术是在比赛中为了阻止对方的进攻和重新控球所采用的个人防守行动和集体配合的方法。

足球比赛进攻和防守是对立的统一,相互制约,相互促进。积极防守孕育着进攻,丢球后立即就地抢截已成为现代足球运动最基本的特征。稳固防守上的快速进攻已成为现代足球运动的战略指导思想。这里重点介绍个人和整体防守战术。

(一)个人防守战术

个人防守战术是指为了控制对手所采用的个人战术行动。个人防守战术行动体现着整体战术的特征,是整体战术的基础。它包括选位与盯人、断球、抢球等。

1. 选位与盯人

选位是指防守队员根据位置职责和临场情况,选择恰当的防守位置。盯人是指在正确选位的基础上,对防守的对手实施监控或严密控制其进攻行动。选位与盯人有以下要素。

(1)及时:选位要先于对手到位防守。

(2)原则:选位的基本原则是进攻队员、防守队员和本方球门的中点三点成一线,并保持适当距离。

(3)兼顾:选位以盯人为主,同时兼顾球和空间的情况变化。

(4)队形:选位要组成纵横交错的三角和棱形网络队形。

(5)灵活:以多防少或以少防多时,要根据具体情况和任务目的灵活选位。

(6)盯人:在正确选位的基础上,根据不同的场区和任务,对防守对手实施紧逼盯人或松动盯人。

2. 断球

断球是指将对方的传球从途中截下来或破坏掉的战术行动。断球是转守为攻最主动、最有效的战术行动,能在对方来不及反抢的状态下快速反击。断球的要素如下。

(1)正确的判断:断球前要正确判断持球队员与接应队员、防持球队员与防接球队员相互的位置及意图,预测传球的时间和路线。

(2)合理的位置:在正确选位的基础上,偏向有球一侧移动,并进行松动防守。

(3) 恰当的时机：对方传出球的一刹那，先于接球对手直线快速插向传球路线，将球截断下来。

3. 抢球

抢球是指将对方控运的球抢过来或破坏掉的战术行动。抢球是重要的个人战术，是个人防守能力的重要标志。抢球的要素如下。

(1) 正确的站位：抢球首先要选择持球人与球门中点之间站位，这是对方运球突破的必由之路，对方运球向两侧移动时，即为抢球创造了有利条件。

(2) 合理的距离：通过移动与持球对手保持一步内的距离是抢球最适宜的距离。

(3) 准确的时机：在对手接控球未稳或控运球两个触球动作之间的时机，将球抢下来或破坏掉。

(二) 整体防守战术

整体防守战术是指全队所采取的防守战术。整体防守战术按形式分为区域盯人防守、人盯人防守和混合盯人防守。

1. 区域盯人防守

由攻转守时，根据场上位置的分工和职责的分工，每一名防守队员应负责防守一定区域。当对方某一名队员跑入该区时，就负责盯防，离开这个区域，就不再跟踪盯防。这种防守战术较为节省体力，能防守住进入本防区的进攻队员。但是，对方可以任意交叉换位，容易造成局部地区以少防多的被动局面，并在邻近位置的结合部还容易出现漏洞。因此，目前在比赛中很少采用这种防守方法。

2. 人盯人防守

人盯人防守是每个防守队员各自都有明确的防守对象，防守对象跑到哪都要紧跟盯防到哪。人盯人防守分工明确，责任具体，盯防效果好。但体能消耗较大，防守队形、防线容易被拉乱，一旦突破，不易弥补。因此，目前比赛很少单纯采用人盯人防守方法。

3. 混合盯人防守

混合盯人防守是盯人防守与区域防守相结合的防守方法，是目前比赛中常常采用的方法。它集中了区域盯人防守和人盯人防守的优点。对对方中场组织队员和前场进攻队员进行人盯人冻结防守，其他队员采取区域盯人防守。根据临场情况既盯人抢球又保护补位，形成纵横交错的防守队形。

第四节 足球竞赛规则

足球竞赛规则是为了进行足球比赛而制定的统一规范和准则。为了促进足球运动的发展，该规则曾多次被修改，但其精神实质始终如一，有四个方面：一是对等的原则，即一视同仁；二是保护运动员的健康；三是促进足球技战术的发展；四是提高比赛的观赏性。

一、比赛场地与设施

(一)球场

球场必须是长方形,在长 90~120 米、宽 45~90 米的范围内均可。国际比赛的长度范围是长 100~110 米、宽 64~75 米。基层比赛场地可因地制宜,但边线必须长于球门线,场内各区域尺寸不可变。国际足联曾规定世界杯决赛阶段比赛场地为长 105 米、宽 68 米,比赛不能在人造草皮上进行。场地各线宽度不超过 12 厘米(球门线的宽度必须与球门柱宽度相等)。边线与球门线应包括在场地面积之内,其他各线宽度亦应包括在该区域面积之内。

(二)足球

足球用皮革或其他许可的材料制成,圆周长为 68~70 厘米;比赛开始时球重不少于 410 克,且不多于 450 克;压力为 0.6~1.1 个大气压(世界杯赛一般采用 0.9 个大气压)。比赛用球由裁判员审定,正式的比赛应有备用球,目前多采用 8 个备用球。

二、简要竞赛规则

(一)队员人数

(1) 每队 7~11 人均可,其中 1 人为守门员。

(2) 正式比赛提名替补队员数名,但最多可以替换 3 人,位置不限。被替换下场的队员不可以在本场比赛重新参赛。

(3) 场上队员和守门员互换位置前要通知裁判员,经裁判员同意后,在死球时互换,并且服装颜色必须符合规定。替换队员时,也应通知裁判员,经裁判员同意后,在死球时从中线处先下后上进行替换。

(4) 开赛前被罚令出场的队员可以由替补队员替补,并不算 1 次换人,但不得再增加替补队员名额。比赛开始后(包括死球时或中场休息)被罚令出场的队员,不得被替补。凡被提名的替补队员无论何时被罚令出场,均不得替换。

(5) 踢球点球决胜负时,守门员受伤可以由该队其他队员替补,除此以外,一律不得替换。

(二)比赛时间

(1) 正式比赛时间为 90 分钟,上、下半场各 45 分钟,除经裁判员同意外,中场休息不得超过 15 分钟。如规程规定有加时赛,则再进行 30 分钟的决胜期比赛,每半场 15 分钟,中间立即交换场地不再休息。如果采用"金球制胜"法,则在 30 分钟内,先进球队为胜,比赛立即结束。若决胜期仍战平,则以踢球点球的方式决出胜负。

(2) 每半场比赛中因故损失的时间应扣除补足,补多少时间由裁判员决定,通常情况包括:

① 替换队员;

② 对伤号的处理;

③ 因观众进入场地而暂停比赛;

④ 球出界过远;

⑤ 队员延误时间(如发定位球、换人、进球后跳过广告牌的庆祝等);
⑥ 受天气影响而暂停比赛;
⑦ 球破裂或漏气需要更换新球等。

(3) 比赛最后几秒钟的进球,裁判员应将球放到中点上再鸣哨结束比赛,表示进球有效,不再开球。

(三) 计胜方法

(1) 当球的整体从球门柱间及横木下越过球门线,而此前未违反竞赛规则,即为进球得分。

(2) 判断球是否进门应根据球的位置,而不是以守门员接球或队员触球时所站的位置来决定。

(3) 如有观众进场,企图阻球入门,但未触及球而球进门,应算进一球。如触及或妨碍比赛,裁判员应停止比赛,坠球恢复比赛。

(4) 罚球点球时,在球到球门线前,遇外来因素干扰,应重罚。如已触及守门员、门框弹回场内,又被外来因素触及,则坠球恢复比赛。

(5) 其决胜方法和记分方法应在规程中规定。

(四) 越位

1. 处于越位位置的条件

(1) 在对方半场内;

(2) 较球更接近于对方球门线;

(3) 在该队员与对方球门线之间,对方队员不足 2 人。

上述三个条件中,若缺少任何一条,队员均不属于处于越位位置。

2. 判断时间

判断是否处于越位位置的时间是同队队员踢球或触球的一瞬间,而不是该队员接得球的一瞬间。

3. 越位犯规

处于越位位置的队员,在同队队员踢球或触球的一瞬间,裁判员认为其有下列情况而"卷入"了现实比赛中时才被列为越位犯规:

(1) 干扰比赛;

(2) 干扰对方;

(3) 利用越位位置获得利益。

"现实比赛"不是一个区域范围的量化概念,而是针对处于越位位置队员的行为和效果而言的。位置是前提,触球瞬间是判断的时机,行为和效果是构成越位犯规的依据。

(五) 犯规与不正当行为

足球比赛对抗性强,义允许身体接触与碰撞,裁判员要准确掌握规则,善于识别与区分合理动作与犯规动作,坚持正义,把判罚重点放在不正当行为上。

1. 判罚直接任意球

裁判员认为,如果队员违反下列 10 条中的任何一条,将判给对方踢直接任意球:

(1) 踢或企图踢对方队员;

(2) 绊倒或企图绊倒对方队员；

(3) 跳向对方队员；

(4) 冲撞对方队员；

(5) 打或企图打对方队员；

(6) 推对方队员；

(7) 为了得到对球的控制而抢截对方队员时，于触球前触及对方队员；

(8) 拉扯对方队员；

(9) 向对方队员吐唾沫；

(10) 故意手球(不包括守门员在本方罚球区内)。

2. 判罚间接任意球

如果守门员在本方罚球区内违反下列 4 种犯规中的一种，都将判给对方踢间接任意球：

(1) 当手控制球时，在发出球之前持球超过 6 秒；

(2) 在发出球之后未经其他队员触及而再次用手触球；

(3) 用手触及式控制同队队员直接掷入的界外球；

(4) 用手触及式控制同队队员故意踢给他的球。

以及裁判员认为，队员有下列情况任何一种的，将判给对方踢间接任意球：

(1) 动作具有危险性；

(2) 阻挡对方队员；

(3) 阻挡对方守门员从其手中发球；

(4) 违反规则未提及的任何其他犯规，而停止比赛被警告或罚令出场。

另外，如果队员在比赛中被判有开球、球门球、角球、界外球、任意球、球点球连踢、越位犯规，也将在犯规地点以间接任意球恢复比赛。

(六) 罚球点球

(1) 当比赛进行时，队员在本方罚球区内故意违反可判为直接任意球的犯规条例时，由对方踢罚球点球。

(2) 在罚球区线附近发生的犯规，关键看犯规动作的接触点，不以犯规队员所处位置为准。如队员在区外，而接触点在区内，则为罚球点球。反之，区内队员的犯规接触点在区外，则罚任意球。

(3) 罚球点球可以直接进球得分。

(4) 执行罚球点球时，主罚队员应有明确表示。除主罚队员和守门员外，双方其他队员要站在罚球区和发球弧外及罚球点后的场地内，且应距罚球点至少 9.15 米。

(5) 执行罚球点球时，球必须放在罚球点上，并且必须由主罚队员向前踢出，若主罚队员做横传、回传均属比赛未恢复，应重踢。

(6) 执行罚球点球时，进入比赛前，防守方守门员应站在球门线上(可以沿线横向移动)并面对主罚队员直至球被踢出，否则，罚中无效，未中则重罚。若其他守方队员提前进入区内或弧内或站在球前，罚中有效，未中重罚。

(7) 鸣哨后攻守双方队员同时犯规，无论是否罚中，均应重罚。

(8) 球踢出后，在向球门运行途中受到外来因素阻止，不论球罚中与否，均应重罚。如果弹回后受阻，立即停止比赛，在受阻地点坠球恢复比赛。

(9) 每半场比赛或决胜期上下半场结束时,应允许延长时间执行完罚球点球。

(10) 执行罚球点球时,在没有守门员的情况下,比赛不能进行。

(七) 角球

(1) 比赛中,队员将球的整体由地面或空中踢出本方球门线(不属于进球得分)时,由对方在出界一边的角球内踢角球。角球可以直接射入对方球门得分。

(2) 踢角球时,不得移动角旗杆,对方队员至少距球9.15米。当球被踢并移动时,比赛即为进行。

(3) 踢角球的队员在球踢出后,未经其他队员触及,不得连踢。如手触球则为手球犯规。

(4) 角球踢出时,攻方队员不得站在守门员身前进行阻挡,否则为犯规。

第四章 篮球

第一节 篮球运动概述

篮球运动是以投篮为中心的集体对抗性球类运动项目。比赛时分为两队,在长28米、宽15米的篮球场上按照竞赛规则,运用各种攻守技术、战术相互争夺,努力将每次获得的球投入对方的球篮,并防止对方获球得分,在规定的时间内得分多的一队为优胜队。篮球运动在我国有广泛的群众基础,无论是在社区、学校、企业、机关、部队,还是在农村、山区,都有正规或简易的篮球场地和设备,是深受广大人民群众喜爱的球类运动项目。

一、篮球运动的起源

篮球运动诞生于1891年,起源于美国,由美国马萨诸塞州基督教青年会训练学校体育教师詹姆斯·奈·史密斯发明。

詹姆斯·奈·史密斯受当地儿童做向篮筐投桃子游戏的启示,找到两只旧桃篮钉在体操房两端离地面10英尺(折合3.05米,其高度至今未变)的墙上,上课时他把培训班的18名学员分成两个队,讲完方法和要求后,便开始进行活动,直到快要结束时,只有一名学员从中场投进一球。但这个新的游戏出乎意料地被学员接受了,做游戏时学员兴致勃勃,十分高兴。现代的篮球运动也就由此而诞生。

关于"篮球"的命名,最开始有人叫它"筐球",也有人曾建议叫它"奈·史密斯球"。但发明者詹姆斯·奈·史密斯本人不赞同,考虑到所用的器材是竹篮和球,所以将它取名为"篮球"。

二、篮球运动的特点

随着篮球运动的广泛开展,人们对篮球运动的实质有了深刻的认识。其运动特点归纳起来有以下五个方面。

(一)浓郁的集体性

双方为了夺取比赛的胜利,同队队员始终表现得团结一心,通过集体协同配合完成各自的攻守任务。队员的传球、接球、运球、投篮和移动、防守等动作都有目的性,都是在战术指导思想的要求下,通过两人以上的协同配合来发挥作用。队员的个人战术行动与集体战术配合是局部与全局、个体与集体的关系,前者是后者的组成部分,后者则是前者合理组织的综合体现。队员在场上的一切行动从全局出发,并与同伴通力合作,努力为本队创造严密防守和进攻的机会。同时,队员把个人技术的发挥融汇在集体协同配合之中,努力促使战术意图的实现。

(二)激烈的对抗性

篮球运动的对抗性体现在多个方面,既有地面的对抗,即运动员力量、速度、身体接触的对抗,又有空中的对抗,即运动员滞空能力、弹跳高度的对抗;既有意志品质的对抗,即坚韧不拔、顽强毅力的对抗,又有心理素质的对抗,即对手压力、外界干扰、关键时刻的罚球、关键场次的比赛、运动员对裁判的误判和错判的心理承受能力的对抗;既有运动员运用基本技术应变能力的对抗,即攻守技术瞬间突变与应变的对抗,又有运用战术应变能力的对抗,即攻守战术瞬间突变与应变的对抗。除此之外,还有双方教练运用兵力、运用战术指挥能力的对抗。

(三) 以投篮为中心,按得分多少定胜负

由于竞赛规则的规定,篮球比赛是按有效投篮得分多少定胜负,所以双方的一切攻守技术和战术的目的,都是为了投篮和制约对方投篮。进攻时,队员总是力争创造极佳的投篮时机,增加进攻的次数,提高投篮命中率;防守时则时刻阻止不让对方投篮,千方百计地加强防守的攻击性,提高封盖、堵卡、抢断的效果。

(四) 表层技术多项,内层内容多元

从表层来看,能用手控制、支配球是篮球运动最直接的特点,而由于手的灵巧,使得篮球基本技术多种多样,迄今为止,传、运、投以及各种防守技术约有100余种,这是其他任何球类项目所不可比拟的。从篮球内层的内容来看,现代篮球运动内容呈多元化发展趋势,有独特的理论体系和技术、战术体系,已成为一门综合性体育学科,其内容涉及哲学、军事学、政治学、经济学、决策学、管理学和科学的专项理论基础。其中,科学的专项理论基础包括体育学、教育学、心理学、训练学、伦理学、逻辑学和相关的生理学科,如选材学、创伤学、营养学、保健学等。此外,还有对教练员、队员的智能潜力、特殊的运动意识、气质、身体形态条件、生理机能、心理修养、意志品质、道德作风、专项技术水平与战术配合意识及实战能力等的研究。

(五) 比赛中时刻体现出瞬间转换的特点

篮球竞赛规则对持球进攻队和队员有3秒、5秒、8秒和24秒的不同性质的时间限制,特别强调时间概念,这使得场上队员主动捕捉战机就成为队员攻守的关键。因此,无论是队员个体在比赛中攻守技术的运用,还是全队整体攻守战术配合的运用都是在瞬间不断转换中进行的。

三、篮球运动的价值与作用

现今,篮球运动已经普及世界各个国家和地区,据统计,目前世界有十几亿人观赏和参加篮球运动。我国小学高年级、初中、高中70%的学生都打过篮球,全国1000多所大学球类选项(选修)课中参加篮球选项(选修)课的学生人数最多。篮球运动之所以深受广大青少年和男女老幼的喜爱,是因为它具有教育、启迪功能,健身、益智功能,文化、娱乐功能和促进经济效益、社会效益的功能。

(一) 教育、启迪功能

篮球运动是一种集体性的运动项目,无论是正规的比赛还是两三人的简单娱乐,场上队员始终是相互配合,个人技术在集体配合中得到发挥,集体配合为个人技术的发挥创造良好的时机;个人为集体而奉献一切,集体为个人培养明星。所以,篮球运动能培养运动员齐心协力、团结友爱、共同协作的集体主义精神、集体主义观念和集体荣誉感。

篮球比赛强度大,争夺激烈,几乎所有的技战术始终都是在对抗性中进行的,因此,篮球

运动能培养运动员勇敢顽强、敢于拼搏的精神,坚韧不拔的毅力,积极向上、争强好胜的思想作风,锐意进取的意志品质。

在篮球比赛中所体现出的公平竞争、团结协作、顽强拼搏、开拓创新的精神,对增强民族自尊心、鼓舞人们的斗志能起到积极的促进作用。

(二)健身、益智功能

篮球运动是由各种跑、跳、投等基本技术动作所组成的体育运动,经常参加篮球训练和比赛,能促进人的基本活动能力全面发展,使人的基本技能得到全面提高。它既能增强体质、促进健康,又能促进力量、速度、耐力、灵敏、柔韧等全面身体素质的发展。

篮球比赛始终表现出错综复杂、千变万化的局面,运动员必须应对各种突如其来的变化,这不仅需要具有良好的身体素质,而且还需要聪明的头脑和智慧。因此,经常参加篮球运动,能培养人的观察能力、思维能力、操作能力、分析问题和解决问题的能力,有利于拓展思路,开发智慧,将运动员培养成为智能型的人才。

(三)文化、娱乐功能

篮球运动的思想、理念,篮球的技术、战术,篮球的竞赛方法、训练方法等都极大地丰富了体育文化,是对人类文化宝库的极大贡献,是体育文化的重要组成部分。

篮球比赛吸引了众多的观众,从观赏运动员的精彩表演中,人们获得了美的享受,得到了极大的精神满足,因此丰富了人们的文化生活,也有利于精神文明建设。

现代篮球比赛具有较强的观赏性,一场精彩的篮球比赛,优秀运动员扣人心弦的"扣篮""盖帽"表演会迷住亿万观众。在比赛的最后阶段,往往会有戏剧性的变化,如在几秒钟内反败为胜,零点几秒一次远投命中而夺得冠军,使观赏者无不为之倾倒。

篮球运动对增进友谊,加强人与人之间的社会交往,加强国际友好往来,加深各国人民之间的了解,也有着积极的意义。

(四)促进经济效益、社会效益的功能

现代篮球运动不仅仅是一项竞技项目,也不单纯是一种群体性活动项目。随着体育产业的兴起,篮球运动的普及和篮球文化的深入发展,使得篮球运动很快成为有影响的体育产业之一。篮球运动的职业化、商业化运作模式给电视转播、广告、饮料、食品、运动服装、体育器材以及体育彩票等行业带来巨大的经济效益。同时,篮球运动职业化、商业化运作模式带动和促进了其他相关产业的发展,产生了良好的社会效益,为人们提供了更多的就业岗位。

四、我国篮球运动的发展概况

根据史料记载,我国在唐代,民间和宫廷内就有开展类似篮球运动的"抛球""手鞠""毛弹"等娱乐活动。

现代篮球运动是在 1895 年,由美国国际基督教青年会协会派来中国天津基督教青年会就职的第一任总干事来会理(David Willard Lyon,如图 4-1 所示)的介绍传入中国的。

篮球运动在中国从传入到普及、发展到提高的过程,可划分为两个阶段:1949 年中华人民共和国成立前的阶段,约 54 年时间;1949 年中华人民共和国成立后到现在,可作为另一个

图 4-1 来会理

阶段。

在传入中国后的初期,篮球运动主要在天津、上海及北京等有限的城市青年会组织和某些中等以上学校少数学生中开展。1910年,男子篮球被列为中国第一届全国运动会的表演项目,1914年被列为正式比赛项目;而女子篮球于1930年才被列为正式比赛项目。到1948年,共进行了6次全国运动会单项篮球赛,国际交往仅限于参加了1913年以后的9次远东运动会篮球赛和2次奥运会篮球赛。值得一提的是,同一时期在陕、甘、宁地区,篮球运动则成为在部队和人民群众中开展最为活跃的体育项目,其中一批篮球骨干成为新中国体育事业的开拓者。

1949年后,篮球运动在中国的传播、普及、发展进入了一个新阶段。在各级政府行政主管部门的有计划、有组织的推动下,以各种形式在全国的学校、机关、部队及企事业单位、群众团体中迅速开展起来。

20世纪50年代初,我国建立了篮球管理机构,成立了中央体育学院竞技指导科篮球班(实为国家级篮球集训队),积极开展国际交往。后来,相继在各大行政区或省市建立了高水平篮球专门队伍,并制定与健全了各项培养篮球人才和普及、提高篮球运动水平的规划、章程和制度。20世纪50年代中期在大发展、大提高的基础上我国开展了篮球运动大讨论,随之,中国篮球竞技水平大幅度提高,在国内竞赛中显露出不同风格与流派的打法,当时在迎战苏联及其他欧美强队的比赛中也取得了良好成绩,只是因为当时国际政治环境的限制,我国优秀的篮球运动队伍未能参与大型洲际及国际性竞赛。

到20世纪60年代中期,中国的篮球事业、篮球竞技水平、社会普及的广度与深度、科学研究及篮球观念与理论体系的确立等都初步形成了自己的特点。其中,就技术、战术而言,当时中国式的"跳投""快攻""全场紧逼"已成为中国队在频繁的国际交往中战胜世界强队的攻守三大法宝,涌现出钱澄海、杨伯镛等一批优秀运动员。历史证明,1949年后的17年是中国篮球事业全面发展提高的17年,是中国篮球事业第一个辉煌发展的历史阶段。

20世纪60年代后期至70年代初期,由于"文化大革命"的影响,篮球运动在中国处于非常时期,由此拉大了篮球技术、战术与世界强队水平的距离。

进入20世纪70年代中期后,中国的篮球运动得到迅速恢复与发展。1975年,中国篮球协会在亚洲业余篮球协会取得了合法席位。1976年,国际篮球联合会(以下简称"国际篮联")恢复中国在该会的合法席位,从此我国再次走上国际篮球竞技舞台,中国的篮球运动也进入了新的历史性发展时期。

从20世纪80年代开始至90年代中期,我国的篮球运动进入最佳时期,在世界及洲际性竞赛中不断取得优异成绩。其中,中国女队在1983年第九届世界锦标赛和1984年第二十三届奥运会上均获得了第三名,进入世界强队行列,先后涌现出如宋晓波、柳青、郑海霞、丛学娣等在亚洲和国际享有盛誉的运动员;在1992年第二十五届奥运会上又获得亚军;在1993年世界大学生运动会上获得冠军;在1994年第十二届世界锦标赛上获得亚军。男子则在蝉联亚洲榜首的基础上,在1994年第十二届世界男子篮球锦标赛上第一次进入了世界前八名,表明我国的篮球运动竞技水平向世界最高水平发起冲击,跨入了百年来发展的黄金时代。

第二节 篮球基本技术

一、篮球运动的基本功

篮球运动的基本功主要包括眼、手、脚和腰胯等方面的能力,这些是从事篮球运动所必须具备的首要条件,篮球运动员只有具备了较为扎实的基本功,才能充分、合理地发挥篮球技战术水平。

(一)眼功

所谓眼功,是指篮球场上的观察能力。篮球运动是一项具有激烈身体对抗性的集体运动项目,场上情况瞬息万变,通常说的"眼观六路,耳听八方"在篮球比赛中得到了充分体现。它要求场上队员既要看到对方的防守阵势,又要看到同伴的位置和行动,如果没有良好的观察能力是难以胜任比赛工作的。

(二)手功

所谓手功,是指手臂、手指、手腕的力量和手对球的控制和支配能力。这个能力是篮球运动员的最基本能力。篮球是靠手来支配的运动,只有具备了良好的手功,才能保证有能力控制好球、传球到位以及有较高的投篮命中率。因此,要想打好篮球,篮球运动员必须具备良好的手功。

(三)脚功

脚的基本功是篮球运动的基础,这是因为篮球场上的所有动作都与脚步动作密切相关,脚功的好坏直接影响技术动作的完成。因此,练就过硬的脚功是篮球运动员必备的条件。如启动、变速跑、变向跑、转身、纵跳、滑步、撤步等一系列篮球移动技术都得靠快速的脚步动作来完成。

(四)腰胯功

腰胯的基本功主要体现在空中的协调平衡和身体对抗中。篮球比赛中的很多动作都是在空中完成且同时需要进行激烈的身体对抗,如果篮球运动员没有良好的腰胯力量,是难以完成这些任务的。

二、篮球基本技术方法及作用

篮球基本技术方法是篮球运动的核心。篮球比赛正是通过攻守双方队员对技战术方法的运用来完成相互间的对抗,在对抗中来争取比赛的胜利。因此,可以说,离开篮球技战术方法,篮球运动也就不复存在了,而篮球运动也因精湛的技术方法和巧妙的战术配合让人赏心悦目,吸引了众多的篮球爱好者,使得篮球运动有着无限的生命力。

(一)移动技术

1. 移动技术的作用和特点

移动技术通常被称为脚步动作。在篮球比赛中篮球运动员运用脚步动作主要是为了进攻时摆脱防守,获取攻击机会;防守时阻截进攻,争夺球权。此外,攻守双方都通过移动技术的运用去抢占攻守的有利位置,以便较好地完成各自的攻守任务。

移动技术的特点是:进攻时,小范围内的变向和变速突然性强,尤其是转身和跨步的结合速度快、力量大,经常利用合理的身体移动抢占有利位置,完成攻击任务;防守时,身体重心低,步幅宽,滑动步伐大而快,步法转移迅速,富有极强的攻击性,使防守具有更大的威胁性。

2. 移动技术的内容

(1) 启动。

启动是篮球比赛中队员个人行动的一项重要技术。启动时,身体重心向跑动方向移动,一只脚的前脚掌突然用力蹬地,上体迅速前移,协调用力摆臂,另一只脚迅速向跑动方向迈出;启动后的两三步短促有力,连续蹬地。通过突然、迅速地启动并与其他移动技术结合运用,篮球运动员可以做到在进攻时摆脱防守,获取球,抢占有利位置,冲抢前场篮板球,参与快攻等;在防守时,篮球运动员可以进行抢打、断球,积极迅速退防、补防等。在比赛中,启动经常与变向跑、变速跑、跨步、转身等技术结合运用。

(2) 跑动。

跑动是各项运动项目必须具备的基本脚步动作。但各项运动项目的跑动都不尽相似,有着各自的特点。尤其是篮球运动的跑动更是与众不同,有前进跑,还有后退跑;有变速跑,还有变向跑;有加速跑,还有放松跑;有正面跑,还有侧身跑。在比赛中,篮球运动员要根据场上情况,不断调整跑动的方式。这里重点介绍以下几种跑动的方式。

① 侧身跑。这种跑动的方法正如其名称一样,"侧着身体(上体)"跑。比赛中篮球运动员进行侧身跑的主要目的是便于观察场上情况,随时做好攻防准备。

② 后退跑。篮球运动员在完成进攻后,通过后退跑监视对手的行动,以便及时采取防守措施。

③ 变向跑。它是篮球比赛中篮球运动员为了摆脱防守经常运用的一种移动技术。变向跑时(以右向左变向为例),篮球运动员的右脚前掌内侧用力蹬地,脚尖稍向内转,迅速屈膝。腰部随之内转,使重心向左移动,上体向左前倾,左脚向左前方跨出,继续加速跑动。此技术在运用时往往带有"假动作"的特征,令防守方防不胜防。

④ 变速跑。它是通过速度的变化达到摆脱防守的目的。比赛中,篮球运动员时快时慢的速度变化令防守方难以防范。变速跑若能与变向跑、启动跑等技术结合运用,效果会更好。

(3) 转身。

转身技术是篮球比赛中经常运用的脚步移动技术。在比赛中,进攻方无球队员可以通过转身抢占有利进攻位置,或摆脱防守接球攻击;持球队员则利用转身直接进行攻击。防守方依靠转身抢占有利防守位置,挡住进攻队员的移动,阻截进攻,并为拼抢防守篮板球创造有利条件。转身分为前转身和后转身。转身时,篮球运动员的两腿微屈,身体重心下降,一脚为轴并将脚跟稍提起,前脚掌碾地,另一脚蹬地,同时移动重心,以转头、转肩和转腰的力量带动身体进行弧形移动,使身体改变原来的移动方向。

(4) 急停。

急停是篮球比赛中常用的脚步动作,如跑步中利用急停变向摆脱防守,跑动中接球急停投篮,接球急停后突破,进行传切配合等。急停分为跳步急停和跨步急停。跳步急停又称一步急停,跨步急停又称两步急停。篮球运动员移动速度较慢时多用跳步急停;而移动速度较快时则多利用跨步急停,以便保持身体重心的平衡。跳步急停是指停步之前一脚蹬地跳起并腾空,接着采用双脚同时落地的方法;而跨步急停则是双脚依次落地的方法。

(5) 滑步。

滑步是防守时篮球运动员移动的主要步法。防守队员为了保持自己的有利防守位置和争取防守的主动性,经常利用滑步来堵截进攻队员的移动路线,如防进攻队员运球移动、防突破等。同时,滑步也是其他防守技术运用的基础。滑步可以分为侧滑步、前滑步、后滑步三种。以向左侧滑步为例,右脚前脚掌内侧蹬地,左脚向左(移动方向)跨出,在落地的同时右脚紧随滑动,向左靠近,两脚保持一定距离,左脚继续跨出。滑步时篮球运动员要保持屈膝低重心的姿势,身体不要上下起伏,重心保持在两脚之间。

(6) 后撤步。

后撤步也是防守步法中的一种重要步法。它主要通过前、后脚步的替换(前脚蹬地后撤变为后脚)改变身体方向,以抢占合理的防守位置。这种步法常与交叉步、滑步等步法结合运用,阻截进攻队员切入移动和持球突破进攻。

此外,还有交叉步、攻击步、绕步、碎步、平步等,多是防守队员在防守中常用的衔接步法,与其他步法结合运用,能更有效地完成防守任务。

(二) 传、接球技术

1. 传、接球技术的特点和作用

传、接球是篮球运动中重要的基本进攻技术之一。准确的传球,可以为进攻方创造好的战机。在比赛中,每次进攻都离不开传、接球,往往通过多次传、接球来完成进攻。传、接球技术的好坏,将直接影响战术配合的质量和集体力量的发挥。现代篮球运动对传、接球技术的要求越来越高,其技术与其他技术的结合越来越连贯。紧凑性、隐蔽性、突破性和技巧性已成为现代篮球运动传球技术的四个主要特点。在任何紧逼防守的情况下,篮球运动员都应将球及时、准确地传出。现代传、接球技术的巧妙,体现在假动作的利用,传球方法多、变化多,出球面广等几个方面。此外,当今传球技术的另外一个特点就是传球动作幅度变小,主要用小臂、手腕和手指发力,出手速度快,变化多,令防守者防不胜防。

2. 传、接球技术的内容

传、接球技术从总体上看可以分为双手和单手两种动作方法,又细分为以下几种:

(1) 双手胸前传、接球。

双手胸前传、接球技术是传、接球技术中最根本、最常用的技术动作之一,是传、接球技术的基础,初学时一般都从它开始。它的主要特点是控制面大,握球牢固,准确性高,而且便于把传球和投篮、突破、运球,以及假动作等技术结合起来运用,为进攻创造有利条件。这种方法适合于各个方向、各种距离的传、接球,是篮球比赛中运用最广泛的一种传、接球方法。

双手胸前传球动作的方法是:双手持球于胸腹之间,两肘自然弯曲在身体两侧,身体成基本站立姿势。传球时,两臂前伸,两手腕内旋,拇指下压,食指、中指用力拨球并将球传出;球出手后,两手向下略向外翻。

双手胸前接球动作的方法是(以接胸平球为例):两眼注视来球,两臂迎球伸出,双手手指自然张开,两拇指成"八"字形,两手成一个半圆形,当手指触球时,两臂顺势后引缓冲来球力量,握住球于胸腹之间并成基本站立姿势。

(2)双手头上传球。

双手头上传球也是篮球比赛中常用的一种传球方法。它的特点是出手点高,便于和投篮技术以及传球假动作结合运用,故可以避开防守,准确地将球传到位。传球时,双手举球于头上,两肘弯曲,依靠前臂前甩鞭打、扣腕,拇指、食指、中指用力拨球将球传出。若传球距离远,还需脚、腰腹配合用力来完成。

(3)双手反弹传、接球。

双手反弹传、接球的方法同双手胸前传、接球一样,只不过传球方向是前下方,其主要目的是为了避开防守的断球。在比赛中,小个队员对付大个队员的封断时经常运用这种技术。

(4)单手肩上传球。

在比赛中,这种方法多运用于中、远距离传球,尤其是在长传快攻时主要靠它来完成输送球。它的特点是速度快、力量大、距离远。

单手肩上传球动作的方法是:传球时(以右手为例),左脚向传球方向迈出半步,同时右手将球引至右肩上,肘关节外展,与地面基本平行,手腕后屈,左肩对着传球方向。右脚用力蹬地,转体带动上臂,以肘领先前臂,手腕前屈,食指、中指、无名指用力拨球,将球传出。

(5)单手胸前传球。

这种方法是一种近距离的隐蔽传球方法,其传球幅度小,出手快,隐蔽性强。在突破防守向内线供球时常用这种方法。

(6)单手体侧传球。

这种方法也是一种近距离隐蔽传球方法,比赛中多在外围队员向内线队员传球时运用。这种方法与假动作结合起来运用效果尤佳。

单手体侧传球动作的方法是:传球时(以右手为例),右手将球引至身体右侧,经体侧向前作弧线摆动手腕内扣,用食指、中指的力量拨球,将球传出。

(7)勾手传球。

这种方法的特点是出手点高,距防守者远,不容易被封断。比赛中队员底线突破时,中锋队员内线传球抢到防守篮板球进行快攻第一传时,经常运用此方法来避开防守,将球顺利传出。

(三)运球技术

1. 运球技术的特点和作用

运球技术是篮球运动员通过手对球的控制和结合快速、灵活、多变的脚步移动来控制球,从而支配球的行动。它不仅是个人进攻的主要手段,而且是组织进攻的桥梁。通过运球,篮球运动员可以摆脱防守,制造传球、突破、投篮等攻击机会;可以吸引防守,调整比赛节奏和战术配合;可以发动快攻,攻破紧逼防守;有时还可以根据场上情况,运用控球技术来消耗比赛时间,进而完成战术意图。

2. 运球技术的内容

运球的技术方法很多,主要包括以下动作方法。

(1) 高运球。

这种方法是指反弹高度高于大腿以上的运球。高运球时篮球运动员重心较高,比赛中,多在向前推进时运用。篮球运动员也常通过高运球观察场上情况,调整进攻位置。其动作方法是:两膝微屈,上体稍前倾,两眼看前方,用手按拍球的后上方,球的落点在身体侧前方,球的反弹高度尽量保持在胸腹之间。

(2) 低运球。

这种方法一般是指反弹高度低于大腿以下的运球。它的特点是篮球运动员重心低,便于保护球,防守队员难以"掏球"。比赛中,遇到防守队员阻截时才采用低运球避开防守。其动作方法与高运球不同的是:两腿深屈,重心低,上体前倾;用上体和腿保护好球,手短促地按拍球。

(3) 体前变向换手传球。

这种方法是运球队员向前遇到防守堵截时,通过向左或向右变换方向换手运球,从而摆脱防守。这种方法在快攻突破时经常使用,是行进间运球突破防守的有效方法。其动作方法是:当向左变向时,右手拍球的右侧上方,同时右腿向左前方跨出,转肩,用上体和腿挡住对手,同时迅速换左手运球,拍球的后上方,快速超越对手。

(4) 体前变向不换手运球。

这种方法与上一方法基本相同。以右手为例,不同的是变向时右手拍球的左侧上方并伴随上体虚晃的假动作向右前方跨出,改变运球方向,突破防守。

(5) 背后运球。

这种方法是一种巧妙的变向运球方法,防守难以防范。以右手为例,当防守堵截运球队员前进时,运球队员为了继续前进,巧妙地利用身体做掩护,将球拉至右身后,拍球的后右侧上方,从背后将球拍至另一侧,右脚迅速向左前方跨出,换左手运球,变向突破防守。比赛中经常可见到篮球运动员利用这种方法。

(6) 运球转身。

这种方法与背后运球一样,运球队员为了突破防守继续前进,通过运球转身改变运球方向,摆脱防守。篮球运动员若能熟练掌握运球转身技术,不仅能摆脱防守,还可以制造出极好的攻击机会。

(7) 胯下运球。

这种方法是利用胯、腿保护球,使防守者难以防范。这种方法较适合防守紧逼盯人时运用。

(四) 投篮技术

1. 投篮技术的特点和作用

投篮技术是篮球运动的主要进攻技术,是比赛中唯一的得分手段。任何技战术的运用都是为了投篮和防投篮。

2. 投篮技术的内容

投篮的技术方法很多,有单手投篮也有双手投篮,有原地投篮也有行进间投篮。常用的投篮方法一般有以下几种。

(1) 原地单手肩上投篮。

原地单手肩上投篮是投篮的基础。它具有出手点高,便于转换并结合其他攻击动作,以及在不同距离位置上均可运用的优点。其动作方法是(以右手投篮为例):右手五指自然分开,手心空出,指根以上部位持球于肩上,手腕后屈,屈肘,左手扶球侧面,两腿微屈,右脚在前。投篮时,下肢蹬地发力,抬肘伸臂,最后通过食指、中指用力拨球并通过指端将球投出,球向后旋;球出手时,扣腕,手指朝下,协调用力,伸臂充分;身体随投篮动作向上伸展,脚跟微提起。

(2) 原地双手胸前投篮。

这种方法最大的特点是力量足,适合远距离投篮。女子运动员运用这种方法较多。此外,它还可以与传球、突破等技术动作结合运用,使进攻更具有灵活性,变化更大。这种动作方法与原地单手肩上投篮基本相同,其不同之处是双手持球于胸前,双臂同时用力。

(3) 行进间单手肩上投篮。

这种方法是行进间投篮技术中最基本的方法,多在篮球运动员运球切入或快攻到篮下时采用,稳定性较强,队员易于控制。其动作方法是(以右手投篮为例):右脚向前跨出一大步接球,接着迅速上左脚蹬地起跳,右脚屈膝上抬,双手举球于右肩上,跳起后,上体稍向后仰,当身体达到最高点时,右臂向前上方伸展,手腕前屈,食指、中指用力拨球,通过指端将球投出。

(4) 行进间单手低手投篮。

这种方法也是初学者优先掌握的方法动作之一,它的主要优点是投篮出手距离长,可超越防守,在空中遇防守可随时变换技术动作。这种动作方法同行进间单手肩上投篮基本相同,只不过这种方法是由举球于肩上变为掌心向上托球,向前上方起跳,手腕上挑,手指拨球使球前旋出手。

(5) 行进间反手投篮。

这种方法从名称上就可知其与正常的动作投篮不一样,这主要是因为其投篮方向是背对篮筐。比赛中,篮球运动员从底线突破到篮板另一侧投篮时经常使用反手投篮。

(6) 原地跳起单手肩上投篮。

这种方法是跳投的基础,篮球运动员要想学会跳起投篮,就得先掌握原地跳起单手肩上投篮。其他跳起投篮都是在此基础上加以发展的。其动作方法是(以右手投篮为例):两手持球于胸前,两脚平行开立,两膝微屈,重心落在两脚之间。起跳时,屈膝蹬地向上起跳,同时双手举球于右肩上,右手后屈持球,左手扶球,当身体到最高点时,伸臂,扣腕,食指、中指拨球,通过指端将球投出。

(7) 接球急停跳起投篮。

这种方法是篮球运动员在移动中接球完成投篮的一种方法。这种方法突然性强,出手点高,不便防守封盖。另外,接球急停投篮还可以利用投篮假动作与突破相结合,令防守更加难以防范。此方法在比赛中经常运用,是一种有效的投篮攻击手段和得分方式。

(8) 运球急停跳起投篮。

这种方法是篮球运动员在运球过程中,利用突然急停避开防守后,起跳投篮。这种方法同接球急停跳起投篮一样,突然性较强,出手点较高,也是篮球比赛中摆脱防守投篮的一种常用方法。在比赛中,篮球运动员往往做向篮下运球突破的姿态,突然急停完成投篮动作,转身跳起投篮。这种方法多在距离较近,背对或侧对球篮接球,且防守队员贴得较紧时运用。

以上介绍的是几种常用的投篮技术。在篮球比赛中,真正运用的投篮技术还很多,有些投篮技术已超出常规投篮范围。

(五)突破技术

1. 突破技术的特点和作用

突破技术是重要的进攻技术之一。它是控制队员通过运用脚步动作和运球技术相结合来完成的,既是个人攻击的重要手段,又是全队战术方案实施的基础。在篮球比赛中,往往通过合理的个人突破来打乱对方的防守部署,创造更多、更好的进攻机会。强有力的个人突破,不仅可以直接切入篮下投篮得分,而且还可以造成对手犯规,给防守造成较大威胁。

在现代篮球比赛中,突破技术的一个显著特点就是突破动作冲击力强。因为在现代篮球比赛中,防守多采用"紧逼"防守,尤其是以美国为代表的"疯狂"式防守,常常令对手望而生畏。进攻队员往往需要合理利用身体部位,加上突破的"狠"劲和速度,才能冲破防守的阻挠完成进攻。正是由于防守能力增强,也使得突破技术得到发展。如利用各种假动作的掩护,假投真突,左晃右突,利用身体挤靠、防守强突等突破技术都给防守增加了难度,给进攻增加了机会。因此,一般高水平篮球运动员都能较好地运用和掌握突破技术,使个人攻击能力得到显著提高。

2. 突破技术的内容

突破技术从步法上看只有两种:一种是交叉步突破,另一种是同侧步突破。从形式上看有原地突破,也有移动中接球急停突破和运球突破。

(1) 交叉步突破。

这种突破方法在运用中可以与变向较好的方法结合运用,并能充分利用侧身转体保护球。无论是原地还是行进间接球急停时运用,效果俱佳。

(2) 同侧步突破。

与交叉步突破相比,同侧步突破顺手、动作快。尤其是在行进间接球急停时,篮球运动员可以顺势快速突破。所以,这种步法也称"顺步"突破。

无论是交叉步突破还是同侧步突破,只要篮球运动员熟练掌握动作方法,并抓住突破时机,均可以对防守构成较大威胁,同时也可以增加进攻的信心。突破技术是一项攻击性极强的进攻技术。

(六)抢篮板球技术

1. 抢篮板球技术的特点和作用

篮板球是攻守双方在比赛中争夺的要点,抢篮板球是攻守双方争夺控球权的重要手段。通过抢获篮板球,守方可以迅速转守为攻,组织快攻反击;攻方可以增加连续进攻得分机会,还可以造成对手篮下犯规。此外,守方若能较好地控制篮板球,可以增加攻方队员的投篮心理压力,降低其命中率;反之,攻方若能积极拼抢篮板球,可以增加投篮队员的信心,提高全队的士气和命中率。总之,抢篮板球在比赛中具有重要意义,它是控制空间、争取时间、组织快攻战术、加快进攻速度、增加进攻次数、掌握比赛主动权、赢得比赛的重要手段。

由于篮板球对掌握比赛主动权,乃至与比赛胜负的关系极大,所以抢篮板球技术越来越受到人们的重视。现今,抢篮板球突出的变化是起跳早,争夺点高:一是队员的身高和身体素质普遍提高;二是抢篮板球行动提前,改变了过去先判断,再抢位、挡人,然后起跳的观念。只要投篮的球一离手,甚至只要意识到队员要投篮即开始抢位,争取抢先占据地面位置,并尽早起跳,争取占据有利的空间,控制住球的落点。

2. 抢篮板球技术的内容

篮板球可以分为进攻篮板球和防守篮板球。

抢篮板球是一项较复杂的组合技术,它由抢位、起跳、空中得球动作和获球后动作四个技术组合而成。从具体手法上看,它包括单手抢篮板球、双手抢篮板球和点拨球。

（1）单手抢篮板球。

这种技术方法的优点是触球点高,控制空间范围大,灵活性好,但不如双手握球牢固。

（2）双手抢篮板球。

这种技术方法的优点是握球牢固,并易与其他技术动作衔接,但触球点不如单手高。

（3）点拨球。

这种方法多在难以抢获球时,用手将球点拨给同伴或通过点拨不让对方接到球。比赛中,身材矮小的队员常运用这种方法。这种方法的优点是触球点高,抢球范围大,并可以有效缩短传球时间;缺点是不易控制。

由于篮球比赛的攻守对抗越来越强,无论是哪一种抢球手法都难以轻松获得球,还需要与其他技术动作结合运用好,才能获得好的效果。

（七）个人防守技术

1. 个人防守技术的特点和作用

个人防守是防守队员合理运用脚步移动和手臂、身体动作,积极抢占有利防守位置,阻挠和破坏对手的进攻,达到以争夺控制球权并夺球反攻为目的所采取的专门动作方法的总称。个人防守技术是防守技术的基础,没有高质量的个人防守技术就难以组合成完善的整体防守技术,因此掌握好个人防守技术,不仅是个人防守能力的体现,而且也是全队防守体系的必备条件。

2. 个人防守技术的内容

个人防守技术主要分两大类：一是防持球队员,二是防不持球队员。

（1）防持球队员。

① 防运球。防运球时应保持正确的防守姿势,要对运球队员的行动有准确的判断,积极移动,不让其超越,并伺机抢、打球。此防守多采用平步防守步法并结合后撤步、交叉步、滑步等防守步法来限制对手。

② 防传球。防传球是抑制进攻战术意图的重要手段。防传球时应根据对手所处的场上位置情况来判断其传球方向,从而进行有效的封堵。

③ 防投篮。投篮是攻方得分的唯一手段,防投篮是防守的主要任务。防投篮时的步法一般采用斜步防守,即两脚前后站立。前脚同侧手斜上举,干扰投篮,另一只手防止对手运球突破。

（2）防不持球队员。

防不持球队员是防守中的重要内容,因为场上队员大部分时间处于无球状态。因此,防守好不持球队员,防守就成功了一半。

① 防守时要保持正确的防守姿势,站在对手与球篮之间并偏向有球一侧。以人为主,人、球、区兼顾。用眼睛的余光观察球和其他队员在场上的活动和变化情况。一般情况下,在威胁的区域内(有球侧)要紧贴对手,主要防止对手摆脱接球;在另一侧(无球侧),则应保持适当距离并随时做好协防、补防准备。

② 根据对手离球篮和球的远近,抢占有利位置,不轻易让对手在篮下或离球篮较近的区域内接到球。

③ 尽量影响对手接球后的身体平衡或衔接下一个动作,必要时要大胆放弃自己防守的对手,协助同伴防守最有威胁的对手。

第三节 篮球基本战术

篮球基本战术是指在篮球比赛中,根据篮球运动的特点和具体对象所确定的攻、防集体配合及全队协调行动的特定组织形式和方法。篮球战术分为基础战术配合与全队战术配合两大类。

一、基础战术配合

基础战术配合是指队员在进攻或防守时,两三人之间有组织、有目的地协同行动、协同动作的简单配合。基础战术配合分为进攻战术基础配合与防守战术基础配合两大部分,这是组成全队战术的基础。因此,熟练掌握和灵活运用基础战术配合,对提高全队战术的质量有着极其重要的作用与意义。

(一)进攻战术基础配合

进攻战术基础配合是指在比赛中,进攻队员两三人之间以特定的专门方式所组成的简单配合方法。基本配合方法主要有传切配合、突分配合(突破分球配合)、掩护配合、策应配合等。

1. 传切配合

传切配合是指两三个进攻队员之间利用传球和切入技术所组成的简单配合。根据配合方法分为一传一切(2人配合)、空切(3人配合),根据表现形式(场地纵横方向与球篮的关系)又可分为纵切、横切、斜切(如图4-2所示)。

示例一:一传一切。如图4-3所示,④传球给⑤后,向篮下切入,接⑤的回传球投篮,即传切配合。

示例二:空切。如图4-4所示,④传球给⑤,此时⑥摆脱防守,切向篮下空隙地带接⑤的传球投篮。

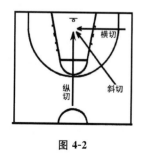

图4-2

图4-3

图4-4

要求:切入队员应先做变向的假动作以摆脱防守队员,掌握时机,突然快速启动;传球队员应利用瞄篮、突破、运球等假动作吸引、迷惑防守队员,然后及时、准确地将球传给切入队员,做到人到球到,顺利完成投篮。此方法一般在对方扩大联防时运用。

2．突分配合(突破分球配合)

突分配合(突破分球配合)是指进攻队员持球突破防守后,遇有防守队员补防或协防时,及时将球传给插入防守空隙地带的同伴,从而进行攻击的一种配合方法。

(1) 有组织、有目的、有预谋地运用突分配合。

(2) 及时应变运用(如在比赛中突然遇有防守队员补防,逼迫改为突分配合)。

示例一：如图4-5所示,④运球突破△后△补防④,④及时将球传给插入篮下的⑤投篮。

示例二：如图4-6所示,④运球向底线突破,△补防④,⑤插入限制区内,④及时分球给⑤投篮,如⑤不能插入限制内,亦可作近距离跳投。

示例三：如图4-7所示,当④即将突破△防守时,△及时与△"关门"防守,④应迅速将球传给插入的⑤投篮。

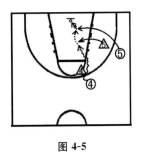

图4-5

图4-6

图4-7

要求：突破动作要突然,并善于观察场上情况,既要做好自己投篮的准备,又要做好分传球的准备;传球时要及时、隐蔽、准确到位;无球队员在同伴突破的过程中,迅速摆脱防守,抢占有利位置接球投篮。此方法用于对付扩大防守,能各个击破,可以打乱对方的防守部署,也可以用来压缩对方的防区,创造外围投篮的机会。

3．掩护配合

掩护配合是指进攻队员选择适当的时机和合理的位置,用自己的身体以及合理的技术动作,挡住同伴的防守队员的移动路线,使同伴借以摆脱防守队员,或利用同伴的身体和位置使自己摆脱防守,获球后投篮的配合方法。

(1) 前掩护。

前掩护是指掩护队员移动到同伴的防守队员前面,用自己的身体挡住防守者的移动路线,使同伴借以摆脱防守,获得更有利的进攻机会的一种掩护配合方法。

示例：如图4-8所示,④传球给⑤后向左做下压动作,然后突然改变方向,移动到△的前面用身体挡住△,给⑤做掩护,⑤伺机投篮。

(2) 侧掩护。

侧掩护是指掩护队员移动到同伴的防守队员侧面,用自己的身体挡住防守者的移动路线,使同伴借以摆脱防守,获得更有利的进攻机会的一种掩护配合方法。

示例一：给有球队员做侧掩护(如图4-9所示)。⑤传球给④后,移动到△的侧后方,用身体挡住△的移动路线,④看到⑤完成掩护动作后立即紧靠近⑤的左侧运球突破投篮。

示例二：给无球队员做侧掩护(也叫反掩护)(如图4-10所示)。⑤传球给⑥后移动到△

的侧后面给④做侧掩护,④看到⑤完成掩护动作后迅速沿近⑤的左侧切入篮下,接⑥的传球投篮。在此练习中,如⑤发现防守者△没有或移动不及时,⑤即转身空切篮下,接⑥的传球上篮,此种掩护叫假掩护。

图 4-8

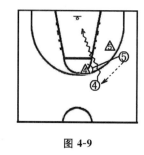
图 4-9

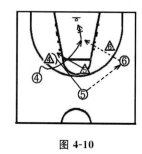
图 4-10

（3）后掩护。

后掩护是指掩护队员移动到同伴的防守队员的身后,用身体挡住防守者的移动路线,使同伴借以摆脱防守的一种配合方法。

示例一：如图 4-11 所示,⑤传球给⑥后,④跑到△的后面做后掩护,⑤摆脱防守切入篮下接⑥的传球投篮。

示例二：如图 4-12 所示,④接球瞄篮或准备突破,内线队员⑤跑上来,站在④的防守者△的身后做后掩护,④则运球上篮。如△交换防守④时,④立即将球隐蔽地传递给后转身跟进的⑤上篮。

图 4-11

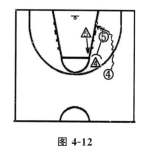
图 4-12

要求：当进行掩护配合时,掩护队员的身体姿势要正确,动作要合理,距离应以既能挡住同伴防守队员的移动路线,又能避免掩护动作犯规为准（一般保持在一步左右）；进行掩护配合时,目的要明确,配合队员的行动要隐蔽及时,要运用假动作（瞄篮、运球、突破等）迷惑防守队员,使防守者不了解自己的意图；队员配合要默契。根据场上情况的变化,用于人盯人防守时,采取应变措施,灵活运用掩护方法。

4. 策应配合

策应配合是指处于内线的进攻队员,背对或侧对球篮接球,其他进攻队员以其为枢纽,运用空切、传接球、投篮或掩护的一种里应外合的配合方法。

策应配合出现的早期,叫"潜底进攻法"。初期只是固定位置的打法,以后发展成为"居中策应"或"中枢策应"。当代又有发展,根据策应的位置可以分为内策应与外策应（也称低策应和高策应）（如图 4-13 所示）。

示例一：内策应是内线队员位于内策应区域抢占有利位置接球,与空切或外线同伴形成的配合方法（如图 4-14 所示）。⑤获球后,另一侧的⑥突然插入对侧的策应区接⑤的传球,⑤向下移动,假做接⑥的回传球投篮。⑥利用假动作吸引对手,并观察同伴的战术意图和行动,发现另一侧的④迅速摆脱空切,及时隐蔽将球传给④投篮。

示例二:外策应是中锋或前锋抢占罚球线附近区域,获得球后随时观察场上情况,及时将球传给最有利进攻的同伴,或自己把握进攻时机,形成内、外、真、假结合的配合方法(如图4-15所示)。⑤持球或运球,当④突然上提到罚球线附近并抢占到有利位置时,将球传给④、⑥迅速摆脱空切到腹地,④及时隐蔽地将球传给⑥投篮。

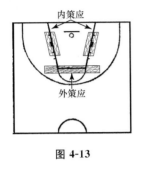
图 4-13

图 4-14

图 4-15

要求:策应者在策应前要设法摆脱防守队员,突然快速插上做策应,以抢占有利位置;策应者接球后两腿要弯曲,分开站立,两肘外张将球置于胸前,保护好球,根据场上情况自己投篮或将球传给位置更好的同伴投篮。内线策应队员要加强转身抢篮板球的意识;外围持球队员要及时、隐蔽、准确地传球,做到人到球到,启动突然。此方法在比赛中应用十分广泛,可以用于对付全场紧逼人盯人防守;在半场阵地进攻中作为战术中的配合常与传切等结合运用,可以增加战术变化和攻击机会。

(二)防守战术基础配合

防守战术基础配合是指为了达到破坏进攻队员的配合目的,或当同伴的防守出现漏洞时,两三名防守队员协同行动的配合方法。基本配合方法主要有挤(抢)过配合、穿过配合、绕过配合、交换配合、夹击配合、"关门"配合、补防配合等。

1. 挤(抢)过配合

挤(抢)过配合是指当进攻队员做掩护配合时,防守队员为了破坏对方的掩护配合,抢前一步靠近自己的对手,及时从两个进攻队员之间挤过,继续防守自己的对手的配合方法。挤(抢)过配合是破坏掩护配合的积极有效的方法之一。

示例一:如图4-16所示,④移动去给⑤做掩护,△发现④的掩护意图时,抢先一步,从④和⑤之间挤过,继续防守自己的对手⑤。在进行配合的过程中,△应观察场上情况并与△做好配合,向后撤一步。

示例二:如图4-17所示,⑤持球向④的方向运球,④准备给⑤做掩护,△跟随④移动,当△发现④的意图时,△抢先一步从④和⑤之间挤过去,继续防守⑤。

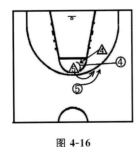
图 4-16

图 4-17

要求：防守掩护者的防守队员,要向同伴发出"掩护了"的信号,提醒同伴准备挤过。挤过时上步要快,要贴近原来防守的对手。当同伴挤过时,防守掩护者的防守队员应稍向后撤步,以便观察双方的攻防情况,做好其他防守配合的准备。

2. 穿过配合

穿过配合是指当进攻队员进行掩护时,防守做掩护的队员及时提醒同伴并主动后撤一步,让同伴从自己和掩护队员之间穿过,继续防住各自的对手的配合方法。

示例：如图4-18所示,⑤传球给⑥后去给④做掩护,△要及时提醒同伴△,当⑤掩护到位前一刹那△后撤一步,△从⑤和△的中间穿过去,继续防守④。

要求：防守做掩护的队员注意不要贴近对手,且主动让"路",以便同伴顺利穿过;被掩护的队员穿过时,要注意侧身穿过,且面对掩护的队员。

3. 绕过配合

绕过配合是指当进攻队员进行掩护时,防守做掩护的队员主动贴近对手,让同伴从自己的身旁绕过继续防住各自对手的配合方法。

示例：如图4-19所示,⑥传球给⑤并去给⑤掩护,⑤传球给④后利用⑥的掩护向篮下切入,△从△和⑥的身后绕过继续防守⑤。

要求：防守做掩护的队员注意要紧贴对手;被掩护的队员绕过时可以直接绕步穿过,也可以利用转身穿过。

图 4-18

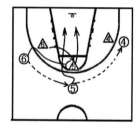

图 4-19

4. 交换配合

交换配合又叫换人防守或换防,是指进攻队员做掩护配合,防守队员被掩护队员挡住了移动路线时,为达到破坏掩护的目的,防守队员相互交换自己的防守对手的配合方法。

示例一：如图4-20所示,当④去给⑤做掩护时,△即提醒△"掩护了",△见△已被④挡住,便向△发出"换人"的信号,并抢先上步防守⑤,△后撤一步防④,完成换人防守配合。

示例二：如图4-21所示,⑤给运球队员④掩护,△提醒△"换人",此时△应回转迎防④,△后撤防⑤。

图 4-20

图 4-21

要求：防守掩护队员的防守者发现进攻队员掩护时，应及时提醒同伴，相互配合，及时换防；防守队员被挡住移动路线时，要及时抢前、后撤调整好防守位置，抢占掩护者和球篮之间的有利位置。

5．夹击配合

夹击配合是指两三名防守队员突然采取行动，积极防守一名进攻队员的配合方法。

示例一：如图 4-22 所示，防守队员△逼迫④向篮下边角运球，当④运球到篮下边角时，△突然启动移至④的身旁与△协同夹击④。此时，靠近⑤附近的防守队员△应注意补防。

示例二：如图 4-23 所示，⑦将端线球掷给④，△逼迫④向中线附近的边线运球，此时，△大胆放弃⑤，突然启动上前堵截④，迫使其停球同时与△形成夹击，此时△应移动注意补防⑤或随时准备断球。

要求：迫使进攻队员运球向球场边角走，并及时在场地边角夹击，夹击时行动要果断，启动要迅速；注意用躯干、腿和手臂封堵路线，不要随便乱打，以免犯规；不参与夹击的队员要随时注意补防和断球。

图 4-22

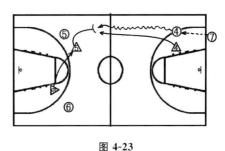

图 4-23

6．"关门"配合

"关门"配合是指当进攻队员运球突破时，防守运球队员的防守者与相邻的同伴迅速向一处靠拢，像"门"一样，将运球突破队员堵在"门"外的防守配合方法。若运用得当，会造成突破队员违例或传球失误。"关门"配合在采用区域联防战术时应用较多。

示例：如图 4-24 所示，⑥传球给⑤，如⑤运球向中间突破时，△和△做"关门"配合；如⑤从右侧运球突破时，△和△做"关门"配合，将△堵在"门"外。

要求：防守突破的队员应及时向侧后方滑步卡位，堵住进攻队员的突破路线；邻近突破一侧的防守队员，应快速向同伴靠拢进行"关门"配合，同时根据持球队员的停球和传球，决定围堵和回防；"关门"配合时，防守队员两肩靠紧，微屈膝、含胸，两臂自然上举或侧举，发生身体接触时要用暗劲，避免受伤。

图 4-24

7．补防配合

补防配合是指同伴被进攻队员突破或漏防时，邻近防守队员果断地放弃自己的防守对手，去补防那个威胁最大的对手，同时被突破的防守队员应及时地进行换防。

示例一：如图 4-25 所示，④运球突破△后，△及时补防④，根据场上情况，由△换防⑤，△撤回防守⑦，△换防⑥。

示例二：如图 4-26 所示，⑤运球突破△后，△果断放弃④去补防⑤，△撤回防守④，△则注意防守⑥空切。

图 4-25

图 4-26

要求：补防队员的动作要果断、迅速、及时；其他队员视场上情况，根据突破队员的意图设置，时刻准备补防和断球。

二、全队战术配合

篮球比赛全队战术多种多样，本节只介绍最常见的战术：快攻与防守快攻、区域联防与进攻区域联防、半场阵地进攻。

（一）快攻与防守快攻

1. 快攻

快攻是指由防守转入进攻时，以最快的速度在最短的时间内把球推进到前场，在对方尚未部署好防守之前形成人数上、位置上的优势，果断而合理地进行攻击的一种进攻战术。

快攻是篮球进攻战术中的重要组成部分，也是进攻战术中最锐利的武器，它最能体现篮球运动的快速发展方向。它对培养队员积极主动、勇猛顽强的作风，对提高队员的身体素质水平，对发展快速技术运用的能力，都起着重要的促进作用。

（1）快攻的发动时机。

① 跳球时。

② 抢球、断球时。

③ 抢获后场篮板球时。

④ 对方得分后在端线掷界外球时。

（2）快攻的分类。

快攻一般分为长传快攻、运球快攻、短传快攻与短传结合运球突破快攻等。

① 长传快攻。长传快攻是队员在后场获球后，用 1 次或 2 次传球给超越对手快速向对方篮下移动的同伴进行投篮的一种方法。长传快攻的特点是突然性强、时间短、速度快、配合简单，成功率较高，并可以达到出其不意、攻其不备的效果（如图 4-27，图 4-28 所示）。

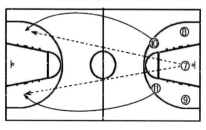

图 4-27

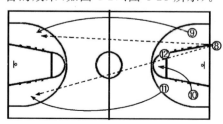

图 4-28

② 运球快攻。运球快攻是队员在中场或后场获球后,一传过中线或直接运球上篮的一种方法。其特点是突然性强、速度快、成功率较高(如图 4-29 所示)。

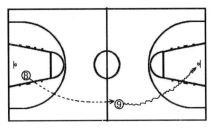

图 4-29

③ 短传快攻与短传结合运球突破快攻。它是队员在后场获球后,利用快速的短距离传球、运球,短距离传球与运球结合,迅速将球推进过中场,直攻对方的篮下,以创造有利的投篮时机的一种方法。这种快攻形式的特点是参与的人数多,灵活多变,较容易创造快攻战机。

短传快攻与短传结合运球突破快攻一般由三个阶段组成。

A. 发动与接应阶段。这是组织快攻的主要环节,取决于获球队员的快攻意识和能否及时而准确地传出第一传以及接应队员的配合行动。快攻的接应形式分为固定接应[固定人、固定区(如图 4-30 所示);固定人、不固定区(如图 4-31 所示);固定区、不固定人(如图 4-32 所示)]和机动接应(人、区均不固定,如图 4-33 所示)两种。

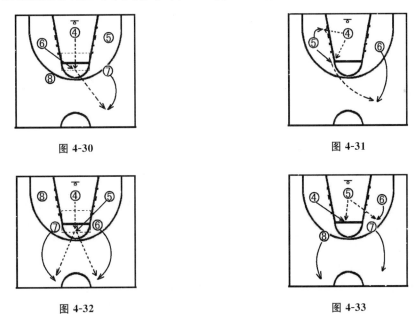

图 4-30　　　　　　　　　图 4-31

图 4-32　　　　　　　　　图 4-33

B. 推进阶段。这是快攻发动后与快攻结束之前的阶段,也是突破对方中场防守的过程。只有快速、合理地向前推进,才能造成人数上、位置上的优势。快攻推进的路线包括中路、边路、中路和边路结合的推进路线。快攻推进的方法包括传球推进、运球推进、传球和运球结合的推进。

C. 结束阶段。这是快攻推进至前场最后完成攻篮的阶段,它是决定快攻成败的关键。篮球运动员要尽力争取以多打少的优势来结束快攻。若遇人数相等或以少打多的情况,也要利用速度趁对方立足未稳,果断而有配合地进行投篮,其余队员应迅速跟进拼抢篮板球和补篮。

(3) 快攻战术的基本要求。

① 强化快攻意识,不放过任何快攻时机,积极主动地组织发动快速反击。

② 获球队员或掷球队员要敏锐地观察全场情况,先远后近地传好第一传,及时将球传送到最佳快攻点上,减少不必要的传球和运球。

③ 由守转攻时,启动要快,及时分散,保持合理的位置和跑动路线,特别注意保持纵深分散队形,做到前后层次有序,左右相互照应。

④ 快攻一旦受阻,其他队员要及时接应跟进,不要轻易降低进攻速度,但要重视及时调整进攻节奏。

⑤ 当快攻不利时,要加强快攻与阵地进攻的衔接,迅速转入阵地进攻。

⑥ 快攻结束后,迅速回防,防止反击。

2. 防守快攻

防守快攻是指在由攻转守的瞬间及时组织防守阵形,主动阻止和破坏对方组织快攻的防守战术。防守快攻要从全力拼抢前场篮板球开始,在失去球权后,首先封堵第一传,堵截接应队员,边退边干扰,力求延缓对方的进攻速度,打乱进攻的节奏,为本方转入阵地防守争取时间。

(1) 防守快攻的方法。

防守快攻要在积极主动的思想指导下,针对快攻的三个阶段,采取积极防御行动来阻止对方快攻的发动或进行。

① 防守快攻的发动与接应。防守快攻首先要在进攻时尽量减少失误与违例,不给对方偷袭快攻的机会,同时要掌握好投篮时机,部署队员拼抢篮板球,注意攻守平衡。进攻投篮后,立即拼抢篮板球,或对抢到篮板球或掷界外球的对方队员和接应队员,积极进行堵截、夹击与控制,破坏和干扰其传球或突破,力争制止对方发动快攻,这是防守快攻的关键。与此同时,其余队员要迅速行动,快速退守,前后照顾,防好快攻的队员,有组织地展开防守。

② 防守快攻的推进。当对方展开快攻后,前线防守队员在后撤与追防的同时,要与对手保持一定距离,要抢最捷径的路线和有利的位置,边防边后撤,控制对手快速推进,注意"堵中放边",阻挠其传球与运球,达到减慢推进速度的防守目的,从而赢得时间。后线防守队员要边退边控制后场,要对快攻的队员严加防范,切断对方的长传路线,并要相互合作,争取占据罚球区的有利位置。

③ 防守快攻的结束。当对方推进至前场后,这是防守快攻的决战时刻,要积极展开争夺,在人数上处于劣势的情况下,防守队员要冷静判断,大胆出击,打掉对方控制的球,或做假动作进行干扰,给对方造成错觉,延缓其投篮速度或造成其失误,从而赢得时间上和力量上的均衡。如果对方投篮,要积极跳起封盖以影响其命中率和拼抢篮板球。防快攻的结束,经常出现以少防多的局面,虽然处于不利的情况,但只要防守队员能积极、主动、顽强阻挠,并根据进攻队员的特点合理站位、合理运用防守技术,也会获得成功。

当一防二时:防守队员不要紧张,要有信心,沉着冷静,抢占有利位置,积极移动,利用假动作诱惑对方,迫使对方减慢进攻速度或出现失误,为同伴争取退守时间,若不能奏效,则应重点防守对方投篮。

当二防三时:防守队员要积极移动退守,紧密配合,做到分工明确,相互补位,迫使对手停球,延缓推进速度,伺机抢球、断球并严控篮下,防止对手轻易地进入篮下投篮。

二防三的防守队形一般有平行站位、重叠站位和斜线站位三种。

A. 两人平行站位防守:这种防守队形适用于对付两侧边线突破能力较强的队员,但中路防守较弱(如图 4-34 所示)。

B. 两人重叠站位防守:这种防守队形可有效地阻止对方中路突破,但边路防守薄弱(如图 4-35 所示)。

C. 两人斜线站位防守:这种防守队形的特点是既可阻止中路突破,又可缩短移动补位的距离(如图 4-36 所示)。

 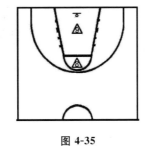 

图 4-34　　　　　　　　图 4-35　　　　　　　　图 4-36

(2)防守快攻的基本要求。

① 全队要保持攻守平衡,进攻投篮后既要有人积极拼抢篮板球,又要有人迅速退守。

② 积极封堵和破坏一传接应,抢占对方的习惯接应点,并堵截接应队员,堵截、干扰、延误对方的推进速度。

③ 要具有积极拼抢的意识,当对方形成快攻时,应快速退守,及时、迅速地在以少防多的情况下,大胆出击,赢得时间上和力量上的平衡。

④ 要随机变换防守战术,在失去球后,立即采取前场紧逼防守,退回后场,采用半场人盯人防守,使对方不适应,破坏其快攻。

(二)区域联防与进攻区域联防

1. 区域联防

区域联防是指由进攻转入防守时,队员迅速退回后场,每名队员分工负责防守一定的区域,严密防守进入该区域的球和进入该区域的进攻队员,并用一定的队形把每个区域有机地联系起来,与同伴协同防守的集体防守战术。

(1)区域联防站位阵形。

区域联防站位阵形常用的有:"2-1-2"站位阵形(如图 4-37 所示)、"2-3"站位阵形(如图 4-38 所示)、"3-2"站位阵形(如图 4-39 所示)、"1-3-1"站位阵形(如图 4-40 所示)等。

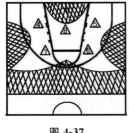 

图 4-37　　　　　　　　　　　　图 4-38

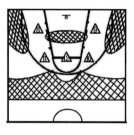
图 4-39

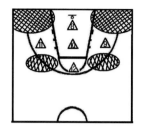
图 4-40

"2-1-2"站位阵形是基本阵形,5个队员的位置分布较均衡,移动距离短,便于协作,对防守内外线攻击力较强的队比较有效。

在比赛实践中,采用何种阵形应注意:一方面应根据进攻队的特点和本队的条件来决定采用哪种站位阵形进行防守;另一方面由于进攻队员的技术特点不同,进攻战术的不断变化,为了制约进攻队的进攻,防守队必须随时改变区域联防防守阵形。

(2)区域联防的要求。

防守区域要合理分配队员,在分工负责防守区域的基础上,5名队员必须协同一致,积极随球移动,加强对有球一侧的防守,做到近球者紧,远球者松,有球者上,无球者补。

2. 进攻区域联防

进攻区域联防是指针对区域联防的阵形和变化特点,结合本队的实际情况,组织相应的落位阵形,有目的地通过传球及队员的穿插,破坏对方的整体防守部署,创造良好的内外线进攻机会的阵地进攻战术。

(1)区域联防的站位阵形。

确定阵形的原则是根据进攻的点、面,合理部署队员,占据联防的薄弱地区,避免与防守队员形成一对一的站位,在局部区域形成以多打少的优势,并始终保持攻守平衡。

(2)进攻区域联防的要求。

① 提高由守转攻的速度,在防守阵形尚未形成以前,抓住战机发动快攻。

② 根据区域联防的特点,占据防守薄弱区域,快速转移球和频繁穿插,调动防守,使防守顾此失彼,创造以多打少和连续进攻的机会。

③ 组织中、远距离投篮,使对方扩大防区,给内线进攻创造机会。

④ 运用策应、溜底线、背插、掩护、突分等配合,破坏防守整体布局,创造投篮机会。

⑤ 积极组织拼抢前场篮板球,争取补篮或二次进攻;保持攻守平衡,随时准备退守。

(三)半场阵地进攻

阵地进攻中,要根据本队条件和防守的特点,以及选择的战术来确定进攻的队形,无论是进攻半场人盯人防守,还是进攻半场区域联防,都要充分利用传切、掩护、突分和策应等基础配合,打乱对方的集体防守,并结合个人的攻击能力,创造得分机会。

1. 常用的阵地进攻队形

(1)"1-3-1"队形:其进攻特点是双中锋上下站位,运、传球掩护配合,内外结合(如图4-41所示)。

(2)"1-2-2"队形:其进攻特点是双中锋篮下移动,以内线进攻为主,外围远投配合(如

图 4-42 所示)。

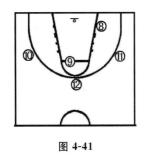
图 4-41

图 4-42

(3)"2-2-1"队形:其进攻特点是外围传切、掩护,中锋篮下移动(如图 4-43 所示)。

(4)"2-3"队形:其进攻特点是外围传切移动,单中锋策应配合(如图 4-44 所示)。

(5)"2-1-2"队形:其进攻特点是前锋穿插跑动,中锋高位策应,结合外围远投(如图 4-45 所示)。

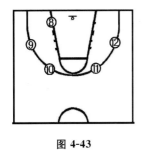
图 4-43

图 4-44

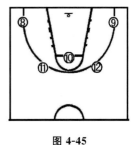
图 4-45

2. 半场阵地进攻战术

(1)单中锋进攻。

单中锋进攻是指利用中锋的策应和掩护,为外围队员创造投篮和切入篮下的进攻机会。

示例一:单中锋策应传接,外围远投(如图 4-46 所示)。⑨和⑩外围传接球,中锋⑬策应接球,传球给⑪或⑩外围投篮。

示例二:单中锋掩护进攻(如图 4-47 所示)。⑨和⑧外围传接球,⑩摆脱防守接球,⑪利用中锋⑫的掩护,接球攻篮下。

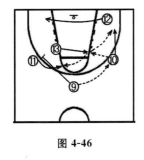
图 4-46

图 4-47

(2)双中锋进攻。

双中锋进攻是指通过内线两名高大队员的移动,拉开对方的防守阵形,并利用掩护或策应等方法,创造内外线的进攻机会。

示例一：双中锋掩护空切进攻（如图4-48所示）。⑩传球给⑪，⑧上提掩护，⑫利用⑨的掩护空切篮下，⑪向圈顶运球并及时传球给⑫或⑩。

示例二：双中锋策应移动（如图4-49所示）。⑩传球给⑫，⑧策应接球，⑨拉开，⑫横切跑动，⑩空切篮下接球进攻，⑪移动至圈顶，防守对方获得篮板球后的一传接应。

图 4-48

图 4-49

（3）三角进攻法。

三角进攻法是指以3名控球熟练的队员⑧、⑨、⑩在前场中间区域连续呈三角形站位，其余两名队员⑪、⑫是中锋和前锋。5名队员以"2-1-2"阵形落位，将半场分成4个三角形。每个三角形区域的进攻都能通过策应或掩护，创造空切篮下和外围远投的机会（如图4-50所示）。

示例一：后卫与外策应队员的传切配合（如图4-51所示）。⑧传球给策应队员⑩，⑪给⑧做掩护，⑩传球给切入篮下的⑧，同时⑨向底线移动，准备接球远投，⑫在限制线附近移动，控制内线。

示例二：后卫与边锋的传切配合（如图4-52所示）。⑧传球给⑩，⑩策应传球给外围的⑨，⑪利用⑧的掩护，空切篮下，接⑨的传球进攻。

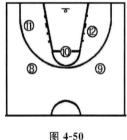

图 4-50

图 4-51

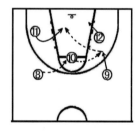

图 4-52

示例三：策应传球，掩护配合（如图4-53所示）。⑧传球给⑩，⑩策应接球后，将球传给⑪，然后给⑪掩护，⑪迅速传球给⑧，并利用⑩的掩护空切篮下。

示例四：掩护配合，内线进攻（如图4-54所示）。⑨持球，⑩给⑫做掩护，⑫横切接球内线进攻，⑪底线切入抢篮板球或接球篮下进攻。

图 4-53

图 4-54

第四节 篮球竞赛规则

一、比赛场地与设施

篮球比赛是在一块平坦、坚实且无障碍物的长 28 米、宽 15 米（从界线的内沿丈量）的长方形场地进行的活动。

二、简要竞赛规则

（一）比赛时间

正式篮球比赛时间为 4 节，每节 10 分钟。第一、二节之间和第三、四节之间休息时间为 2 分钟，第二节和第三节之间休息时间为 15 分钟。每个决胜期为 5 分钟，决胜期之间休息 2 分钟。

（二）暂停

每队前三节比赛中每节准许 1 次要登记的暂停，第四节为 2 次，暂停时间为 1 分钟。暂停机会开始于球成死球并且比赛计时停止（如违例、犯规、对方投篮得分等），结束于裁判员持球进入圆圈执行跳球或持球进入罚球区执行罚球以及掷界外球队员可处理球时。暂停必须由教练员或助理教练员亲自到记录台，以通用的手势，明确地提出请求。

（三）替换

在 1 次替换机会中只有 1 个队可以替换队员，替换人数不限。替换机会开始于球成死球且计时停止，包括发生犯规、对方发生违例、对方有替换机会、跳球、暂停等，结束于裁判员持球进入圆圈执行跳球或持球进入罚球区执行罚球以及掷界外球队员可处理球时。1 位替补队员有权要求替换；他应亲自到记录台用手势请求替换，然后坐在换人的凳子上直到替换机会开始。替换应以最快的速度完成。

（四）违例

违反规则叫违例，发生违例的情况一般有以下六种。

1. 带球走违例

带球走违例可解释为中枢脚的非法移动，因此判断队员有否带球走违例，首先要确定中枢脚：队员双脚着地接到球，可以用任何一脚做中枢脚。当一只脚离地时，另一只脚则成为中枢脚；在移动或运球中接到球，先触地脚为中枢脚。在空中接球后双脚同时落地，任何一脚均可做中枢脚；在移动或运球中接到球，先触地脚再跳起，两脚同时落地，哪只脚都不是中枢脚。

确定了中枢脚以后，可以抬起中枢脚投篮或传球，但必须在脚再次触地前使球离手。在球离手前不可以抬起中枢脚运球；如果抬起中枢脚后再放球，则为带球走违例。

2. 非法运球

队员控制球后将球掷、拍或滚在地面上,并在球接触另一队员之前再次触及球时为运球开始;队员运球后,用双手同时触球或使球在一手或两手中停留的瞬间运球即结束。队员第一次运球结束后不得再次运球(除非他失去了对球的控制),再次运球即为非法运球。非法运球者将失去控球权。

以下属于运球情况的是:连续投篮,漏接,拦截对方传球,拍击另一队员控制的球,在抢球中挑拨球。

3. 球回后场

规则规定,位于前场的控制球的队员不得使球回后场,构成球回后场有3个条件,缺一不可:① 该队在前场控制球;② 在前场,最后触球回后场的是该队队员;③ 在后场,最先触球的是该队队员。

4. 拳击球和脚踢球

比赛中出现用拳击球,故意用腿或腿以下的任何部分击球或拦阻球,均为违例。所有腿和脚的偶然触球不算违例。

5. 球出界

当球触及界外的队员或任何其他人员,界线上或界线外的地面或任何物体,篮板的支柱或背面时,即为球出界。当队员的身体任何部分接触界线或界线外的地面,或接触界线上或界线外的除队员以外的任何物体时,即为队员出界。球出界前最后触及球的队员是使球出界的队员。

6. 时间违例

(1) 3秒违例。

某队在场上控制一个活球后,该队队员在对方限制区内(梯形区域及组成各条线包括在内)停留不得超过3秒钟,持续停留超过3秒钟为3秒违例。

(2) 5秒违例。

被严密防守(在正常一步之内)的持球队员要在5秒钟内将球传、投、滚出手或运球,否则为违例。掷界外球队员和罚球队员在可处理球时,5秒未传或投篮出手为5秒违例。

(3) 8秒违例。

当一名队员在后场获得控制球,该队要在8秒钟内将球从后场推进到前场。球推进至前场的标志是必须使球触及前场地面或站在前场的队员、前场篮板、篮圈,否则为8秒违例。

(4) 24秒违例。

控制球的球队要在24秒钟装置鸣响之前投篮出手,并使球触及篮圈,否则为24秒违例。

(五) 犯规

犯规是违反规则的行为,包括与对方队员的身体接触不当或违反体育道德的行为。

1. 侵人犯规

侵人犯规是不管在活球还是死球时涉及与对方队员非法接触的行为。队员不得通过伸展手、臂、肘、肩、髋、腿、膝或脚,以及过分弯曲身体(超出他的圆柱体)来拉、阻止、推、撞、绊、阻挡对方队员的行进，也不得做任何粗野、猛烈的动作。侵人犯规包括以下几项内容：

① 阻挡：是指阻止持球或不持球的对方队员行进的非法的身体接触。

② 撞人：是指持球或不持球的队员推动或移动到对方队员躯干上的身体接触。

③ 从背后防守：是指防守队员从对方队员的背后与其发生的身体接触。即使防守队员正在试图抢球，从背后与对方队员发生身体接触也是不正当的。

④ 拉人：是指干扰对方队员移动自由而发生的身体接触。这个接触（拉人）可以发生在身体的任何部位。

⑤ 非法用手：是指防守队员处于防守状态时，用手去接触对方队员，阻碍其行进。

⑥ 推人：是指用身体的任何部位强行移动已经控球或没有控球的对方队员时发生的身体接触。

⑦ 非法掩护：试图非法拖延或阻止非控制球的对方队员到达希望到达的场上的位置。

2．双方犯规

两名对抗的队员大约同时互相发生接触犯规的情况。

3．技术犯规

在比赛中，队员、教练员、助理教练员、替补队员或随队人员的行为不符合体育道德精神和良好的比赛作风，漠视裁判员的劝告，在与对方没有发生身体接触的情况下，有意识地采取不正当或者投机取巧性质的行为。

4．违反体育道德的犯规

队员不是在规则的精神和意图的范围内合法地、直接地试图抢球而造成的侵人犯规。

5．取消比赛资格的犯规

凡十分恶劣的侵人犯规、技术犯规，以及教练员、替补队员或随队人员的技术犯规都属于取消比赛资格的犯规。

6．犯规的罚则

（1）对非投篮队员犯规，判给对方在就近的界线外掷界外球。对投篮队员犯规，球投中，则判给队员1次罚球；如没投中，根据投篮队员的投篮地点，判2次或3次罚球。

（2）当1名队员犯规达到5次时，即被罚下场。

（3）当某队每节比赛犯规累计达到4次，此后再发生对非投篮队员的一般性质的侵人犯规，要执行2次罚球；对投篮队员的犯规，则按对投篮队员的犯规处理。

（4）控制球队队员的一般性质的侵人犯规，由对方在就近的界线外掷界外球。

（5）对违反体育道德的犯规、取消比赛资格的犯规、场下随队人员的技术犯规的罚则是2罚1掷；对场上比赛队员的技术犯规的罚则是1次罚球和在中场掷界外球。

第五章 排球

第一节 排球运动概述

一、排球运动的起源与发展

在19世纪末的美国,各项体育运动均较发达,特别是篮球、美式足球等运动,以运动量大、对抗激烈而深受年轻人喜爱。人们希望找寻一种适合男女老少参加的运动量不太大,又富于趣味的运动。1895年,美国马萨诸塞州霍利约克市基督教青年会体育干事韦威廉·G.摩根发明了排球游戏,即排球运动。1896年,美国举行了世界上最早的排球比赛。1897年,摩根制定了排球比赛规则,有力地推动了排球运动的发展。

排球运动最初没有人数限制,比赛时双方确定人数相等即可。排球在美国诞生以后,1900年传入加拿大,1905年传入古巴,1912年传入乌拉圭,1914年传入墨西哥。

排球运动传入亚洲后迅速发展。1900年传入印度,1905年传入中国,1908年传入日本,1910年传入菲律宾。在亚洲,排球运动的发展历经16人制、12人制、9人制的比赛方式,直到20世纪50年代初,才开展6人制排球。

欧洲开展排球运动稍晚于美洲和亚洲,是由美国参加第一次世界大战的士兵带到欧洲,最早传入英国、法国,后传到东欧各国。排球运动传入欧洲时就是6人制形式。因此,该项运动在欧洲技术水平起点较高。

排球传入非洲时间最晚,1923年传入埃及、威尼斯和摩洛哥。由于传入时间较晚,开展不及时,所以非洲的排球运动水平在世界上暂时处于落后位置。

二、我国排球运动发展概况

(一) 16人制到9人制排球发展

排球运动于1905年传入我国,先在广州、香港等地的几所中学开展,然后陆续传到上海、北京等地。

1913年,我国首次派队参加了第一届远东运动会的16人制排球赛。1915—1919年,我国排球比赛采用16人制。每排4人,分4排,起点位置固定不轮转。1927—1949年,采用9人制,每排3人,分3排,队员位置仍然固定。

(二) 学习推广6人制排球

中华人民共和国成立后,排球运动作为重点体育项目在全国推广。在1950年全国体育工作会议上,首次向全国推广6人制排球的比赛方法和规则。同年8月,成立了中学生男子排球队,赴布拉格参加世界学生第二次代表大会的排球赛。1951年在北京举行的第一届全国篮球、排球比赛大会上正式采用了6人制排球比赛。1952年新组建的国家男排、女排到全国14个城市进行6人排球比赛的示范表演,促进了排球运动在全国的开展。20世纪50年代到60年代中期,我国排球系统地学习了苏联排球运动的训练理论和方法,为我国排球运动的发展发挥了积极作用。这期间还邀请日本女排访问我国,并请冠军教练大松博文亲自指导我国运动员的训练。通过学习借鉴苏联先进技术战术和学习日本女排刻苦、顽强的训练比赛作风,我国创造了"盖帽"拦网、"平拉开扣球技术"。后来由于"文化大革命",全国运动队停训,使我国排球运动水平整体下降。

(三)提高、发展、走向世界

20世纪70年代,我国逐渐恢复了各项体育活动。1976年,我国组建了新一届的国家男、女排球队。1978年,讨论并制定了我国排球运动发展的新纲领,提出了尽快实现世界冠军的目标,对中国排球运动的发展具有划时代的意义。1979年,我国男、女排双双夺得亚洲冠军。进入80年代,我国男、女排技战术水平日渐强大。中国女排在袁伟民的带领下,培养了一批作风顽强、技战术水平一流的队员。1981年,我国女排在日本参加了第三届世界杯排球赛,取得7战全胜的战绩,首次获得世界冠军的荣誉。女排姑娘们发扬拼搏精神,连续奋战,在1982年第九届世界女排锦标赛中,再次夺冠。1984年,在第二十三届奥运会排球赛中,再次夺冠,中国五星红旗首次在奥运赛场上飘扬,中国女排连续三次夺冠,为我国排球史增添了光辉的一页。在1985年日本世界杯排球赛上,在1986年第十届世界女排锦标赛中,我国女排又勇夺冠军。中国女排刷新历史,创造了五连冠的新纪元。

中国男排在20世纪70年代末至80年代初,水平提高较快。在保持传统快攻打法的基础上,不断努力创新。"前飞""背飞""拉三""拉四"快变战术打法为中国男排所独创,形成了一套快变战术打法。

中国男排在1977年世界杯上获第五名,1978年世界锦标赛上获第七名,1981年世界杯上再次获第五名的好成绩。

这是我国排球运动战果辉煌的时期。中国男、女排的实力不仅冲出了亚洲,而且向世界排坛的列强发出了挑战,使世界排坛重新排列。

(四)波澜起伏,不断进取

20世纪80年代末到90年代初,我国男、女排成绩下滑。一是排球指导思想跟不上世界排球运动的发展,创新不够,而此时世界排球技战术水平发生了较大变化,跳发球、后排进攻被各队广泛采用,形成了全方位的进攻防守体系。二是排球是集体项目,投入大,回报少,许多省市砍掉了排球队,造成后备人才不济。1995年重振我国排球工作研讨会在国家体委的支持下召开,会议提出要找出问题,吸取教训,指出了未来发展方向。此后,虽有起有落,但中国女排成绩始终名列前茅。1995年,中国女排获世界杯冠军。1997年我国排球管理中心成立,这使我国排球运动的发展朝着健康、奋进、再创辉煌前进。

2000年悉尼奥运会上,中国女排第五名的成绩让广大球迷倍感失落,排球管理中心无奈之下做出换帅的决定,名不见经传的陈忠和上任了。这位被称为"最好的陪打、最好的副手"的主教练,大胆启用赵蕊蕊、冯坤、杨昊等年轻运动员,按照自己的理想重组中国女排队伍。

2002年德国世界锦标赛,中国女排最终负于意大利无缘决赛,仅收获第四名。但是到了2003年日本世界杯,卧薪尝胆一年之后的中国女排"血洗"日本女排,收获了阔别17年的世界冠军。

2004年雅典奥运会,顽强的中国女排在0∶2落后的情况下强势逆转,最终以3∶2战胜俄罗斯,时隔20年重新获得奥运会冠军。

2008年北京奥运会,经历新老交替的中国女排内外交困,冯坤、周苏红等老将饱受伤病困扰,最终女排收获一枚铜牌,未能卫冕。

2012年伦敦奥运会,中国女排深陷所谓的"死亡之组",然而中国女排最终以三胜两负的战绩排名小组第二,成功从"死亡之组"中杀出重围晋级八强。四分之一决赛,中国女排意外输给日本队,无缘四强,最终并列第五。

2016年里约奥运会,郎平再次执教中国女排。虽然在小组赛中接连输给荷兰、塞尔维亚与美国,中国女排姑娘们以小组第四的成绩出线,但是她们奋勇拼搏,最终拿下东道主巴西成功晋级半决赛。中国女排时隔12年之后再次杀进奥运决赛,最终夺冠,战胜了强大对手,激励了亿万国人。

三、排球运动的特点和作用

(一)排球运动的特点

1. 大众娱乐性

排球运动对场地、设备要求不高,主要技术规则容易掌握。运动量可控性强,易小易大,适宜人群较广,青少年、中老年人均可参加;参加形式多种多样,可根据不同环境、时间,因人而异,如6人竞技排球、6人混合排球、软式排球、小排球等多种形式,来开展大众娱乐排球运动。排球运动还是一项双方没有身体接触的集体运动项目,不易造成伤害。

2. 激烈的网上攻防对抗性

排球比赛是在不断地攻防转换过程中进行的,如比赛中发球与接发球,扣球与拉网,进攻和防守反击。双方始终在球不着地的情况下,进行着激烈的对抗,水平越高,其对抗性越精彩激烈。经常参加排球运动,可提高身体各系统的功能,促进身体健康发展,还能提高各项身体素质,如力量、速度、弹跳、灵敏等,并能培养勇敢顽强、灵活机智的优良品质和创新意识。

3. 体现集体合作精神

6人制的排球比赛是一项体现集体力量的运动。每一回合最少需2人完成,每边3次击球环环相扣,相互关联;某一个位置出现问题,就会影响整队的胜败。所以,仅依靠某个人的力量或几个主力队员的力量是难以胜出的。水平越高的球队,其配合越紧密,越体现集体合作精神。故在排球训练比赛中,能培养队员优良的体育道德作风和团结协作的集体主义精神。

(二)排球运动的技术特点

1. 空间与时间的击球特点

在排球比赛或游戏中,球是不能落地的,也不能在身体任何部位停留时间过长;各种击球方法都必须在空中将球击出,击出的球要到达预定的位置。通过排球运动的锻炼,能提高人对时间、空间的感觉,同时能提高运动员在短暂时间内对来球方向、速度、力量等因素的准确判断能力。

2. 独特的击球方式

现阶段,其他球类项目都规定了身体合法触球部位,篮球是以手为主,脚不能触球,足球是手不能触球,唯有排球规定全身任何部位均可触球。通过参加排球运动,能使运动员在击球过程中充分展示自我能力及各种高超的击球技巧。

3. 独特的击球次数的限制

在排球比赛中,规则规定每方击球过网不得多于 3 次,即每一次战术配合过程只能在 3 次击球中完成。这要求每个运动员必须具有全面的战术能力、高度的战术意识和队员之间的密切配合,这是排球运动独有的特性。

(三)排球运动的作用

1. 促进健康,强壮体格

排球运动集竞技与娱乐于一体,参加的人不论年龄、性别、技术水平,均可通过参加排球运动提高人的速度、耐力、力量、弹跳、灵敏等各项身体素质和运动能力,还能逐步改善内脏器官和中枢神经系统的功能,促进身体健康发展,培养创新精神、竞争意识、灵活机智、吃苦耐劳的优良品质。

2. 形成良好的心理品质

在排球运动的训练和比赛中,经常出现意想不到的状况,在比分落后、连续失分、关键比分时,一定要保持冷静,不气馁,不手软,沉着应战,加强自信心,坚信一定能胜利。通过实践的锻炼能很好地培养和形成优良稳定的心理品质。

3. 培养预见反应能力

排球运动是一项预见性很强的运动,特别是在现代排球竞技中,准确的预见是制胜因素之一。在比赛中,要通过观察双方队员的位置、动作、各队员的特点等,预测将要发生的情况,然后根据情况做出相应的反应对策。各队员之间是一个系统,各司其职,充分履行好自身的职责,协调配合,提高全体的战斗力。因此,经常参加排球运动的人,能提高自身的预见、应变、协调、配合等综合能力,而且又能锻炼身体、愉悦身心。

四、排球运动的锻炼价值

人的智力就是心理活动过程中表现出来的观察力、理解力、注意力、概括力、记忆力、想象力、思维能力等构成的统一体。排球运动之所以能促进学生智力的发展,是因为排球运动训练有助于培养学生敏锐的观察力、良好的注意力和记忆力、丰富的想象力以及灵活的思维能力。在排球运动中,特别是在战术思想能力的形成和发展中,必须以逻辑思维能力和创造思维能力为基础,而逻辑思维能力和创造思维能力正是智力的核心,所以经常参加排球运动,能培养学生良好的心理品质,促进智力的发展。同时,经常参加排球运动,可以增强爆发力和手、眼的协调配合能力。排球练习可以使人养成协作配合和遵守规则的良好习惯,学会与同伴友好相处。

体能是人体各器官系统的机能在排球活动中表现出来的能力,包括力量、弹跳、速度、灵敏、耐力和柔韧等基本的身体素质以及人体的形态和基本的活动能力(如走、跑、跳、投掷、攀登、爬越、悬垂和支撑等)。排球运动员的体能训练主要是为了提高各项身体机能,改善中枢神经系统及内脏器官的机能,使之能适应排球技战术发展的需要,保持良好的竞技状态,延长运动寿命,防止伤害事故的发生。体能是掌握排球技术的基础,良好的体能是不断提高排球技战术水平的重要保证。

现代排球运动对抗激烈,场上情况复杂多变,并且向着全、高、快、变的方向发展,对运动员的各项身体机能提出了更高的要求,体能训练的重要性就显得更为突出。发展与提高运动员的体能必须通过有计划、有目的的科学训练才能实现。

通过排球运动能促进人的心理过程的完善,通过训练和比赛能精准地感知时间及空间,使注意力保持稳定,能促进人的个性心理特征的形成和发展,提高其临强不惧、沉着冷静的特殊能力,能促进训练和比赛的适宜心理状态的形成,提高自控能力,获得良好的竞技状态。

第二节 排球基本技术

一、准备姿势和移动

(一) 准备姿势

队员在启动、移动和击球前所采用的合理的身体动作或姿势称为准备姿势。按身体重心的高低可分为稍蹲、半蹲和低蹲三种(如图 5-1 所示)。在实战中,利用最多的是半蹲姿势。

半蹲准备姿势的动作要点:两脚开立略比肩宽,两膝弯曲,脚跟自然提起,上体前倾,重心靠前,膝部的垂直线应在脚尖前面;两臂放松,自然弯曲,置于腹前;两眼平视,注意来球;两脚始终保持微动。

稍蹲准备姿势

半蹲准备姿势

低蹲准备姿势

图 5-1

(二) 移动

从启动到制动之间的位移动作称为移动。移动的完整过程包括启动、移动、制动三个环节。移动的目的是为了即时接近球,保持好人与球的位置关系,以便击球;同时,也是为了迅速占据场上的有利位置。

在排球运动中,来球的方向、速度、性能和落点不同,在做各项技术动作时对于人与球之间的距离要求也不同。因此,不但需要有快速奔跑的能力,而且还需要以不同的移动步幅和移动步法来调整球与人的位置关系。通常采用的移动步法有滑步、交叉步、跨步、跨跳步、跑步、后退步等,各种步法应在实践中结合运用。

二、发球

队员在发球区用一只手将自己抛起的球直接击入对方场区的技术动作称为发球。发球是排球比赛的一项重要的进攻性技术,它随着排球运动的发展而不断创新和提高。发球的方法有很多,其中的正面上手发球是最基本的和运用最多的发球方法。正面和侧面下手发球是初级技术,适合初学者和力量较小者学习使用(发球均以右手为例)。

(一)正面下手发球

正面下手发球是指发球队员面对球网,手臂由后下方向前摆动,在体前腹部高度击球过网的一种发球方法。其特点是动作简单,容易掌握,准确性大。但这种发球方式击球点低,速度慢,攻击性不强。

其发球方法:发球前,面对球网,两脚前后开立,左脚在前,右脚在后,两膝微屈,上体前倾,左手持球置于腹前,右臂自然下垂。左手将球在体前右侧抛起,离手20~30厘米。在抛球的同时,右臂伸直,以肩为轴向后摆,击球时右脚蹬地,身体重心随着右臂由后向前摆动而前移,右手在腹前以虎口、掌根或全手掌击球的后下部。击球后,身体重心随着击球动作前移,迅速入场(如图5-2所示)。

图 5-2

(二)侧面下手发球

侧面下手发球动作简单,容易掌握,可借助转体力量来击球,便于用力,发球失误少,但攻击性不强。

其发球方法:左肩对网,两脚左右开立,与肩同宽,两膝微屈,上体稍前倾,重心落在两脚之间,发球时左手持球置于腹前。左手将球平稳抛至胸前约一臂距离,球离手约30厘米。在抛球的同时,右臂摆至右侧下方,接着利用右脚蹬地向左转体的力量,带动右臂向前上方摆动,右手在腹前用虎口、掌根或全手掌击球的后下方。击球后,身体转向球网,并顺势进场(如图5-3所示)。

图 5-3

(三)正面上手发球

正面上手发球是指发球队员面对球网站立,利用收腹转体动作带动手臂加速挥动,在头的右前上方,用全手掌击球过网的发球方法。其特点是击球点高,可以充分利用胸腹和上肢的爆发力,加之运用手掌的推压动作使球呈上旋飞行,不易出界,具有较大的攻击性和准确性。

其发球方法:面对球网,两脚自然开立,左脚在前,左手托球于身前。发球时,用抬臂和手掌的平托将球平稳地垂直抛于右肩的前上方,高度适中。在左手抛球的同时,右臂抬起,屈肘后引,肘与肩平,上体稍向右侧转动。挥击时蹬地使上体向左转动,同时收腹带动手臂挥动。在右侧肩上方伸直手臂,用全手掌击球的中下部,击球时手指自然张平与球吻合,手腕要迅速、主动地做推压动作,使击出的球呈上旋飞行。击球后随着身体重心前移,迅速进场比赛(如图5-4所示)。

图 5-4

(四)发球技术的要点

1. 抛球稳当

抛球是基础,要求掌心向上,平稳地把球抛起,尽量不使球旋转。每次抛球的高度、位置和离身体的距离都应基本固定。

2. 击球准确

无论用何种发球方法,都要以正确的手形击准球体的相应部位,使用力方向和所发球的飞行方向相一致。

3. 手法正确

击球手法不同,发出球的性能也不同,不同种类的发球应使用不同的击球方法。

4. 力量适当

发球队员应根据自己站位的距离、发球的目标位置、发出球的性能,恰当地掌握击球的力量,这是减少发球失误的一个重要方面。

三、垫球

除手指弹击动作外的身体任何部位击球的动作称为垫球。垫球是排球的基本技术之一,最常运用的是前臂垫球。随着排球运动的发展,其规则也进行了相应的修改,如允许队员身体的任何部位触球,给垫球技术的发展开辟了新的领域,使垫球的实用性及应变性更强,技术种类更趋多样化。

(一) 正面双手垫球

正面双手垫球是指接球队员用双手在腹前将球垫起的动作方法,是最基本的垫球方法,是各项垫球技术的基础,适合于接各种发球、扣球及拦回球,有时也用于垫二传。

1. 动作方法

(1) 准备姿势。

根据球的落点迅速移动成半蹲姿势,正面对准来球方向。

(2) 垫球手形。

两手掌根相靠,两手手指重叠,手掌护握,两拇指平行向前,手腕下压,两手前臂外翻成一个平面(如图 5-5 所示)。

图 5-5

(3) 垫球动作。

当球飞到腹前约一臂距离时,两臂夹紧前伸,插入球下,将球准确地垫在腕关节以上 10 厘米处的小臂桡骨内侧平面上。垫击时,两臂保持平衡固定,身体和两臂自然地随球伴送,以便控制球的落点和方向(如图 5-6 所示)。

图 5-6

(4) 手臂角度。根据来球的角度和要垫出的方向,运用入射角与反射角相等的原理,调整手臂与地面的角度,转动左右手臂平面来控制垫球方向。

2. 技术要点

正面双手垫球应该掌握三个主要动作要领。

(1) 插:两臂伸直插到球下。

(2) 夹:两臂夹紧,含胸收肩,用两前臂平面击球。

(3) 提:提肩送臂,身体重心随出球方向前移。

垫击过程中要做好移、蹲、跟三个环节。迅速移动对准来球,支撑平稳两腿蹲起,随用力方向腰紧跟。

(二) 体侧垫球

在体侧用双手击球称为体侧垫球。当来球飞向体侧,队员来不及移动正对来球时,可采用体侧垫球。其特点是伸臂动作快,控制范围大,但不易控制垫球方向,准确性不及正面垫球。

1. 动作方法

左侧垫球时,先以右脚前脚掌内侧蹬地,左脚向左跨出一步,重心移至左脚,保持两膝弯曲,同时两臂向左侧伸出,右肩微向下倾斜,左臂高于右臂。击球时,用右转体和收腹,配合提肩、抬臂在身体左侧稍前的位置截住来球,用两前臂垫击球的后下部。来球在右侧时,以相反方向的动作击球(如图5-7所示)。

图 5-7

2. 技术要点

体侧垫球的击球点应该在体侧前方,双臂要抢先在体侧稍前的位置截击来球,不能等球飞到体侧时再摆臂击球,这样容易造成球触手后向侧方飞出。垫击时要主动向侧前伸臂,并转体提肩,注意调整控制好两臂组成的垫击面,使球准确地垫向目标。

(三)背垫球

背对垫球目标,从身前向背后双手垫球称为背垫球。在接应同伴起球后,球飞得较远,无法进行正面垫击时或必须将球处理过网时运用此法较多。

1. 动作方法

背垫时,要判断好来球的方向,快速移动到球的落点处,背对垫出球的方向,两臂夹紧伸直。击球时,用蹬地、抬头挺胸、展腹和上体后仰的动作带动两臂向后上方摆动抬送,以前臂触球的前下部,将球向后上方击出。背垫的击球点一般应在肩前上方(如图5-8所示)。

图 5-8

2. 技术要点

背垫球时,应根据垫球目标的远近和来球的高度变化击球点的高低,利用腰部和手臂的动作来控制出球的高度和距离,要特别强调垫球时的方位感觉,判断好球、网、目标三者之间的关系,充分运用蹬、挺、抬、展、摆等技术,提高准确性。

四、传球

利用全身协同用力并通过手指、手腕的弹力,将球传至一定目标的击球动作称为传球。传球是用双手的配合动作来完成击球,触球的面积大,加上手指、手腕灵活且感觉灵敏,因而容易掌握和控制出球的方向、速度、弧度和落点,准确性高,变化多。

(一)正面双手传球

面对目标的传球称为正面双手传球。它是传球中最基本的方法,是掌握和运用其他各种传球技术的基础(如图5-9所示)。

图 5-9

1. 动作方法

(1)准备姿势。采用稍蹲姿势,上体稍挺起,仰头看球,双手自然抬起,屈肘,放松置于脸前。

(2)迎球动作。当来球接进额前时,通过蹬地、伸膝、伸臂来发力,双手手指微张,从脸前向前上方迎出,全身各部位动作应协调一致。

(3)击球点。在额前上方约一球距离处击球。

(4)手形。手触球时十指应自然张开,使两手呈半球状,手腕稍后仰,以拇指内侧、食指全部、中指的二三指节触球的后下部,无名指和小指在球两侧辅助控制球的方向,两拇指相对呈"一"字形(如图5-10所示)。

图 5-10

(5)用力方法。在迎球动作的基础上,当手和球即将接触前,手腕和手指要有前趋迎球的动作;当手与球接触时,各大关节应继续伸展,最后用手指、手腕的弹力将球击出。

2. 技术要点

正面传球的技术要点应该着重强调击球点,指、腕的击球动作以及全身协调用力。传球时,手指、手腕应根据来球的速度和传球的距离,保持适当的紧张度,击球点控制在前额正前上方一球距离,传球的动作从下肢蹬地至手指击球,由下至上连贯协调,一气呵成。

(二)背向传球

背对传球目标的传球称为背向传球,简称背传。背传是传球技术中的一项基本方法。在比赛过程中使用背传技术,能达到出其不意、迷惑对方的目的,使战术多样化(如图5-11所示)。

图 5-11

1. 动作方法

(1) 准备姿势。上体比正面传球时稍后仰,双手自然抬起置于脸前。

(2) 迎球动作。抬上臂、挺胸、上体后屈迎球。

(3) 击球点。在头的上方,比正面传球略偏后击球。

(4) 手形。与正面传球相同,但触球时手腕要稍后仰,掌心向上,拇指托在球下,击球的下部。

(5) 用力方法。利用蹬地、展体、抬臂、伸肘和指腕的弹力,把球向后上方传出。

2. 技术要点

背传的技术要点在于要充分保证击球点在头上方的位置,始终保持手指和手腕向后上方抖动用力,通过身体的展体、挺胸、抬头动作,协调一致地将球传出。

(三) 侧向传球

身体侧对传球目标,在不转动身体的情况下,主要靠双臂向体侧方向传球的动作称为侧向传球,简称侧传。侧传具有一定的隐蔽性。

侧传的准备姿势、手形及迎球动作与正面传球相同,但击球点应偏向传球方向一侧。迎球时,通过下肢蹬地使身体重心向上伸展,上体和双臂向传球方向一侧伸展。异侧手臂的动作幅度要大些,伸展的速度也要快些,以双臂和上体侧屈的协调动作将球传出。

五、扣球

队员跳起在空中,用一只手或手臂将本方场区上空高于球网上沿的球击入对方场区的一种击球方法称为扣球。扣球是排球的基本技术之一,也是排球中攻击性最强的一项技术,在比赛中占有十分重要的地位。扣球是得分的重要手段,扣球的成败体现了全队战术的质量和效果,是能否取胜的关键。

(一) 正面扣球

正面扣球是扣球技术中最基本的一种方法,由于面对球网,便于观察,准确性较高。加之正面扣球挥臂动作灵活,能根据对方防守情况,随时改变扣球的路线和力量,控制落点,因而进攻效果较好。现以两步助跑,右手扣球为例进行说明(如图 5-12 所示)。

图 5-12

1. 准备姿势

采用稍蹲姿势,两臂自然下垂,观察来球,做好向各个方向助跑起跳的准备。

2. 助跑起跳

助跑开始时,左脚先向前迈出一步,紧接着右脚再快速跨出一大步,左脚及时跟上,踏在右脚之前,两脚尖稍向右转。第一步小,第二步大,由脚跟先着地过渡到全脚掌着地,两臂配合起跳,有力地向上摆动。两腿弯曲到最低点,用力蹬地向上起跳。

3. 空中击球

起跳后,挺胸展腹,上体稍向右转,右臂向后上方抬起,身体成反弓形。右臂屈肘举起,肘关节指向侧方并高于肩部,手置于头的后侧方,手指自然分开。击球时,利用迅速转体收腹发力,依次带动肩、肘、腕各部位关节向前上方成甩鞭动作挥动。击球时手臂要伸直,用全手掌击球的后中部,同时主动用力屈腕、屈指向前推压,使扣出的球呈上旋状。

4. 落地姿势

落地时,应由前脚掌过渡到全脚掌着地,同时顺势屈膝、收腹,以缓冲下落的力量,同时立即准备下一个动作。

(二)近体快球

扣球队员在二传队员体前或体侧约一臂距离处扣的快球称为近体快球。这种快球一般在一传到位而靠近网的情况下进行,特点是二传距离短、速度快、节奏快,因而实扣效果和掩护作用好。

其动作要领为:扣球队员要在二传托球的同时,助跑到网前,助跑角度一般与网成 45°~60°。当二传队员传球时,扣球队员应在二传队员上前近网处迅速起跳。紧接着快速挥臂,将刚刚传出网口的球扣过网去。击球时,利用含胸、收腹动作带动前臂和手腕迅速甩挥,以全手掌击球的后上部。

六、拦网

靠近球网的队员,将手伸向高于球网处阻挡对方的来球,并触及球,称为拦网。拦网是排球运动的基本技术之一,是防守的第一道防线,也是得分的重要手段之一。拦网水平的高低,直接影响着比赛的胜负。拦网分单人拦网和集体拦网(如图5-13所示)。拦网对个人技术的要求是相同的,只是集体拦网需要注意相互间的协作与配合。

图 5-13

(一) 单人拦网

1. 准备姿势

面对球网,两脚左右开立,约与肩同宽,距网30～40厘米。两膝微屈,两臂屈肘置于胸前。

2. 移动

根据不同情况可灵活运用一步、并步、交叉步、跑步等各种移动步法,将身体重心移动到拦网位置,准备起跳。无论采用何种步法,都要做好制动动作,以保证向上起跳,避免触网和冲撞同队队员。

3. 起跳

原地起跳时,两腿屈膝,身体重心降低,随即用力蹬地,两臂以肩发力,在体侧近身处划小弧线用力上摆,带动身体向上垂直起跳。移动后起跳时,起跳动作与原地起跳一样,但要注意制动并使移动与起跳动作紧密衔接。

4. 空中动作

起跳后,两手从额前沿球网向上方伸出,两臂伸直并保持平行,两肩上提。拦网时,两臂应伸过网去拦截球。两手自然张开,屈指、屈腕成半球状。当手触球时,两手要突然紧张,手腕下压盖在球的前上方。

5. 落地

拦网后,要做含胸动作,以保持身体平衡。手臂要先后摆或上提,从网上收回至本方上空,再屈肘向下收臂,以免触网。与此同时,屈膝缓冲,双脚落地,随即转身面向后场,准备接应来球或做下一个动作准备。

(二) 集体拦网

集体拦网有双人拦网和三人拦网两种。技术动作除上述个人拦网技术的要求外,还应着重注意拦网队员相互之间的配合。其动作要领为:集体拦网要确定以谁为主,密切协同配合,特别是身材高矮不同的队员,更应加强配合。队员起跳时应避免互相冲撞或干扰;起跳后,手臂在空中不要互相重叠,也不要间隔太大,以免造成拦击面小或漏球。

第三节　排球基本战术

一、个人战术

个人战术是指在集体战术配合的基础上,队员根据个人的特点和战术的需要,巧妙地运用个人技术的变化,以达到有效的进攻和防守的目的。成功的个人战术,可以弥补集体战术的不足。

(一)发球的个人战术

根据临场比赛的情况,采用发准确性球控制落点,发攻击性球和不同性能的球,从而达到直接得分和削弱对方进攻战术的目的。

(1)加强发球的性能:尽量准确地发出弧度平、速度快、力量狠、旋转性强或飘度大的攻击性球,以破坏对方一传并争取直接得分。

(2)控制落点的发球:可将球准确地发到对方两个队员之间的连接区、前区、后区死角、三角地带或对方交换位置活动区,以破坏对方一传。

(3)时时改变发球及变化发球方法,发给一传差或刚换上场的队员。

(二)一传的个人战术

在第一次接对方来球时,采用有目的、有意识的接球动作,组织本队战术。

(1)组织快攻战术时,一传的弧度要平、速度稍快,以加强快攻的节奏。

(2)组织强攻战术时,一传的弧度要略高,为二传队员创造便利的传球条件。

(3)当对方第三次垫球过网时,一传可用上手传球,以便更准确地组织快速反击或传给网前队员进行攻击。

(4)如发现对方场区有较大的空当或对方队员无准备时,一传可直接将球击向对方。

(三)二传的个人战术

二传队员是组织全队战术的核心,二传个人战术主要是利用时间差、位置差、空间差和动作的变化为进攻创造有利的形势。

(1)二传队员可根据本队的特长组织集中与拉开、近网、中网与远网、弧度高与弧度低等传球技术,组织进攻战术。

(2)可根据对方拦网部署,选择拦网薄弱环节强攻。

(3)掌握对方心理特点,利用多种战术变化,打乱对方的防守步骤。

(4)根据临场情况处理球或调整球。

(四)扣球的个人战术

根据对方情况,灵活运用个人扣球技术。如避开拦网队员的手,利用拦网队员的手,找人、找点扣球。临场时针对对方的弱点实施进攻,力求主动,达到得分和削弱对方进攻的目的。

1. 扣球时避开拦网队员的手

(1)扣球时运用路线的变化,灵活采用扣直线、斜线和小斜线等。

(2) 运用转体、转腕的扣球技术,达到突然改变扣球线路的目的。

(3) 运用扣球或吊球技术,从拦网队员手上方进行突破。

(4) 运用时间差扣球使对方达不到拦网目的。

2. 扣球时利用拦网队员的手

(1) 利用打手出界来破坏对方严密拦网。

(2) 运用轻扣拦网队员的手,造成球随拦网队员一起落入对方界内。

3. 根据临场情况采用的扣球战术

(1) 运用二次球扣球,或佯传突转扣,使对方来不及拦网。

(2) 找人、找点扣球,找对方技术差者或空当进行扣球。

(五) 拦网的个人战术

拦网是被动技术,要变被动为主动,关键在于隐蔽,造成对方扣球队员判断错误而使己方拦网成功。

(1) 拦网队员可站直拦斜、站斜拦直、正拦侧堵、侧堵正拦,并可运用取位和空中变化的假动作迷惑对方。

(2) 有时可制造假象,使对方受骗。如假装露出中路空当,引诱对方队员扣中路,待对方扣中路之后突然拦关门球。

(3) 如发现扣球队员要打手出界或平扣时,可在空中及时将手撤回,从而造成对方扣球出界。

(4) 在估计到对手扣球威力不大时,要防止对方吊球、轻扣等。

二、集体战术

排球集体战术是指运动员在比赛中,为了突破对方防守或抑止对方进攻,灵活运用合理的攻防技术,按照一定的形式,采取有目的、有组织、有针对性的集体配合行动。

(一) 接发球阵形

由于队员在场上的位置是轮转的,因此接发球的站位布局应充分考虑本方的进攻特点和对方发球特点。任何一种接发球站位都应根据对方发球的特点做出相应合理的调整。现在常见的多为5人接发球阵形。

5人接发球阵形除1名二传队员外(前排或后排),其余5名队员均参加接发球。这是一种最基本的接发球阵形,初级水平的球队应采用此阵形。其中包括:"三二"站位和"二三"站位等(如图5-14及图5-15所示)。

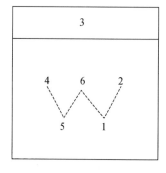

图 5-14

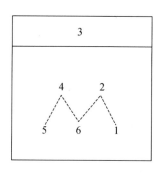

图 5-15

(二)进攻阵形

1."中二三"("中一二")进攻阵形

它是指由前排3号位队员担任二传,其他队员将球垫、传给二传队员,再由二传队员将球传给前排4号位、2号位队员或后排3名队员进攻的战术配合方法,是排球战术中最基础、最简单的一种进攻阵形(如图5-16所示)。

"中二三"("中一二")进攻战术有如下两种:

(1)集中与拉开。二传队员根据临场情况向2号位或4号位队员用忽而集中、忽而拉开的传球迷惑对方拦网(如图5-17所示)。

(2)跑动掩护进攻。为了增加战术的突然性,可以通过主、副攻手的跑动、换位和相互掩护,变定点进攻为活点进攻,设法打乱对方的集体拦网,造成一对一的局面。

2."边二三"("边一二")进攻阵形

它是指由前排2号位队员站在2号位与3号位之间,担任二传,其他队员将球传、垫给二传队员,再由二传将球传给前排4号位队员、3号位队员或后排3名队员进攻的战术配合方法。这种阵形比较简单,容易掌握,但由于对一传、二传的要求都较高,难度较"中二三"阵形要大,配合也较为复杂(如图5-18所示)。

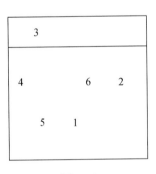
图5-16

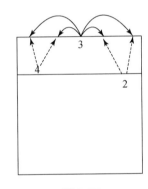
图5-17

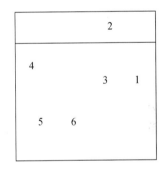
图5-18

此外还有"梯次""短平快掩护拉开""掩护活点进攻"等战术变化。

3."插三二"进攻阵形

它是指由后排的队员插到前排2号位、3号位之间担任二传,其他队员将球传、垫给二传队员,再由二传队员将球传给前排3名队员或后排2名队员进攻的战术配合方法。其特点是可组成快速多变的各种战术变化,进攻的突破点多,突然性大,使对方难以有效地组织集体拦网和防守(如图5-19所示)。

其战术变化有以下几种:

(1)中间快球、两边拉开。3号位队员扣近体快球,2号位、4号位队员两边拉开进攻,5号位队员后排进攻(如图5-20所示)。

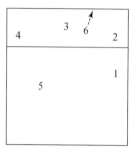
图 5-19

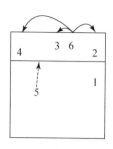
图 5-20

(2) 4号位队员定点强攻,3号位、2号位队员作"梯次"进攻,6号位队员后排进攻(如图5-21所示)。

(3) 双快一跑动进攻。2号位队员扣近体快球,3号位队员扣短平快球,4号位队员则根据对方拦网情况,选择内切扣小弧度集中平球,或跑动到3号位空当扣半高球,6号位队员后排进攻(如图5-22所示)。

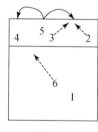
图 5-21

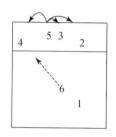
图 5-22

(三) 防守战术

1. "心跟进"防守形式

在本方拦网能力强,对方采取打吊结合时采用此形式。当甲方4号位队员进攻时,乙方2号位、3号位队员拦网,后排中心的6号位队员在本方拦网时跟在拦网队员之后进行保护,其余3名队员组成后排弧形防守。其优点是加强了前区的防守能力,缺点是后排防守队员之间的空当较大(如图5-23所示)。

2. "边跟进"防守形式

在对方进攻较强,吊球较少时采用此形式。当甲方4号位队员进攻时,乙方2号位、3号位队员拦网,其他4个队员组成半圆弧形防守。如遇甲方吊前区,由边上1号位队员跟进防守。其优点是加强了拦网,缺点是边上的队员既要防直线,又要跟进防前区,比较困难(如图5-24所示)。

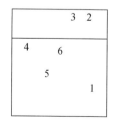
图 5-23

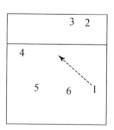
图 5-24

第四节 排球竞赛规则

一、比赛场地与设施

排球比赛场地包括比赛场区和无障碍区。比赛场区为 18 米×9 米的长方形。国际排球联合会组织的世界性大型比赛场地上空的无障碍空间从地面量起至少高 12.5 米。比赛场地的场区上所有的界线为白色,宽 5 厘米。

二、简要竞赛规则

(一) 裁判的组成和主要职责

1. 排球比赛裁判人员组成

排球比赛裁判人员由第一裁判员、第二裁判员、记录员、司线员 2 名(或 4 名)组成。

2. 第一裁判员的主要职责

第一裁判员从比赛开始前到比赛结束主导该场比赛,对所有本场裁判员和参赛队成员行使权力。他有权决定比赛中的一切问题及解释规则,可以改判其他裁判员的错误,他的裁定是最终裁定。

3. 第二裁判员的职责

第二裁判员的职责主要是协助第一裁判员,他职权以内的犯规可以鸣哨并做出手势,他职权以外的犯规只能做出手势,不能鸣哨。其职权主要为掌握各队暂停和换人次数及控制间断时间,负责检查上场队员位置是否与位置表相符,同时出现问题时,协助记录员工作。

4. 记录员的职责

记录员坐在记录台处,面对第一裁判员,根据规则的要求填写记录表,并与第二裁判员进行配合。

5. 司线员的职责

司线员的主要职责是协助第一、第二裁判员负责边线、端线并用旗示按规则执行工作。

(二) 发球犯规与裁判方法

1. 发球犯规

发球犯规包括以下情况:

(1) 未将球抛起清晰离手即击球。

(2) 用手臂以外的身体部位及双手击球,以及用单手将球抛出、推出。

(3) 在发球时,脚踏及端线或踏越发球区短线。

(4) 裁判员鸣哨 8 秒后仍未发、击球。

(5)利用集体或个人掩护发球。

(6)发球次序错误。

2.裁判方法

(1)第一裁判员观察发球队员已拿球进入发球区站稳,双方队员已准备好,即可鸣哨,并默数8秒。

(2)第一裁判员应看发球队员有无犯规,第二裁判员观察接发球队队员有无犯规发生,司线员观察发球是否出界。

(3)以上6种犯规发生后,均判发球方失1分,并失去发球权。

(4)发球次序错误犯规的处理。记录员发现发球次序错误时,在发球击球后立即通知第二裁判员,第一裁判确认其错误后,做出下列处理:

① 判该队失1分,并令该队员恢复到正确位置。

② 记录员如能确定其错误何时发生,则取消该队发生错误时所得分数,对方得分仍然有效。

③ 如记录员无法确定错误何时发生,则判该队失1分。

④ 如发球错误延续一局或至全场比赛结束,在交换区域退场前发现时,按上述规定处理;如已交换场区或退场,比分、局分有效。

(三)位置错误及裁判方法

1.位置错误

(1)发球队员在击球时,场上队员未完全站在本场区内。

(2)发球队员发球时,场上队员未按"每1名前排队员至少一只脚的一部分,比同列后排队员的双脚距中线更近"的规定站位。

(3)发球队员发球时,场上队员未按"第1名右边(左边)队员至少有一只脚的一部分比同排中间队员的双脚距右(左)边线更近"的规定站位。

2.裁判方法

(1)只在发球、击球的瞬间才形成位置错误。

(2)判断位置错误应根据队员的脚实际着地部位来判断。

(3)其判罚与发球次序错误处理相同。由第一、第二裁判员判罚。

(四)击球犯规及裁判方法

1.连击犯规

一名队员连续击球两次或连续触及身体的不同部位(拦网和第一次击球除外)称连击犯规。规则规定第一次击球时,允许队员身体在同一击球动作中连续触球。如是第二、第三次击球,则应该注意是否有连击犯规。由第一裁判员判罚,第二裁判员协助判断。

2.裁判方法

队员身体任何部位均可击球,但球必须是被击出,如队员将球接住或抛出,就称为持球犯规。裁判方法如下:

(1)由第一裁判员判罚持球,其他裁判员无权判罚。

(2)判断持球的主要依据是球在队员身体任何部位是否有停滞,正确的出球是一个单一击球反弹动作,而持球犯规是球先停滞再将其击出。

(3) 第一裁判员应视比赛不同性质和对象,掌握好判罚的"尺度",特别是运动员在救险球时,应适当放宽尺度,予以鼓励。

3. 四次击球犯规和同时击球及裁判方法

(1) 规则规定,每队最多击球三次(拦网除外)将球击回对方场区,超过规定次数的击球,称为四次击球,由第一裁判员对其进行判罚。第二裁判员可出手势。

(2) 同时击球。同队的两名或两名以上队员同时触到球,被称为两次或两次以上击球(拦网除外),由第一裁判判罚。网上双方队员同时击球时,处理方法如下:

① 球落入某方场区,继续比赛,得球方可击球三次。
② 球落入某方场区外,则判对方击球出界。
③ 球触及标志杆,则判双方出界,重新发球。
④ 球在双方队员手中停留,则判双方持球,重新发球。

(五) 后排队员进攻性击球犯规和拦网犯规及裁判方法

1. 后排队员进攻性击球犯规及裁判方法

(1) 后排队员进攻性击球犯规。

后排队员进攻性击球时,如果以下三个条件同时存在,称后排进攻性击球犯规:

① 在前场区或踏及进攻线(包括延长线)起跳;
② 球的整体高于球网上沿;
③ 直接将球击于对方。

(2) 裁判方法。

① 该犯规第一、第二裁判员均可鸣哨判罚;
② 判断该犯规必须具备上述三个条件;
③ 裁判员在判断时,要降低重心,熟悉双方队员,以便准确、及时做出判断。

2. 后排队员拦网犯规及裁判方法

(1) 后排队员拦网犯规。

后排队员参加集体拦网或单人拦网并触到球,称后排拦网犯规。注意后排拦网犯规应具备三点:一是后排队员靠近球网,二是拦网队员手高于球网上沿,三是阻挡并触及对方来球。以上三点同时具备,称后排队员拦网犯规。

(2) 裁判方法。

第一、第二裁判员均可判罚。

(六) 过网击球、过网拦网犯规及裁判方法

1. 过网击球、过网拦网犯规

队员在对方场区上空击球,称过网击球。在对方进攻性击球前或同时,在对方场区空间拦网触球,为过网拦网犯规。

2. 裁判方法

(1) 判断过网击球、过网拦网均由第一裁判判罚。
(2) 第一裁判员首先判断球飞行的方向及球在哪一点,击球点在哪方,然后判断双方触球先后或是否同时。
(3) 平行球网的球不能过网拦网,第三次击球后除外。

(七) 过中线和网下穿越犯规及裁判方法

1. 过中线及网下穿越犯规

队员的一只(两只)脚或一只(两只)手全部越过中线触及对方场区,称过中线犯规。从网下穿越进入对方空间并影响对方比赛,称网下穿越犯规。

2. 裁判方法

(1) 第一、第二裁判员均可判罚,是第二裁判员的主要职责。

(2) 观察穿越犯规时,看是否妨碍对方比赛。在不影响对方比赛时,队员可以穿越进入对方无障碍区,不算犯规。

(3) 注意观察队员的整个脚掌和整个手掌是否全部过中线,触及对方场区。

(4) 队员除手或脚外,其他身体部分不得接触对方场区。

(5) 在网前扣、拦球时,要观察网前移动情况,特别是第二裁判员在队员网前击球后,视线应稍停留在中线上一会。

(八) 触网犯规及裁判方法

1. 触网犯规

队员在触网时试图击球或影响比赛为触网犯规。但队员击球后,触及球网、网绳或其他物体,在不影响比赛的情况下,不判犯规。

2. 裁判方法

(1) 第一、第二裁判员均可判罚,是第二裁判员的主要职责。

(2) 要区分主动和被动触网,试图击球和掩护击球动作下触网算犯规;被动的触网,不算犯规。

(3) 分工要明确,互相配合,第一裁判员主要观察扣球方,第二裁判员主要观察拦网方。在击球动作完成后,视线应稍停留网前,不要跟球太快。

(九) 界内球、界外球及裁判方法

1. 界内球

球在落地时触及赛场区地面,包括界线上均为界内球。

2. 界外球

(1) 球的整体落地时在界线外。

(2) 球触及标志杆、网柱、网绳、场外任何物体、非比赛人员等。

(3) 任何击球后,球的整体或部分从过网区外进入对方场区。

(4) 击球后,球从过网区外进入对方无障碍区,队员可将球从同侧非过网区击回,队员不得进入对方场区,对方队员不得干扰。

3. 裁判方法

(1) 第一、第二裁判员对界内、界外球应根据各自的位置和职责范围做出相应的判断。

(2) 司线员的主要职责是对界内、界外球做出判断并出示相应的旗示。

(3) 过网区是指网上沿两个标志杆向上延长到天花板所组成的区间。

(4) 球的整体从网下垂直线进入对方场区判为界外球。

(5) 球从过网区进入对方场区时,可以触网;球落在对方场地内,比赛继续。

第六章 乒乓球

第一节 乒乓球运动概述

一、乒乓球运动的起源与发展

乒乓球运动于19世纪后半叶起源于英格兰,是由网球运动派生而来。最初,乒乓球大多是作为一种家庭娱乐活动,球台多为室内的餐桌,球由软木或橡胶做成,球拍用羊皮纸贴合制成,形状为长柄椭圆形。当时,乒乓球运动没有统一的规则,发球的方法也无严格的限制。这种游戏很像是在桌上打网球,故而称其为"桌上网球"(Table Tennis)。

大约在1890年,英格兰的一位退休越野跑运动员詹姆斯·吉布到美国旅游时,偶然发现了一种空心玩具球,这种球弹力很强,于是他便产生了用这种小球来替代软木球和橡胶球的想法。他把这种球带回英国后,将这种球稍加改进,并逐步在英国和世界各地推广起来。

1900年英国成立了乒乓球协会,同年12月,在伦敦举行了第一次大型乒乓球比赛,参加者300余人,开创了乒乓球正式比赛的历史。1926年12月,在英国伦敦举行第一届欧洲乒乓球锦标赛,参加的国家有德国、匈牙利、威尔士、英格兰、奥地利、瑞典、捷克斯洛伐克、印度和丹麦,由于印度是亚洲国家,提出更改名称,所以国际乒乓球联合会(以下简称"国际乒联")决定更名为第一届世界乒乓球锦标赛。

1988年,乒乓球运动被列入奥运会正式比赛项目,推动了世界各国乒乓球运动的发展。

在第四十六、第四十七届世界乒乓球锦标赛上,为使比赛回合更多、比赛更加精彩,国际乒联对乒乓球运动的规则进行了三项重大修改:乒乓球直径从38毫米改为40毫米;一局比赛21分改为11分;对发球进行了限制,采用无遮挡式发球,让发球更加透明。

综观世界乒乓球运动技术与战术的发展,该运动正朝着更加积极主动、快速多变、技术全面、特长突出、无明显漏洞的方向发展。

二、我国乒乓球运动的发展概况

我国乒乓球运动开始于1916年,早期只在上海、北京、天津、广州等几个大城市的教会中开展。1918年,上海率先成立全市的乒乓球联合会,并于1923年首次举办了比赛。

中华人民共和国成立后,中国乒乓球运动有了长足的发展。1952年10月,在北京举行了"第一次全国乒乓球比赛大会"。与此同时,中华全国体育总会乒乓球部加入国际乒联。1953年,组建中国乒乓球队。1959年第二十五届世界乒乓球锦标赛,中国选手容国团为中国夺得第一个世界冠军。1961年、1963年、1965年,中国选手连续三届获得世界乒乓球锦标赛的男子团体、男子单打冠军。尤其在第二十八届世界乒乓球锦标赛上,中国乒乓球队共夺取了五项冠军,四项第二名,七项第三名,取代了日本的霸主地位。中国乒乓球队的成就,推动了全国乒乓球运动的蓬勃发展,乒乓球被誉为中国的"国球"。

中国乒乓球队建队60多年来,一共获得200多个世界冠军(世界冠军指世界乒乓球锦标赛、世界杯乒乓球比赛、奥运会乒乓球比赛三大赛事的冠军),创造了乒乓球运动史乃至体育运动史上长盛不衰的历史奇观,不仅为中国人争得很多荣誉,也为推动中国乒乓球运动以及世界乒乓球运动发展做出了积极的贡献。

三、乒乓球运动的特点

乒乓球运动是唯一以声音命名的体育运动项目,这项运动具有以下几个特点。

1. 球小、速度快、变化多

乒乓球是球类运动中最小的球,球小、速度快、变化多,击球技巧性强。它是智能、技能、体能三者兼容并以智能为主的运动,是集健身性、娱乐性、竞技性为一体的运动项目。

2. 球拍种类多、打法种类多

比赛双方运用的球拍种类繁多,打法多种多样,技战术复杂、变幻莫测,使比赛始终充满着适应与反适应、控制与反控制的矛盾。

3. 器材简单、易于普及

乒乓球运动器材设备、场地条件简单,室内、室外都可以进行,技术动作可繁可简,运动量可大可小,不同年龄、性别和身体条件的人都可以参加,是一项深受大众喜爱的体育锻炼项目。

4. 缓解疲劳、振奋精神

乒乓球还具有缓解疲劳的特点。人们在紧张繁重的学习、工作之余,挥拍打一阵乒乓球,身体疲劳会随着乒乓球之声而销声匿迹,随之而来的是振奋的精神、清醒的头脑和旺盛的精力,会有一种特别舒服的感觉。

四、乒乓球运动的锻炼价值

1. 乒乓球运动对神经系统的影响

打乒乓球时,球在空中飞行的速度是很快的,正手攻球只需0.15秒就可到达对方台面。在这样短暂的时间内,要求运动员对来球的方向、旋转、力量、落点等全面进行观察,迅速做出判断并及时采取对策,迅速移动步法,调整击球的位置与拍面角度,进行合理的还击,而这一切活动都是在大脑指挥下进行的。经常从事乒乓球练习,可大大提高神经系统的反应速度;还能提高大脑皮层神经活动过程的强度、灵活性和均衡性;能使神经细胞得到充足的氧气和营养物质,使大脑清醒、精力旺盛;能调节情绪,缓和交感神经过度兴奋与紧张,提高迷走神经的兴奋性,提高对外界刺激的适应性;同时还能调节血管的舒缩功能,增强新陈代谢,提高人体免疫能力。

2. 乒乓球运动对心血管系统和呼吸系统的影响

经常参加乒乓球运动能使心血管系统的结构和机能得到改善,使心肌变得发达有力,脉搏输出量增多。一般健康成年男子在安静状态下心率在65~75次/分钟,成年女子为75~85次/分钟。而受过乒乓球训练的运动员在安静状态下男子心率为55~65次/分钟,女子为70次/分钟左右。心搏徐缓和血压降低可提高心脏的工作效率,有利于身体的新陈代谢,明显地减少心血管系统疾病的形成和发展,使心血管系统的调节功能得到改善,使动脉的柔韧性和弹性显著增强,提高整个身体机能水平。

经常参加乒乓球运动,能促进胸廓和肺部功能的锻炼,增加胸围和肺活量;能增强呼吸肌力量,提高肺通气量;能改善呼吸频率,增加呼吸深度,提高呼吸效率;能提高机体耐酸和抗缺氧的能力。

3. 乒乓球运动对心理素质和智力的影响

参加乒乓球运动,能使人改善不良心境,忘却烦恼,解除心理压力,稳定情绪,愉悦心情,振奋精神。同时,还能减缓心理应激,从而保持良好的心境。此外,乒乓球是竞技运动,由于激烈的竞争,成功和失败的条件经常转换,参赛者的情绪状态也非常复杂,参赛者常常要经受这些变幻莫测、胜负难料的激烈竞争的锻炼,体验种种情绪。同时,在比赛中参赛者要对对方的战术、意图进行揣摩,把握自己的战术应用,因此,可以使参赛者的心理素质得到很好的锻炼。

经常参加乒乓球运动,还能使人更聪明,这是由乒乓球运动本身的特点所决定的。乒乓球运动能使参与者大脑里的化学物质脑啡肽和内啡肽释放出来,参加到代谢中去,从而起到增强理解力和记忆力的作用,使人的学习和工作效率更高。

第二节 乒乓球基本技术

一、握拍法

乒乓球的握拍法有直拍握法和横拍握法两种,可根据个人的身体条件、兴趣爱好、技术特点选择一种适合的握拍法。正确的握拍法对调整击球时的引拍位置、拍形角度、拍面方向、发力方向等有重要作用。

(一)直拍握法

拇指、食指自然弯曲,以拇指第一关节和食指第二关节压住球柄的两肩,两指间距适中(约一指宽距离)。中指、无名指、小指自然弯曲斜形重叠,以中指第一关节偏左侧部托于球拍背面上1/3处,或中指、无名指微屈,同时压住拍面(如图6-1所示)。

(二)横拍握法

虎口压住球柄右上肩,拇指和食指自然弯曲分别握在拍面前、后两侧。中指、无名指、小指弯曲握住拍柄(如图6-2所示)。

图6-1　　　　　　　　　　图6-2

二、步法

步法是指击球员选择合适的击球位置所采用的脚步移动方法。其基本要求是"三快",即起动快、移动快、频率快。

(一) 单步

在来球角度不大的情况下击球时,多采用单步。即以一脚前脚掌为轴,另一脚向前、后或左、右移动一步。

(二) 跨步

在来球离身体较远、速度较快的情况下击球时,多采用跨步。即以一脚向前、后、左、右的不同来球方向跨出一大步,身体重心随即移动到跨步脚上,另一只脚迅速跟上。

(三) 并步

在来球速度不算太快的情况下击球时,从基本站位向左、右移动时多采用并步。即先以与来球异方向的脚向另一只脚并一步,然后与来球同方向的脚再向来球的方向迈一步。

(四) 侧身步

在来球逼近身体的情况下击球时,多采用侧身步。即左脚先向左跨出一步,然后右脚随即向左后方移动;也可以是左脚先向前跨步,右脚向左后方移动。

(五) 交叉步

在来球远离身体的情况下击球时,多采用交叉步。即先以与来球反方向的脚向来球方向跨出一大步并超过另一只脚,然后另一只脚随即向来球方向移动。

三、击球

(一) 击球的基本环节

1. 准备

击球前的准备有两个方面:一是身体方面的准备,包括站位、身体姿势等;二是心理方面的准备,要全神贯注、紧盯对方,时刻准备回击来球。

2. 判断

根据对方的站位、击球时间、击球部位、拍形角度、拍面方向、发力方法来判断对方的意图。同时,根据球在空中飞行的弧线、速度、旋转特点等来判断对方来球的性能。这是打好一个球所必需的基本要求,判断错误便无法回击来球。

3. 移步

根据判断的结果,结合准备使用的还击技术,迅速采用合适的步法移动到理想的击球位置。

4. 击球

根据判断的结果,结合准备采用的战术,用合理的技术把球击回。挥拍击球的质量好坏,不仅取决于技术掌握得如何,而且还取决于步法移动是否合适。

5. 还原

击球后,要迅速还原成准备姿势,以便随时对下一个来球进行判断并进行有效的移步和还击。

(二) 击球的动作结构

乒乓球击球的技术动作是多种多样的,但在击球动作的结构方面却有共同的规律。乒乓球的击球动作一般包括以下6个环节,它们是一个统一的整体,各环节之间密切相关、互相影响、缺一不可。

1. 选位

击球位置是否合适,直接影响击球质量。击球位置是根据对方来球的落点和旋转特点及自身所要采取的还击方法来确定的。击球开始,要求调整好两脚位置、身体重心和身体姿势,做好挥拍击球的准备。

2. 引拍

引拍是指挥拍击球前的准备动作,其作用是为了更好地发力。引拍是否到位,是能否击中来球的首要条件;引拍是否及时,是能否掌控合适的击球点的重要因素之一。

3. 迎球挥拍

迎球挥拍是引拍结束到向前挥拍击中来球这段过程的动作。迎球挥拍与引拍是一个连贯的动作,挥拍的方向决定回球的旋转性质,挥拍的速度决定击球力量的大小。因此,挥拍动作正确与否,直接影响击球的命中率和回球效果。

4. 球拍触球

球拍触球是球拍与球接触瞬间的动作,包括拍形角度和拍面方向、击球时间、触球部位和发力方向。球拍触球时,拍面所朝的方向决定击球路线,拍形角度决定触球部位并直接影响动作的准确性。球拍触球是整个击球动作中的核心部分,直接决定着回球的准确性和击球质量。

5. 随势挥拍

随势挥拍是击球后的一段随势前挥动作,其作用是有利于在击球结束阶段保证击球动作的准确性。

6. 放松动作

放松动作是指击球动作完成后,随着挥拍的结束而出现的一个短暂的放松阶段。放松动作是在连续击球中保持身体平衡的关键,也是保证有节奏地连续击球的重要因素。

四、推挡球技术

推挡球是推球和挡球的总称,是左推右攻型打法的主要技术之一。推挡球站位近、动作小、速度快、落点变化多,也有一些旋转变化。各种推挡技术配合使用,能利用速度、落点和旋转变化争取主动和创造进攻机会。

(一)挡球

挡球球速慢,力量轻,动作简单,容易掌握,它是初学者的入门技术。通过练习挡球可以熟悉球性,体会击球的拍形变化,提高控制球的能力。

动作要领:两脚平行或左脚稍前,身体离球台约50厘米。击球前,前臂与台面基本平行,将球拍引于身体前方,拍形成半横状。拍触球时,前臂和手腕稍向前移动,主要是借助对方来球的反弹力将球挡回。拍形与台面接近垂直,在球的上升期击球的中部。击球后,迅速收回球拍,还原成准备姿势。

(二)减力挡

减力挡回球弧线低,线路短,力量轻,球速慢。使用减力挡能破坏对方的击球节奏,为抢攻创造条件。

动作要领：左脚稍前或两脚平行，身体离台约 40 厘米，击球时手臂外旋，前臂稍做上提，拍形稍前倾，在来球上升期触球的中上部。拍触球瞬间手臂和手腕稍向后收，缓冲来球的反弹力，身体重心应略向前上移动。击球后，手臂和手腕继续向后随势收回，并迅速还原成准备姿势。

（三）快推

快推动作小，回球速度快，线路活，可用落点变化控制对方，起到助攻作用。

动作要领：左脚稍前或两脚平行，自然开立，身体离台约 40 厘米。持拍手上臂和肘关节内收，前臂略向外旋。击球时，前臂向前推出，同时手腕外旋，食指压拍，拇指放松使球拍前倾。在来球上升期击球的中上部。击球后，手臂继续前送，手腕配合外旋使球拍下压，并迅速还原成准备姿势（如图 6-3 所示）。

图 6-3

（四）加力推

加力推的回球力量重，球速快，击球点较高，可充分发挥手臂前推力量，能压制对方攻势，有利于争取主动。

动作要领：前臂提起，上臂后收，肘部适当贴近身体，引拍位置稍高，触球瞬间球拍前倾，食指用力，拇指放松，在上升后期或高点期击球的中上部，前臂和手腕加速向前下方推压，腰、髋顺势转动配合发力。

推挡球易犯错误及纠正方法如表 6-1 所示。

表 6-1

易犯错误	纠正方法
手腕上翘或下吊，手腕无法配合前臂向前发力	要求大臂和肘关节靠近身体，前臂做旋外转动，击球前手腕保持正常平直姿势，使拍身和拍柄呈半横状，便于推压球
球拍后仰，击球时触球的中下部引起弧线过高	食指勾拍柄或拇指不要过分用力，拇指和食指间应有一指宽的距离，应握于拍肩部位，便于交替用力
球拍前倾不够，推挡时击球出界	放松执拍手的各关节，大臂和肘关节靠近身体，加大前臂旋外动作；注意手腕外展，放松拇指，食指稍用力压拍，增加拍面前倾角度
击球时间过早或过晚，推挡时易下网或出界	加强击球后的还原动作练习，做到击球后的站位和姿势迅速还原，并且注意肌肉的放松还原，为下一球留出充分的准备时间；加强对来球性能的判断反应训练，调节击球时间
肘部离身体太远，只能侧向发力，不能向前迎击	大臂近体，调整肘部与身体的距离，使其自然靠近身体；加快步法移动速度，以步法移动及时调整击球位置，避免步法移动不到位时以肘关节移动被动调节击球点的现象

五、攻球技术

攻球技术是乒乓球比赛中争取主动和获得胜利的重要技术。攻球力量大、球速快、落点变化多,是各种技术类型乒乓球运动员的主要得分手段,也是衡量选手实力的标准之一。

(一) 正手快攻

正手快攻站位近,动作小,球速快。

动作要领:左脚稍前,身体离台约 40 厘米,引拍至身体右侧方,右肩稍沉,重心移至右脚,拍形稍前倾呈半横状,拇指用力,食指放松,在球的上升期击球的中上部,配合前臂做旋内转动,向左上方挥拍,身体重心由右脚移至左脚。击球后,随势挥拍至前额,并迅速还原(如图 6-4 所示)。

图 6-4

(二) 正手扣杀

正手扣杀动作幅度大,力量大,球速快,攻击性强。

动作要领:站位远近根据来球的长短而定,左脚稍前,腰和髋向右转动并带动手臂向体侧后方引拍,拉大球拍与来球的距离。球拍前倾,上臂带动前臂加速向左前下方发力挥动,在来球高点期击球的中上部。

(三) 正手快拉

正手快拉出手较快,动作较小,线路活。在对付下旋发球、搓球和削球时可作为过渡技术,为扣杀创造条件。

动作要领:站位近台,左脚稍前,向后下方引拍的同时转腰、沉肩,身体重心在右脚上。拍形稍前倾,以前臂和手腕发力为主,向左前上方挥动,向上的力量略大于向前的力量,在来球的高点期或下降前期击球的中部或中上部。随势挥拍动作应稍大一些,击球后迅速还原。

(四) 侧身正手攻球

侧身正手攻球速度快,力量重,攻击性强。与推挡结合能发挥正手攻球的威力,在还击下旋球时能为进攻创造机会,是近台快攻的重要技术。

动作要领:根据来球的不同落点侧身移步,身体侧向球台,左脚在前,上体稍前倾,腹部后收。根据来球情况在侧身位置用快攻、拉攻、扣杀等技术攻球。

(五) 反手快攻

反手快攻站位近,动作小,球速快。这是两面攻的重要技术之一,也是推球结合反手攻从而寻找机会的一种重要手段。

动作要领:反手攻打上旋球时,右脚稍前,同时身体左转,右肩前顶稍下沉,肘关节靠近身体,上臂与前臂夹角约为 130°。向左侧方引拍,使拍略高于来球,以上臂带动前臂由左后方向右前方挥动,手腕配合外旋,在来球的上升后期或高点期击球的中部或中上部。

反手攻打下旋球时,拍形垂直或略后仰,以肘关节为轴,以前臂发力为主,在来球的下降前期击球的中部或中下部。

(六) 反手扣杀

反手扣杀动作幅度大,力量大,球速快,攻击性强,是还击半高球的一种方法。

动作要领:右脚稍前,上体向左转动,持拍手向左后方引拍,并略高于来球。击球时,肘略向前,上臂带动前臂用力向右前挥击,同时配合向外转腕动作,使拍形前倾,在高点期击球的中上部。

攻球易犯错误及纠正方法如表 6-2 所示。

表 6-2

易犯错误	纠正方法
击球时吊腕,击球易下网	手腕内屈和外展不要过多,手腕不要下垂,击球时手腕放松成自然的平直状态,使球拍呈半横状,食指放松,球拍垂直或稍前倾,触球瞬间要用力向上摩擦球制造弧线
击球时翘腕,击球易出界	食指压拍用力不要过大,第一指关节要自然弯曲,击球时手腕放松成自然的平直状态,使球拍呈半横状,拍形垂直或略前倾,触球瞬间要边环绕、边摩擦制造合理弧线
引拍不到位,击球点靠前,击球易出界	引拍的位置和高度在体侧与髋关节处,拍面方向正对来球方向留出合适挥拍空间,击球时大臂带动前臂向前、向左上方挥拍
引拍过高,容易"漏"球	大臂与前臂夹角自然展开,克服大臂抬高夹肘造成引拍时前臂和手腕位置过高。降低引拍高度后做徒手攻球练习和多球练习进行动作定型
引拍靠后,在下降期击球	引拍时大臂不要过于向后摆,避免击球点在身体右侧后方。背靠墙站立做徒手限位挥拍练习。加强步法练习,保证身体能及时移动到位
抬肘过高,攻球易下网	放松肩关节和肘关节肌肉群,防止提肩,大臂稍近身,不要过于外展,使肘关节自然下垂
反手攻球拍后仰,攻球弧线高或出界	大臂和肘关节要靠近身体,使前臂充分做旋外转动,手腕随前臂做内收,食指压拍保持球拍前倾
反手攻时,发不出力	弯腰收腹、大臂近体、肘关节内收,让出引拍空间,做好击球前的引拍动作,使球拍与击球点保持一定的挥拍距离以加大挥拍力量。避免借力推击球,主动运用爆发力在触球瞬间发力攻球

六、搓球技术

搓球是近台和台内回击下旋球的一种比较稳健的技术。搓球力量小、速度慢、旋转和落点变化多、线路短,球弹起后多在台内,缺乏前进力,对方不易发力进攻,可作为过渡技术以寻找或创造进攻机会。

(一) 慢搓

慢搓动作幅度较大,回球速度稍慢,稳健性强,适用于回接旋转较强、线路稍长的来球。

正手慢搓时,右脚稍前,站位近台,前臂和手腕外旋使拍面稍后仰,身体略向右转,向右上方引拍。前臂加速向前下方用力的同时,手腕内旋配合用力,在来球的下降前期用球拍的下半部摩擦球的中下部。击球后,注意前臂随势前送,立即放松并迅速还原。

反手慢搓时,左脚稍前,站位近台,前臂和手腕内旋将球拍引至身体左上方,拍面后仰,前臂加速向前下方用力的同时,手腕外展配合用力,在来球的下降前期,用球拍的下半部摩擦球的中下部。击球后,注意前臂随势前送,立即放松并迅速还原。

(二) 快搓

快搓动作幅度较小,回球速度较快,能借助来球的前进力去回击。它是对付削球和搓球的一种方法。

正手快搓时,站位近台,身体重心前移靠近来球,前臂外旋向右上方提起,后引动作稍小。击球时,拍面稍后仰,前臂主动前伸迎球,在来球上升期击球的中下部,借对方来球的冲力,前臂手腕适当用力向前下方挥动,随势挥拍动作尽可能短一些。

反手快搓时,站位近台,身体重心前移靠近来球,手臂自然弯曲,手腕适当放松,球拍稍向后引至腹前。击球时,拍面稍后仰,在来球上升期击球的中下部,借对方来球的冲力,前臂手腕向前下方用力,随势挥拍动作尽可能短一些。

(三) 搓加转球与不转球

用相似的手法搓出转与不转球能够迷惑对方,使其难以判断球的旋转强度,增加回击难度或导致直接失误。

根据击球的旋转原理,搓加转球与不转球主要取决于作用力线是远离球心还是接近球心。若在搓球时加大引拍距离和拍面后仰角度,前臂、手腕加速用力向前下方切球,用球拍的下半部摩擦球薄一些,使击球时的作用力线远离球心,则为加转球。若在搓球时缩短击球距离,减小拍面后仰角度,用球拍的上半部和中部碰撞球,使击球的作用力线接近球心,则为不转球。

七、弧圈球

弧圈球是一种将力量、速度和旋转结合为一体的进攻技术。目前的乒乓球运动正朝弧圈结合快攻的打法方向发展。

(一) 正手高吊弧圈球

正手高吊弧圈球球速较慢,弧线较高,上旋性特强,球着台后向下滑落快。

准备击球时,持拍手臂自然下垂,并向后下方引拍,右肩略低于左肩,拇指压拍使拍形略为前倾,呈半横立状,并使拍形固定。当来球从台面弹起时,手臂向前上方挥动,前臂在上臂带动下爆发性用力做快收动作。球拍将要触球时,手腕向前上方加力,在球下降期用拍摩擦球的中部或中上部。球拍擦击球时,要注意腰部向左上方转动和右腿蹬地。

(二) 正手前冲弧圈球

正手前冲弧圈球弧线低,上旋力强,球速快,球着台后前冲力大。

准备击球时,将球拍自然地拉至身后(约与台面同高),球拍保持前倾,与地面成 $35°\sim40°$ 夹角。当球从台面弹起还未达到高点时,腰部向左转动,手臂向前上方挥出,前臂在上臂的带动下迅速内收,手腕略为转动,在高点期或下降期前用球拍摩擦球的中上部,使之沿较低的弧线落在对方的台面上。

八、发球与接发球

(一) 发球

乒乓球比赛时,发球是力争主动、先发制人的第一个环节。发球时要求出手快,要能用相似的手法发出不同旋转、不同落点和不同速度的球。

发球主要是由抛球和挥拍击球两个动作组成的。抛球是前提,击球部位和挥拍方向是决定发球性质的关键,用力大小和第一落点的远近是发球变化的条件。

1. 正手发平击球

平击发球速度慢、力量小,是初学者最基本的发球方法,也是掌握其他复杂发球技术的基础。

动作要领:左脚在前,身体稍向右转。左手将球向上抛起,同时右臂内旋,使拍面稍前倾,向右后方引拍。当球从高点下降至稍高于球网时,击球的中上部向左前方发力,使球的第一落点在球台的中段附近。

2. 反手发急球

反手发急球弧线低、前冲力大,能迫使对方后退接球,有利于加强攻势。

动作要领:右脚稍前,持拍手位于身前。当球向上抛起的同时,持拍手随即向左后方引拍,上臂自然靠近身体右侧,手腕适当放松,身体重心在右脚。当球下降至网高时,以肘关节为轴,上臂带动前臂由左后方向右前方挥动,拍面稍前倾,摩擦球的左侧中上部(如图6-5所示)。

图 6-5

3. 正手发奔球

正手发奔球,球速急、落点长、冲力大,从右角发斜线能发出角度较大的球,给对方造成的威胁较大。

动作要领:右脚稍后,身体稍向右转,球向上抛起后,持拍手随即向右后上方引拍,击球时前臂快速由后向左前方挥动,拇指压拍,拍面稍向前倾并略向左偏斜,球拍沿球的右侧中部向中上部摩擦。击球后,前臂和手腕随势向前挥动。

4. 正手发转与不转球

正手发转与不转球,球速较慢,前冲力小,主要是发球手法近似,以旋转变化来迷惑对方,使其回接困难。发下旋短球能控制对方攻势,发不转球易使对方接出高球或出界,为进攻创造机会。

动作要领:左脚在前,右脚在侧后,抛球的同时持拍手向后上方引拍。拍面后仰,手腕适当外展,手臂放松,腰向右转便于发力。当球降至网高时,持拍手迅速用力向前下方挥动。发球后,挥拍动作尽可能停住,以利于还原。

发下旋球时,用球拍的下半部去摩擦球的中下部,拇指、食指、手腕在触球瞬间加强爆发力,尽量多摩擦球,注意体会球拍吃住球的感觉。

发不转球时,用球拍的中上部去碰击球的中下部,拍面后仰的角度小些。

5. 正手发左侧上(下)旋球

正手发左侧上(下)旋球,旋转力较强,对方挡球后,向其右侧上(下)反弹。这两种发球动作相似,具有一定隐蔽性,是比赛中运用较多的一种发球方法。

动作要领：左脚在前，右脚在侧后，当球向上抛起的同时持拍手向右后上方引拍，身体随之向右转动，球拍稍后仰，手腕外展。当球下落时，手臂自右上方向左下方挥摆，在球拍触球的瞬间加大前臂、手腕的爆发力，增强球的旋转。

发左侧上旋球时，球拍从球的右侧中下部向左侧面摩擦，并微微勾手腕以加强上旋。

发左侧下旋球时，手臂自右上方向左前下方挥摆，球拍从球的右侧中下部向左侧下部摩擦，腰配合向左转动（如图 6-6 所示）。

图 6-6

6. 反手发右侧上（下）旋球

反手发右侧上（下）旋球，旋转力强，对方挡球后，向其左侧上（下）反弹。这两种发球动作相似，具有一定隐蔽性，也是比赛中运用较多的一种发球方法。

动作要领：右脚稍前，重心在右脚上。抛球的同时，向左后方引拍，腰略向左转，拍面稍后仰，手腕适当内旋，当球下落时手臂自左上方向右下方挥摆。在触球瞬间加大前臂、手腕的爆发力，同时注意配合转体动作，使腰、臂协调用力，有利于增大发球的速度和力量，以增强球的旋转。

发右侧上旋球时，触球时拍面从球的中下部向右侧上部摩擦。发右侧下旋球时，触球时拍面从球的左侧中下部向右侧下部摩擦（如图 6-7 所示）。

图 6-7

（二）接发球

接发球是乒乓球技术中的关键技术，由于发球方可随心所欲地将球发至任何位置，并且其力量、速度和落点富于变化，因而接好发球具有较高的难度。要接好发球，就必须快速、准确判断来球的旋转、落点变化，并迅速地移动步伐，运用合理的技术将球回击到对方球台上。

1. 站位的判断与选择

可根据对方发球的站位来确定自己接发球的站位。例如，对方位于右角用正手发球时，接球者应站在中线偏右处；对方正手侧身发球时，接发球者应站在中线偏左处。

2. 来球的判断

（1）根据对方发球时拍面角度、手臂挥摆的方向判断来球的路线。

(2) 根据对方球拍触球或摩擦球的方向判断来球的旋转性能。

一般情况下,拍面从上向下击球是下旋球,反之则是上旋球;拍面从左向右击球是右侧旋,反之则是左侧旋。如果球拍触球向下的同时向左挥摆,则发出的球是左侧下旋;反之则是右侧下旋。

(3) 根据对方摆臂幅度大小和手腕用力程度判断来球的落点远近和旋转强弱。

(4) 根据来球的弧线和飞行特点判断来球的落点和旋转性能。

若来球飞行弧线的最高点在对方球台上空或靠近球网,则来球较短;反之则长。如果第一落点弧线长,两跳间弧线短,则来球是短球;反之则是长球。

下旋转球在空中飞行的前段速度快,过网后速度减慢,反弹速度慢并明显下沉;上旋球弧线相对较高,球速快,无明显减速,无下沉现象;不转球则是前段慢,后段快。

(5) 根据对方击球的声音来判断旋转性能。一般击球声大而脆,来球为上旋;击球声小而沉,则来球为下旋。

3. 接发球技术的具体应用

(1) 接上旋球(奔球)。用正反手攻球或推挡回接,拍面适当前倾,击球的中上部,调节好向前的力量。

(2) 接下旋长球。用搓球、削球、提拉球回接,搓或削时多向前用力送球。

(3) 接左侧上(下)旋球。可采用攻球和推挡(搓球或拉球)回接,拍面稍前倾(后仰)并略向左偏斜,击球偏右中上(中下)的部位,以抵消来球的左侧上(下)旋力。如要把球击回到对方的右角,发力方向应正对对方右大角;如要把球击回到对方左角,发力方向对着中线即可。

(4) 接右侧上(下)旋球。可采用攻球或推挡(搓球或拉球)回击,拍面稍前倾(后仰)并向右偏斜,击球偏左中上(中下)的部位;回接要点和方法与接左侧上(下)旋球相同。

(5) 接近网短球。用快搓、快点或台内突击回接,主要靠手腕和前臂的力量,同时要根据来球的旋转性能,调节拍面角度和用力方向。

(6) 接转与不转球。在判断不准的情况下可轻轻地托一板或将球铲起,增加向上的力,要注意回球的弧线和落点。

第三节 乒乓球基本战术

一、乒乓球比赛战术的基本原则

(一) 知己知彼,有的放矢

比赛前,要观察、了解和分析对手整体的竞技情况,摸清对手的球拍性能、基本打法、特长技术、心理素质、体能状况及技战术运用特点等,制订出切实可行的战术方案,做到知己知彼,有的放矢。

(二) 机动灵活,随机应变

某种打法或某种技术,在开局时对手可能不适应,而给自己创造较多的得分机会,一旦对手适应后,则可能会给自己制造麻烦,自己得分难度会增加,所以必须机动灵活、随机应变。

(三) 以己之长,制彼之短

每个人都有自己的打法和风格,也都有其长处与不足。要善于分析自己和对手的特点与不足,发挥自己的长处,抓住对手的弱点,以己之长,制彼之短,掌握比赛的主动权。

(四) 勤于观察,善于分析

比赛时要及时观察场上战局的变化,特别要注意分析对方的心理,及时调整和改变自己的对策。比赛时往往是你怕对方,对方也在怕你。及时改变对策,果断地给对手以出其不意的攻击,可以从心理上给对手以威胁。

二、 乒乓球单打战术应用

(一) 发球抢攻战术

发球抢攻战术是我国运动员的主要战术之一。它要求运动员充分发挥"前三板"的进攻,实施抢攻得分或发球直接得分。

1. 长、短球结合的发球抢攻战术

以发侧下旋短球为主配合侧上旋至对方右方(左方)近网处,使对方难以抢攻,为自己抢攻或抢拉创造机会。

2. 发近身球(底线球)的抢攻战术

以发急下与侧上(下)旋长球至对方左方台面,迫使对方难以侧身回球或回球质量不高,自己抢先上手进行抢攻;或是以发侧上(下)旋球长球至对方左方台面,配合奔球到对方右角,伺机抢攻。

3. 旋转、落点变化的发球抢攻战术

以发近网短球为主,可先发转球而后发不转球或先发不转球后发转球进行抢攻;连发转球与不转短球、突发长球或连续发转球与不转长球、突发短球,伺机抢攻。

(二) 接发球战术

接发球所采取的对策,包括在"前三板"战术运用的范围,它对整个战局能否获得主动起着主要作用。接发球抢攻战术首先以快打、快拉、快拨、快推等手段回击所有长球,并抢先上手,连续进攻;其次注意运用快搓、摆短等手段回接,使对方难以发力抢攻或抢拉,自己抢先上手取得主动进攻;最后用"快点"回击各种侧旋、上旋或不转的短球,伺机进攻,争取主动。

(三) 对攻战术

此战术主要适用于快攻类和弧圈类打法的选手。

1. 压制反手,结合变线,伺机抢攻战术

先用推挡或反手攻(拉)压住对方反手位,角度要大,迫使对方不能侧身抢位或被动侧身拉球,并连续压反手后快速变直线到对方右边空当,伺机侧身抢攻。

2. 加、减力推压中路,攻两角,伺机抢攻战术

以加、减力的推挡,压对方中路,伺机攻击两角;以不同线路的轻、重球结合运用,先以轻

拉或挡迫使对方靠前回接,再以突击或加力推挡攻击对方相反方向。

(四) 搓攻战术

搓攻战术是进攻型选手的一项辅助战术。这主要是利用搓球的旋转和落点变化来控制对方,为进攻创造条件。

1. 以快搓、摆短为主,结合搓长球至对方反手,伺机抢攻

以快搓、摆短至对方中路近网小球,伺机侧身扣杀或冲直线;以转与不转搓球至对方反手位底线长球,使其不容易侧身,伺机抢攻或大角度回球。

2. 搓转球与不转结合落点变化,伺机抢攻

以转球与不转的搓球击至对方,伺机抢冲、扣杀;以下旋搓球和侧旋搓球击至对方反手位,伺机进行抢、冲或扣杀。

三、乒乓球双打战术应用

(一) 乒乓球双打的特点

乒乓球双打时,同队的两名运动员必须轮换击球,这样就带来与其他球类双打的根本区别:频繁地相互换位,步法移动次数多、范围大,且往往是在移动中击球;必须互相配合,为同伴创造进攻条件。因此,乒乓球双打比赛时要求参赛者要有更强的战术意识。

(二) 乒乓球的双打配合

乒乓球双打的战术应用,原则上和单打战术一样,只是两人配合时应注意以下几点。

第一,发球时,可以用手势或暗语告诉同伴要发出什么球,以便同伴做好回击的准备。另外,同伴也可主动暗示发球者发什么球,直接为自己下一次发球抢攻或抢拉制造机会。

第二,控制好落点,抑制对方的攻势,同时也迫使对方将球回到自己同伴容易攻击的位置。

第三,紧盯一点杀空位,把对方两人挤在一边,然后再杀相反方向。

第四,交叉打两角,在对方左右移动中突击空当。

第五,以一人抵住对方强手,另一人对付对方的弱手。

第六,同伴发球时,要适应、熟悉对方回球的落点和旋转性能,以便提高发球抢攻的命中率。

第四节 乒乓球竞赛规则

一、比赛场地与设施

(一) 场地

乒乓球场地赛区空间应不小于14米长、7米宽、5米高,应由75厘米的同一深色的挡板围起,以与相邻的赛区及观众隔开。场地四周一般应为暗色,光源距离地面不得少于5米。

地面颜色不能太浅,不能打滑。

(二) 设施

1. 球台

(1) 台面为长方形,长 2.74 米,宽 1.525 米,离地面高 76 厘米。台面呈均匀的暗色,无光泽,应具有一致的弹性,当标准球从离台面 30 厘米高处落至台面时,弹起高度应约为 23 厘米。

(2) 球网将台面划分为两个相等的台区;双打时,中线将各台区划分为两个相等的"半区",中线应视为右半区的一部分。

2. 球网

整个球网的顶端距离比赛台面 15.25 厘米,底边应尽量贴近比赛台面,两端应尽量贴近网柱,网柱外缘距离边线外缘 15.25 厘米。

3. 球

乒乓球用赛璐珞或类似的材料制成,呈白色或橙色且无光泽;球的直径为 40 毫米,重 2.7 克。

4. 球拍

(1) 球拍的大小、形状和重量不限;球拍两面不论是否有覆盖物,必须无光泽且一面为鲜红色,另一面为黑色。

(2) 底板至少应有 85% 的天然木料,每层黏合层不超过底板总厚度的 7.5% 或 0.35 毫米。

(3) 拍面应用一层颗粒向外的普通颗粒胶覆盖,连同黏合剂,厚度不超过 2 毫米;或用颗粒向内或向外的海绵胶覆盖,连同黏合剂,厚度不超过 4 毫米。

二、简要竞赛规则

(一) 竞赛项目

乒乓球正式比赛项目有 7 项,包括男子单打、女子单打、男子双打、女子双打、混合双打 5 项单项比赛和男子团体、女子团体 2 项团体比赛。

(二) 记分方法

1. 分

每胜一球即得 1 分。

2. 局

11 分为 1 局,先得 11 分者胜 1 局。10 分平局后,一方必须连续得 2 分才能胜该局。

3. 场

一场比赛由单数局组成。通常采用 7 局 4 胜制或 5 局 3 胜制。

(三) 发球

1. 合法发球

满足下列条件属于合法发球。

（1）将球置于不执拍手的手掌上，手掌张开，保持静止。

（2）将球几乎垂直地向上抛起，球离手后不得使球旋转，上升不少于16厘米，球下降至被击出前不能碰到其他物体。

（3）当球从抛起的最高点下降后，方可击球，使球首先触及本方台区，然后越过或绕过球网装置，再触及接发球员的台区为有效发球。在双打中，球应先后触及发球员和接发球员的右半区。

（4）从发球开始，到球被击出，球要始终在台面的水平面以上和发球员的端线以外，而且发球员或其双打同伴的身体以及他们所穿戴的任何部分不得遮挡住接发球方观察球的视线。

（5）球一旦被抛起，发球员的非执拍手臂应立即从球和球网之间的空间移开。球和球网之间的空间由球和球网及其向上的延伸来界定。

（6）发球时，应让裁判员或副裁判员看清是否符合发球规定。

2．重发球

出现下列情况应判重发球。

（1）如果发球员发出的球在越过或绕过球网装置时触及球网装置，此后成为合法发球或被接发球员或其同伴阻挡。

（2）如果接发球员或接发球方未准备好时，球已发出，而且接发球员或接发球方没有企图击球。

（3）由于发生了运动员无法控制的干扰，而使运动员未能合法发球或合法还击。

3．轮换发球法

（1）如果一局比赛进行到10分钟仍未结束（双方都已获得至少9分时除外），或者在此之前应双方运动员要求，应实行轮换发球法。

（2）当时间已到，球仍处于比赛状态，裁判员应立即暂停比赛，由被暂停回合的发球员发球，继续比赛；如果球未处于比赛状态，则应由前一回合的接发球员发球，继续比赛。

（3）执行轮换发球法时，每名运动员都轮发1球，直至该局比赛结束。

（4）执行轮换发球法时，如果接发球方进行了13次合法还击，则判接发球方得1分。

（5）轮换发球法一经实行，将一直使用到该场比赛结束。

（四）通则

1．合法还击

对方发球或还击后，本方运动员必须击球，使球直接越过或绕过球网装置，或触及球网装置后，再触及对方台区。

2．得分

下列情况运动员得1分。

（1）对方未能合法发球。

（2）对方未能合法还击。

（3）运动员在合法发球或合法还击后，对方在击球前，球触及了除球网装置以外的任何东西。

（4）对方击球后，球越过本方台区或端线而没有触及本方台区。

(5) 球尚未触及对手台区或球尚未越过对手台区端线前受到对手阻挡。

(6) 在一个击球回合中对手连击球。

(7) 对方用不符合规定的拍面击球。

(8) 对方运动员或其穿戴的任何东西使球台移动。

(9) 对方运动员或其穿戴的任何东西触及球网装置。

(10) 对方非执拍手触及台面。

(11) 双打时,对方击球次序错误。

(12) 执行轮换发球法时,接发球方连续13次合法还击,将判接发球方得1分。

3. 比赛次序

(1) 在单打中,首先由发球员合法发球,再由接发球员合法还击,然后两者交替合法还击。

(2) 发球方两次发球后,交换发球权,依此类推,直至该局比赛结束。

(3) 一局中首先发球的一方,在该场下一局应首先接发球。

(4) 一局中,在某一方位比赛的一方,在该场下一局应换到另一方位。

(5) 在决胜局中,一方先得5分时,双方应交换方位。

4. 暂停比赛

裁判员或副裁判员可以在下列情况下暂停比赛。

(1) 由于要纠正发球、接发球次序或方位错误。

(2) 由于要执行轮换发球法。

(3) 由于警告或处罚运动员。

(4) 由于比赛环境受到干扰,以致该回合结果有可能受到影响。

(五) 双打的比赛规则

1. 发球和接发球次序

(1) 双打中,首先由发球员合法发球,再由接发球员合法还击,然后由发球员的同伴合法还击,再由接发球员的同伴合法还击,此后,运动员按此次序轮流合法还击。

(2) 在双打的第一局比赛中,先由发球方确定第一发球员,再由接发球方确定第一接发球员。

(3) 在双打以后的各局比赛中,第一发球员确定后,第一接发球员应是前一局发球给他的运动员。

(4) 双打发球时,球必须先落到本方的右半区,然后直接落到对方的右半区。

2. 换发球

(1) 在双打中,每次换发球时,前面的接发球员应成为发球员,前面发球员的同伴应成为接发球员。

(2) 在双打决胜局中,当一方先得5分时,接发球方应交换接发球次序。

第七章 羽毛球

第一节 羽毛球运动概述

一、羽毛球运动的起源与发展

羽毛球运动的确切起源至今仍是众说纷纭,但羽毛球运动是由古代的毽子球游戏逐渐演变而来的观点普遍被人们所认可。国际羽毛球联合会成立50周年的纪念册上这样写道:"羽毛球运动有着悠久的历史,很多世纪以前,在荷兰和中国就有使用球拍的类似当今羽毛球的体育游戏。"在英国国家图书馆就有两人手握板状拍,对击类似羽毛球的雕版的原始稿,时间大约是在1390年。在14—15世纪时的日本,也有类似的体育游戏。到18世纪时,印度的普纳城出现近似今日羽毛球活动的游戏,人手持木拍,隔网将球在空中来回对击。1873年,英国伯明顿镇进行了一次"普纳游戏"的表演。因这项活动极富趣味性,很快就在英国风行开来,"伯明顿"(Badminton)即成为羽毛球的英文名字。

现代羽毛球运动诞生在英国。1877年,第一本《羽毛球竞赛规则》在英国出版。1893年,在英国成立了世界上第一个羽毛球协会。1899年,第一届"全英羽毛球锦标赛"由该协会举办,从此该项赛事每年举办一次,沿袭至今。

1934年,国际羽毛球联合会成立,总部设在伦敦。1939年,国际羽毛球联合会通过了各会员国共同遵守的《羽毛球竞赛规则》。20世纪20—40年代,欧美国家的羽毛球运动发展很快,其中英国、丹麦、美国、加拿大的水平相当高。20世纪50年代亚洲羽毛球运动也得到了较快的发展。

1978年,世界羽毛球联合会在香港成立。1981年,世界羽毛球联合会与国际羽毛球联合会正式合并。2006年9月24日,国际羽毛球联合会更名为羽毛球世界联合会,总部由英国迁至马来西亚。

二、我国羽毛球运动的发展概况

羽毛球运动约于1920年传入我国。中华人民共和国成立后,汤仙虎、侯加昌、陈玉娘等一批优秀青年羽毛球选手相继回国,推动了我国羽毛球运动的发展。20世纪50年代起,我国羽毛球在技术打法上就提倡"百花齐放",创新了平高球、劈吊球、劈杀球和搓网前球等击球技术。为适应手法的变化和提高场上的移动速度,快速灵活的新颖步法也相继出现,如并步、垫步、交叉步和蹬步等。先进的技术为先进的打法创造了条件,使我国的羽毛球运动在以快为主、以攻为主的方向上迈出了一大步。

1964年,在北京召开了全国第一次羽毛球训练工作会议,会议明确提出了"快、狠、准、活"的技术风格和"以我为主、以快为主、以攻为主"的发展方向。之后,我国羽毛球队经常出访交流,我国羽毛球运动员以其先进的技术风格、快速的打法和灵活多变的战术取得不少辉煌战绩,欧洲报刊评论中国羽毛球队是世界羽坛的"无冕之王"。到20世纪80年代,我国羽毛球已独领风骚。但当羽毛球项目被列为奥运会正式比赛项目的时候,我国的羽毛球水平却跌落到低谷。其主要原因是对世界羽毛球运动在职业化趋势带动下迅速发展的势头估计不足。

20世纪90年代后期,局面开始有了转机。在1996年亚特兰大奥运会上,女子双打葛菲和顾俊摘取了金牌,董炯也取得了男子单打银牌的好成绩。1998年,我国女子羽毛球队夺回"尤伯"杯,并在代表男女羽毛球整体实力的"苏迪曼"杯比赛中实现了1995年、1997年、1999年三连冠。2000年,我国女子羽毛球队蝉联"尤伯"杯冠军。2004—2005赛季,我国羽毛球队囊括"汤姆斯"杯、"尤伯"杯和"苏迪曼"杯,成为第一个在一个赛季里独享三杯的球队。2008年北京奥运会是羽毛球21分制实行之后的第一届奥运会,中国队最终夺得三枚金牌。

三、羽毛球运动的特点

(一)娱乐性强

羽毛球运动是一项充满娱乐性的体育运动,参与者在球的对击过程中,通过技术和战术的运用,不停地调动对方,成功击球、劈杀对方等。同时,球在飞行中有速度的快慢、力量的大小、路线的高低远近等变化,使这项运动本身充满了乐趣。

(二)观赏性高

由于羽毛球运动技术的千变万化,使羽毛球运动有很高的观赏性。高水平的比赛,上网技术如猛虎下山,跳起击球似蛟龙出水;身如满弓的扣杀动作,犀牛望月似的抢扑救球;进攻时似高屋建瓴、势如破竹,防守时的绵绵细雨、固若金汤。一切都展示着羽毛球运动的力与美,使观赏者像吟读一首动人的诗,如浏览一幅悦目的画,令人心旷神怡,流连忘返。

(三)健身性好

羽毛球是一种有氧供能和无氧供能相结合的全身运动。无论是进行有规则的羽毛球比赛,还是作为一般性的健身活动,都要在场地上不停地进行移动、跳跃、转体、挥拍,合理地运用各种击球技术和步法将球在场上往返对击,从而增大了上肢、下肢和腰部肌肉的力量,加快了锻炼者全身血液循环,增强了心血管系统和呼吸系统的功能。高强度时运动员的心率可达到每分钟160~180次,低强度时运动员的心率也可达到每分钟100~130次。经常从事羽毛球运动,可以提高上下肢及躯干的活动能力,改善呼吸系统和心血管系统的功能,提高灵活性、协调性,调节神经系统并提高其抗乳酸的能力,能起到增进健康、抗病防衰、调节身心的作用。

(四)调节心理、锻炼意志

羽毛球运动因其竞争性、对抗性、高强度等诸多因素的要求,使意志品质在该项运动中占有非常重要的地位。打羽毛球既要揣摩对方的战术意图,又要对自己的战术进行选择,还要把握好进攻的时机,因此经常从事羽毛球运动可使人思维敏捷。同时,由于比赛的紧张、竞争的激烈,可使人的心理素质和意志品质得到很好的锻炼,在竞争中强化进取精神,使人的智、勇、技在竞争与对抗中得到升华,做到临危不乱,泰然处之,既增长了智慧,又调解了心理,锻炼了意志。

四、羽毛球运动的锻炼价值

(一) 羽毛球运动对呼吸系统的影响

呼吸系统功能的强弱,取决于人体氧气和二氧化碳进行交换的能力。参加羽毛球运动时人体对氧的需求量增加,呼吸频率加快,为了适应这一要求,呼吸系统的各个器官必须改善自身的工作能力。长期参加羽毛球运动,可使呼吸肌更加发达、有力、耐久,肺活量增大,呼吸深度加深,吸进氧气和排出的二氧化碳增多,使人体的摄氧能力得到加强,呼吸系统的机能得到改善和提高。

(二) 羽毛球运动对血液循环系统的影响

羽毛球运动对人体各器官、系统都有良好的作用。经常参加羽毛球运动,可使心肌发达、心动徐缓和血压降低,使血液循环系统的结构和机能得到改善,心血管系统的机能得到明显的增强。

(三) 羽毛球运动对心智的影响

羽毛球运动不仅通过视觉、听觉来感知动作的形象,还要通过触觉和肌肉的本体感觉来感知动作要领、肌肉用力程度以及动作过程中时间与空间的关系。在这个过程中,人的感知能力、观察能力以及形象记忆能力均能得到发展与提高。

羽毛球运动的复杂性与多样性,能使人从中体验到快乐、紧张、兴奋、焦虑等多种不同程度的情感。羽毛球运动的竞争性能激发参与者的进取心,鼓舞意志。羽毛球运动的团体性,能启发参与者的社会意识,增强自尊、自信及责任感。

第二节　羽毛球基本技术

一、握拍

握拍是学习羽毛球最基本的技术环节,握拍的好坏对技术的提高有着极大的影响,击球时球的旋转以及假动作的使用都是通过手对球拍的控制来完成的。

(一) 正手握拍法

正手握拍法便于控制球拍,且比较适合击打过顶球。

左手拿住拍柄,使拍面与地面垂直;右手张开,小鱼际外沿与拍柄末端齐平,虎口对准拍框的切线,中指、无名指和小指并拢弯曲,轻轻握住拍柄,食指与中指稍分开,贴于拍柄外侧宽面;拇指的前内侧贴于拍柄内侧宽面,与食指一起捏住球拍;五指与拍柄呈斜形,掌心与拍柄之间留有间隙,握拍时手处于放松状态(如图 7-1 所示)。

图 7-1

(二) 反手握拍法

用反手握拍法击反手球时,有较好的力量和稳定性。

在正手握拍的基础上,拇指向上提起,拇指指腹紧贴拍柄内侧宽面,食指向中指并拢,利用拇指与食指的配合使拍柄稍外旋,虎口仍对准拍框的切线。掌心与拍柄之间的间隙相比正手握拍时稍大(如图7-2所示)。

图 7-2

(三) 提示

(1) 握拍时,手部肌肉适当放松,力度适宜,感觉像握着一个鸡蛋。
(2) 击球瞬间,握紧球拍,掌心与拍柄之间的间隙消失,击球以后又很快恢复。
(3) 正手握拍法和反手握拍法之间的转换要灵活。

握拍法易犯错误及纠正方法如表7-1所示。

表 7-1

易犯错误	纠正方法
握拳式:五指并拢一把紧抓,手臂肌肉僵硬,影响手腕的灵活性	对照正确握法反复练习,关键是要发现和意识到握拍的不规范性
握苍蝇拍法:虎口对拍面,屈腕发生困难,影响拍面角度的调整	
食指贴柄型:食指不随拍柄自然弯曲而伸直直指拍面,屈腕困难,影响拍面角度的调整和手腕、手指力量的发挥,且容易受伤	
握拍太紧,影响发力;握拍位置太靠前,柄端露出太长,影响杀球	

二、步法

羽毛球步法是在本方场区进行快速移动的方法。步法在实战中具有十分重要的作用,也是学习和掌握击球技术的基础。打羽毛球时,每一次完整的步法,均包括启动、移动、协助完成击球和回动四个环节。羽毛球的基本步法有垫步、交叉步、小碎步、并步、蹬转步、蹬跨步、腾跳步、蹬步、跨步等。由这些基本步法组成上网、后退、两侧移动和起跳腾空等综合步法。

(一) 四个环节

1. 启动

启动来自判断和反应。判断正确、反应快是迅速启动的前提。在启动这一环节中,除了掌握反应速度练习外,同时要提高判断能力。

2. 移动

根据击球点距离的远近,采用基本步法或综合步法快速移动到位。运动员在场上的速度快慢,很大程度表现在步法移动上。

3. 协助完成击球

步法移动到位后,下肢要协助完成击球动作。上下肢协调配合,击球准确、有力,并且给人一种轻松自如的感觉。

4. 回动

击球后要很快回到场区中心位置,做好迎接下一来球的准备。回动不是盲目地向场地中心的位置跑,而应根据战术需要来移动。

(二) 基本步法

根据步法的动作结构,羽毛球通常有以下一些基本步法。

1. 垫步

当右(左)脚向前(后)迈出一步后,紧接着另一只脚向同一方向再迈一步为垫步。垫步一般用作调整步距。

2. 交叉步

左右脚交替向前、向侧或向后移动为交叉步。经另一只脚前面超越的为前交叉步,经另一脚跟后超越的为后交叉步。

3. 小碎步

以小的交叉步移动称为小碎步。小碎步步幅小、步频快,一般在启动或回动起始时用。

4. 并步

右脚向前(或向后)移动一步时,左脚即刻向右脚并一步,紧接着右脚再向前(向后)移一步,称为并步。

5. 蹬转步

以一只脚为轴,另一只脚向后或向前蹬转迈步。

6. 蹬跨步

在移动的最后一步,左脚用力向后蹬的同时,右脚向球的方向跨出一大步,称为蹬跨步。它多用于上网击球,在向后场底线两角移动抽球时也常被采用。

7. 腾跳步

起跳腾空击球的步法为腾跳步。它可分为两种:一种是在上网扑球或向两侧移动突击杀球时,以领先的脚(或双脚)起跳,作扑球或突击杀球;另一种是对方击来高远球时,用右脚(或双脚)起跳到最高点时杀球。

三、发球

(一) 发球的站位与姿势

发球是羽毛球的重要技术之一,是比赛和进攻的开始。发球技术的好坏直接关系到比赛的主动或被动,甚至直接影响得分或失分。

1. 正手发球时站位与准备姿势

站位在发球线后1米左右的中线附近。左脚在前,右脚在后,稍侧身,重心放在右脚上,身体稍向右侧倾。左手拇指、食指和中指夹住球,举在腹部右前方。右手握拍于右后侧举起,肘部微屈(如图7-3所示)。

2. 反手发球时站位与准备姿势

站位在发球区内较靠近前发球线的位置上。右脚在前,左脚在后,上身自然伸直,重心放在右脚上,面对球网。左手以拇指、食指和中指捏住羽毛置于腹前腰下。右手反手握拍,肘部略抬起使拍框下垂于左腰侧(如图7-4所示)。

图 7-3

图 7-4

(二) 发球技术

1. 发高远球

发高远球可使对手退至底线去击球,既可以限制对手的进攻,又能消耗对手体力。它是单打发球的主要手段。

发高远球时,注意前臂加速挥动,带动手腕向前上方闪动,由原来伸腕姿势经前臂内旋至屈腕鞭打击球(如图 7-5 所示)。

图 7-5

2. 发网前球

发网前球可以避免对方接发球时往下压球,从而限制了对方作进攻性的回击。它是双打发球的主要手段。

正手发网前球时,挥拍幅度较小,上臂动作不明显,主要靠前臂和手腕带动挥拍;挥拍加速不明显,甚至可以缓慢地挥动;挥拍幅度较小,球击出后,即应控制拍子挥动;击球力量较小,重点是控制球的飞行路线(如图 7-6 所示)。

图 7-6

反手发网前球时,前臂带动手腕使球拍从左下方向右前上方画半弧形挥动;在拍将要击到球之前,左手自然撒手放球,用球拍对球做横切推送动作,使球贴网而过,落在对方前发球线附近的发球区内(如图 7-7 所示)。

图 7-7

发球易犯错误及纠正方法如表 7-2 所示。

表 7-2

易犯错误	纠正方法
发高远球时不高不远	克服横扫球拍的错误;击球后要由右下到左上随行,避免往右上方挥动
挥拍时手臂僵直	注意以肩为轴,上臂带动前臂,前臂带动手腕的协调发力要领
击球不准	反复练习放球与挥拍配合动作,发球时可以眼睛看球

四、接发球

(一)接发球的站位和姿势

1. 单打站位和姿势

单打应站位于离前发球线 1.5 米处,在右发球区要站在靠近中线的位置,在左发球区则站在中间位置,以防备对方直接进攻反手部位。姿势一般为左脚在前,右脚在后,屈膝微蹲,后脚脚跟稍抬起;身体半侧向球网,球拍举在身前,两眼注视对方。

2. 双打站位和姿势

由于双打发球规则与单打不同,所以接发球时要站在靠近前发球线的地方。双打接发球准备姿势和单打的接发球姿势基本相同,但身体前倾较大,身体重心可以随意放在任何一只脚上,球拍举得高些,便于在最高点击球。

(二)接发各种来球

接高远球或平高球时,可用平高球、吊球或杀球还击。

接网前球时,可用平高球、高远球、放网前球、平推球还击;如对方发球质量不好,也可用扑球还击。

接平快球时,可用平推球、平高球还击,以快制快,由于接球方还击的击球点比发球方高,下压得狠些可以夺取主动。

五、击球

(一)击球的动作结构

1. 站位、准备

每一次击球动作,都是从站位、准备开始。

2. 判断、启动

密切观察对方的击球,在对方击球瞬间判断预测来球的线路、力度和落点,迅速启动迎球。

3．移动、引拍

启动后跑动既要快速，又要能很好地控制身体重心，在跑动过程中完成击球动作的引拍准备。

4．击球、回位

跑动到位后，挥拍击球。击球时要控制好身体重心。击球后手臂要立即自然放松，恢复持拍放在胸前，及时回位准备下一拍击球。

（二）击球的基本要求

1．握拍

握拍要有利于手腕的发力，能控制击球力量的大小和击球的飞行方向。

2．击球点

要迎击球，不要等球飞近身体再打。发力时间与击球的配合至关重要，击球发力不能太早或太迟，触球时应是挥拍速度最快的瞬间。

3．动作的协调性和一致性

挥拍击球时要做到全身动作的协调配合，不僵硬，力量传递要连贯且恰到好处，爆发力要强。

各种击球方法，其挥拍前期动作尽量一致或相仿，以增加击球的战术效果。

4．拍面的控制

击出球的飞行方向，是在触球瞬间由手腕控制拍面方向来确定的。

（三）网前击球

前场技术是羽毛球技术十分重要的组成部分。可以通过前场技术为中场、后场的进攻创造机会，只有前后场技术密切衔接、融为一体，才能取得全场的主动权。

1．放网前球

当对方击来网前球时，用球拍轻轻一托，将球向上弹起，恰好一过网就朝下坠落，称为放网前球。放网前球往往是在运动员没有能及时赶到在较高位置上击球而被动使用的，但质量高的放网前球（弧线低、贴网坠落）也可能扭转被动局面（如图7-8所示）。

图7-8

正手放网前球时，侧身向球的方向移到合适位置，右脚向前蹬跨，同时持拍向来球方向伸出；向前伸臂伸拍（这时左臂也应张开以保持身体平衡），右前臂外旋，手腕后伸外展，做半弧形引拍；触球时，正拍面朝上垫在球托的底部，主要靠手腕控制球拍向前上方轻轻一托，使球越网而过；击球后，右脚蹬地收回，击球手臂收回胸前，准备下一次击球。

反手放网前球的方法与正手放网前球相似，不同点是：应先向左前场转体，向球的方向跨步,并及时转换成反手握拍法,用反手击球。

2. 搓球

在网前用球拍切击球托,使球旋转翻滚越过网顶的击球技术,称为搓球。

正手搓球时,侧身向球的方向移到合适位置,右脚向前蹬跨,同时持拍向来球方向伸出;向前伸臂伸拍(这时左臂也应张开以保持身体平衡),右前臂外旋,手腕后伸外展,做半弧形引拍;触球时,斜拍正面切削轻托球的右侧,使球翻转漂浮过网;击球后,右脚蹬地收回,击球手臂收回胸前,准备下一次击球。

反手搓球的动作方法基本与反手放网前球的动作方法相同,只是击球时斜拍反面切削、轻托球的左侧,使球向上旋转漂浮过网并贴网下落。

3. 挑球

把对方击来的网前球,挑高回击到对方后场去,称为挑球。这是一种处于较被动情况下的回击方法。

正手挑球时,右脚向前,做最后一个跨步并向前伸臂时,应放松手腕,使球拍垂在后下方;以肩为轴,小臂带动手腕发力,由右下方往左上方作弧形挥拍,将球挑出。

反手挑球时,右脚向前,做最后一个跨步并向前伸臂时,屈肘、屈腕,使球拍垂于后下方;以肩为轴,小臂带动手腕发力,由左下方往右上方做弧形挥拍,将球挑出。

4. 勾球

在网前,用屈腕(或伸腕)的动作调整球拍角度,轻巧地将球回击到对方斜对角的网前区内,称为勾球。勾球是一种技巧性较高的技术,它与搓球、推球等交替运用,常能达到声东击西的战术效果。

勾球的动作方法与搓球相仿,主要区别在于:在击球瞬间,拍面要斜向出球方向。正手勾球时,前臂内旋带动屈腕动作,使拍面斜向左边,用球拍击球托的右后部分,将球勾向对方的右网前区。反手勾球时(用反手握拍法),前臂外旋带动伸腕动作,使反拍面斜向右边,击在球托的左后部分,将球勾向对方的左网前区。

网前击球易犯错误及纠正方法如表7-3所示。

表7-3

易犯错误	纠正方法
击球后身体继续前冲,回动困难	最后一步向前跨时,脚要超越膝关节,并做到脚跟外侧先着地,然后过渡到前脚掌着地,以脚趾制动;最后一步步幅很大时,可以在右脚着地后使左脚向前拖滑一段距离,以利回蹬
球不过网,或球过网弧度太高	提高用手指控制拍面角度的能力,根据距离调整拍面角度
挑球方向不准确、不够高、不够靠后	调整拍面角度;要用向上挑球的爆发力;强调击球瞬间的闪腕,以及拍面的朝向

(四) 高手击球

一般将击球点高于头部的击球,称为高手击球。它是一种后场主动进攻或调动、控制对方的技术。

1. 高远球

用较高且长的飞行弧线将球击到对方端线附近场区内的球,称为高远球。在自己处于被动情况下打出高远球,可以争取时间,调整场上位置,变被动为主动。

（1）正手高远球。

正手高远球又分为原地正手高远球和起跳正手高远球两种。初学者应从原地正手高远球开始练习，然后过渡到起跳正手高远球。

击正手高远球时，首先要移动到合适位置，侧身对网，左脚在前，右脚在后，重心放在右脚上；左手自然上举，抬头注视来球，右手举拍于右肩上方；当球降落到适当高度时，右脚蹬地，转髋拧腰，右臂由后向前转动成肘关节朝前并高于肩部，上臂与手腕放松，拍柄底部朝上，拍子垂挂于背后，大臂带动小臂向前上"甩"出，在最高点上闪腕"鞭打"击球（如图7-9所示）。

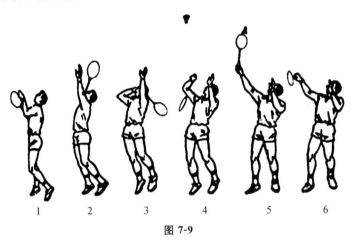

图 7-9

（2）头顶高远球。

击球点在头顶的前上方，用正拍面击出的高远球，称为头顶高远球。头顶高远球一般用来还击左后场的高球。

头顶高远球在引拍时，身体略朝左后倾斜；击球时将拍子绕过头顶，从头顶或左前上方击球。

（3）反手高远球。

以反手握拍法、用反拍面击出的高远球，称为反手高远球。

决定采用击反手高远球时，边移动边将正手握拍法变为反手握拍法；右肘关节稍往左移，上臂与前臂约成90度，举拍于左胸前；当右脚向左后场区跨出最后一步时，重心移到右脚上，背向球网，微收腹，头上仰，眼盯球，击球点在右肩上方；当球降落到适当高度时，右脚蹬地，上体往后伸展以带动右肘关节往上提，形成肘关节先行之势以带动前臂加速往上挥拍击球（如图7-10所示）。

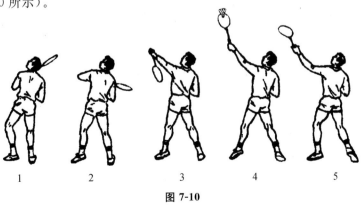

图 7-10

2. 吊球

运用劈切或拦截的技术动作,使球轻轻地落在对方网前区,称为吊球。吊球将后场球压击至近网,飞行速度快,线路短,是调动对方前后奔跑的主要技术。

吊球的击球点靠近网前,击球力量要小;触球之前的瞬间,突然减慢挥拍速度,以手指控制使拍面适当前倾,做放松收腕、屈腕动作,用球拍劈切球托完成吊球;击球时,用手指捻动发力,使球拍外旋,通过前臂的内旋和手腕的屈展控制球的落点。

3. 扣杀球

将高球在尽量高的击球点上,用大力挥击下压到对方场区内,称为扣杀球(也称扣球或杀球)。扣杀球力量大、球速快,是后场进攻和争取得分的主要手段。

(1)正手扣杀球。

正手扣杀球要充分运用腰腹力量和肩关节的力量。发力前身体较为后仰,发力时手臂快速鞭打。扣杀球时拍面应前倾,杀球点选择在右肩前上方稍前一些的位置上。

(2)头顶扣杀球。

头顶扣杀球的击球力量比高远球大,发力方向向前下方,拍面保持前倾,击球点稍前。

高手击球易犯错误及纠正方法如表 7-4 所示。

表 7-4

易犯错误	纠正方法
击球点过低,击球无力	挥拍击固定悬球练习,强调触球时的瞬间发力
挥臂动作僵硬,不协调	向正前方投掷羽毛球或网球,体会向前"甩"臂的动作;注意挥拍时要放松握拍
击球后回中心较慢	加强步法练习和击球后回中心的意识
出球弧线掌握不好	区分各种击球的拍面角度、发力方向的不同要求,有针对性地练习不同击球的技术动作

(五)低手击球

击球点低于头部高度的击球,称为低手击球。低手击球技术通常应用于中场,又称为中场挡网技术。该技术要求挥拍预摆幅度小,突出体现一个"快"字,做到快打。

1. 半蹲快打

将对方打过来的平快球,采用半蹲姿势在较高的部位上快速地平击回去,称为半蹲快打。半蹲快打快速、凶狠、紧逼对方,多用于双打比赛中。

半蹲快打时两脚平行站立或右脚稍前均可,两膝弯曲成半蹲,右手屈肘举拍于肩上;根据来球在体前的方位,前臂快速后引,手腕后屈(动作幅度要小);击球时,以前臂带动手腕快速挥拍,争取在较高部位上将球平击过去(如图 7-11 所示)。

正面击球半蹲快打　　　右侧击球半蹲快打　　　左侧击球半蹲快打

图 7-11

2. 接杀球挡网

把对方扣杀过来的球还击回去,称为接杀球。接杀球一般较多采用挡球、抽球和推球的技术,重点介绍其中两种。

正手中场接杀球挡网时,右脚向来球方向跨出一步,略转髋,右臂向右侧伸出,左臂向左后侧伸出以保持身体平衡;以肩、肘为轴心,前臂外旋,手腕后伸,放松握拍,拍面略后仰,做半弧形回环引拍动作;对准来球,借助对方杀球的力量,运用手腕的屈伸和前臂的内旋,轻切球托底部,将球挡回对方网前区。

反手中场接杀球挡网时,右手胸前反手握拍,以左脚为轴,右脚经左脚前往左方跨出一步,成背对网姿势;反拍面朝向来球伸出,在身体的左前下方做半弧形回环引拍动作,左臂向左后侧伸出以保持身体平衡;对准来球,借助对方杀球的力量,运用手腕展腕至收腕微微发力,通过手指捻动拍柄控制拍面,切击球托底部,将来球推送过网。

低手击球易犯错误及纠正方法如表 7-5 所示。

表 7-5

易犯错误	纠正方法
击球点在体后,击球无力	持拍略抬高,拍面稍上仰;加强小幅度快速挥拍练习;多做连续挥拍练习
接杀球不过网	适当增加向前上方提拉的力量;触球时,以手指控制使拍面后仰
接杀球反应慢,接不到球	注意屈膝提踵,低重心的灵活站位姿势有利启动;加强反应速度和判断能力的训练

第三节 羽毛球基本战术

一、羽毛球战术基本原则

(一) 知己知彼

知己知彼是制定战术的依据。知己知彼,就是要避实就虚、扬长避短。

(二) 以我为主

羽毛球比赛中要坚持以我为主的打法。以我为主,就是要坚持自己的打法特点,不能因出现了一两次失误就盲目地改变战术。

(三) 随机应变

羽毛球战术的运用必须有应变的能力。随机应变,就是要根据临场情况调整战术,保证在比赛中经常处于主动地位。

二、单打基本战术

(一) 发球战术

发球不受对方干扰,常常能起到先发制人、取得主动的作用。发后场高远球到对方端线处,迫使对方后退还击,给对方进攻制造难度。发网前球能减少对方把球往下压的机会,发球后立即进入互相抢攻的阶段。

(二)接发球战术

接发球虽然处于被动,但只需防守不到一半的场区,却可还击到对方整个场区。所以,接发球者若能处理好这一拍,也可取得主动。接发高远球、平高球时,一般可用平高球、吊球或杀球还击;接发网前球时,可用平推球、放网前或挑高球还击;接发平快球时,可借用对方的发球力量快杀空当或追身球,也可借助反弹力拦吊对角网前。

(三)吊杀上网战术

先在后场以轻杀、点杀、劈杀配合吊球把球下压,落点要选择在场地两边,使对方被动回球。若对方还击网前球,则迅速上网贴网搓球,或勾对角球,或快速平推创造半场扣杀机会;若对方在网前挑高球,可在其向后退的过程中把球直接杀向对方的身上。

(四)逼反手战术

由于受生理结构的限制,反手击球相对进攻性不强,球路也较简单,所以比赛时要制造机会攻击对方的反手。

(五)拉、吊结合杀球战术

采用不同的拉、吊方法把球准确地打到对方场区的四个角上,使对方每次击球都要在场上来回奔跑,伺机突击扣杀。

(六)平高球压底线战术

用快速、准确的平高球打到对方后场两角,把对方紧压在底线,当对方回击半场高球时,就可以扣杀进攻。

三、双打基本战术

(一)双打发球战术

双打发球的质量、路线的配合、弧线的制造、落点的变化对整个双打比赛的胜负意义极其重大。

1. 发球站位

发球的站位不同,对发球的飞行路线、弧线、落点和第三拍的击球都有影响。

(1)发球者的站位紧靠前发球线和中线,便于反手发网前内角,不易被对方扑击;由于站位靠前,也便于第三拍封网。

(2)发球者的站位离前发球线半米靠中线,发球的选择面较广,正、反手都可发网前球、平快球、平高球,并且各种路线都可以发。

(3)发球者的站位离中线较远,主要用于在右场区以正手和左场区以反手发平快球,攻对方双打后发球线的内角位,配合发网前外角。

2. 发球路线

发球路线和落点的选择需注意如下几点:

(1)调动对方站位,破坏对方打法;

(2)避实就虚,抓住对方弱点发球抢攻;

(3) 发球要有变化,使对方首尾难以兼顾。

(二) 双打防守战术

1. 调整站位

为了摆脱被动,伺机转入反攻,首先要调整好防守时的站位。双打防守时的站位调整,一般是一名队员在跑动击球时,另一名队员根据同伴的移动情况填补空当。

2. 防守球路

(1) 若攻方杀球者和封网者在半边场前后一条直线上,守方接杀球者应将球打到另外半边前场或后场。

(2) 若攻方杀球者和封网者在前后对角位上,守方接杀球者可将球还击到杀球者的网前或封网者的后场。

(3) 攻方杀球者杀对角后,若攻方另一名队员想要退到后场去助攻时,守方接杀球时可以还击到网前中路或直线网前。

(4) 守方可把攻方杀来的直线球挑对角,杀来的对角球挑直线以调动杀球者。

第四节 羽毛球竞赛规则

一、比赛场地与设施

(一) 比赛场地

羽毛球场地为长方形,长 13.4 米,单打时宽 5.18 米,双打时宽 6.1 米,场地线的颜色最好为白色、黄色或其他容易辨别的颜色,各条线宽均为 4 厘米,且所有场地线都是所属区域的一部分。场地高度至少 9 米,理想高度为 12 米。两个并列场地间的距离至少 2 米以上。

(二) 器材

1. 球

羽毛球由 16 根羽毛插在半球形软木托上,重 4.74~5.5 克。

羽毛球的羽毛可选用鹅毛、鸭毛两种,鸭毛的耐打度不如鹅毛。挑选时要求羽毛洁白、毛杆笔直以及羽毛与球托的结合处整齐牢固。羽毛对湿度很敏感,由于南方和北方湿度的差异,对羽毛球的处理方式也要因地制宜。在北方,特别是冬季,可以用蒸汽蒸的方法来提高羽毛的使用寿命。在南方,空气湿度相对较高,在储存羽毛球时,应该注意把球放在湿度相对低一些的地方。

2. 球拍

羽毛球拍总长度不超过 68 厘米,宽不超过 23 厘米,拍弦面长不超过 28 厘米,标准拍的重量在 85~90 克。

选球拍,重量和弹性最关键。进攻型选手用重拍,防守型选手用轻拍。对于初学者,选择轻一些的球拍,既便于控制球,又可以减少运动中的意外受伤。碳素纤维的球拍弹性较好,打球时便于借力,且球拍不易折断。此外,要根据个人手掌的大小和习惯挑选手柄的粗细,还要根据个人的需要配置不同的拍弦以及调整拍弦的松紧,一般男子用拍是 22~25 磅,女子用拍21~24磅。拍弦过松对球的控制力差;拍弦过紧则弹性不够,打球时费力。

3. 球网

球网全长 6.1 米,上下宽度 0.76 米。从球场地面起,球场中央网高 1.524 米,双打边线处网高 1.55 米;不论是单打还是双打,网柱都应置于双打边线上,且与地面保持垂直。

二、 简要竞赛规则

(一) 竞赛项目

羽毛球运动设有男子单打、女子单打、男子双打、女子双打、混合双打、男子团体、女子团体 7 个正式比赛项目。

(二) 记分方法

1. 分

每胜 1 球得 1 分(每球得分制)。

2. 局

21 分为 1 局,先得 21 分者胜 1 局。如果双方比分为 20 比 20,一方必须领先 2 分才能取胜;如果双方比分打成 29 比 29 时,那么先到第 30 分的一方获胜。

3. 场

3 局为 1 场,每场比赛采用 3 局 2 胜制。

(三) 发球

1. 合法发球

(1) 发球时任何一方都不允许非法延误发球。

(2) 发球员和接发球员都必须站在斜对角线发球区内发球和接发球,脚不能触及发球区的界限;两脚必须都有一部分与地面接触,不得移动,直至将球发出。

(3) 发球员的球拍必须先击中球托,与此同时整个球必须低于发球员的腰部。

(4) 击球瞬间球杆应指向下方,从而使整个球拍框明显低于发球员的整个握拍手部。

(5) 发球开始后,发球员的球拍必须连续向前挥动,直至将球发出。

(6) 发出的球必须向上飞行过网,如果不受拦截,应落入接发球员的发球区。

(7) 一旦双方运动员站好位置,发球员的球拍第一次向前挥动即为发球开始。

(8) 发球员须在接发球员准备好后才能发球,如果接发球员已试图接发球则被认为已做好准备。

(9) 一旦发球开始,球被发球员的球拍触及或落地即为发球结束。

(10) 双打比赛时,发球员或接发球员的同伴应在各自的场区内,站位不限,但不得阻挡对方发球员或接发球员的视线。

2. 重发球

(1) 遇不可预见或意外的情况时,应重发球。

(2) 除发球外,球挂在网上或停在网顶,应重发球。

(3)发球时,发球员和接发球员同时违例,应重发球。
(4)发球员在接发球员未做好准备时发球,应重发球。
(5)比赛进行中,球托与球的其他部分完全分离,应重发球。
(6)司线员未看清球的落点,裁判员也不能做出决定时,应重发球。
(7)重发球时,最后一次发球无效,原发球员重发球。

3. 发球区错误

以下情况属于发球区错误。
(1)发球或接发球顺序错误。
(2)从错误的发球区发球或接发球。
(3)在错误的发球区准备接发球,且对方球已发出。
(4)如果发现发球区错误,应予以纠正,之前已得比分有效。
① 如果错误在下一次发球击出前未被发现,则错误不予纠正。
② 如果因发球区错误而重发球,则该回合无效,纠正错误,重发球。
③ 如果发球区错误未被纠正,比赛也应继续进行,并且不改变运动员的新发球区和新发球顺序。

(四)通则

1. 违例

(1)发球不合法违例。
(2)发球员发球时未击中球。
(3)发球时,球挂在网上或停在网顶;或者是球过网后挂在网上或停在网顶。
(4)比赛时,球落在球场边线外;球从网孔或从网下穿过;球不过网。
(5)球碰到运动员的身体或衣服。
(6)球碰到场地外的其他人或物体。
(7)比赛时,球拍或球的最初接触点不在击球者网的这一方(击球者击球后,球拍可以随球过网)。
(8)比赛进行中,运动员球拍、身体或衣服触及网或网的支持物;运动员的球拍或身体,以任何程度侵入对方场区;妨碍对手,如阻挡对方仅靠球网的合法击球。
(9)比赛时,运动员故意分散对方注意力的任何举动,如喊叫、故作姿态等。
(10)比赛中击球时,球夹在或停滞在拍上紧接着又被拖带;同一运动员两次挥拍连续击中球两次;同一方两名运动员连续各击中球一次;球碰球拍继续向后场飞行。
(11)运动员违反比赛连续性的规定。
(12)运动员行为不端。

2. 死球

出现以下情况为死球。
(1)球撞网并挂在网上,或停在网顶上。
(2)球撞网或网柱后开始在击球这一方落向地面。
(3)球触及地面。
(4)违例或重发球。

3．交换场区

以下情况运动员应交换场区。

(1) 第一局结束。

(2) 第二局结束(若有第三局)。

(3) 第三局中或只进行一局的比赛进行至一方达到 11 分时。若没交换,一经发现马上交换,之前得分有效。

4．比赛次序

(1) 球发出后,由发球员和接发球员交替对击直至违例或死球。

(2) 任一球员违例或因球触及本方场区地面而成死球,对方得 1 分。

(3) 得分方有发球权。如果本方得单数分,从左边发球,对方在左边接发球;得双数分(含 0 分),从右边发球,对方在右边接发球。

(4) 每局一方以 11 分领先时,比赛进行 1 分钟的技术暂停,让比赛双方进行擦汗、喝水等。

(五) 双打

(1) 一局比赛应从右发球区发球。

(2) 只有接发球员才能接发球;如果他的同伴去接球或被球触及,发球方得 1 分。

(3) 自发球被回击后,由发球方的任何一人击球,然后由接发球方的任何一人击球,如此往返直至死球。

(4) 自发球被回击后,运动员可以从网的各自一方任何位置击球。

(5) 任一球员违例或因球触及本方场区地面而成死球,对方得 1 分。

(6) 得分方有发球权。如果本方得单数分,从左边发球,对方在左边接发球;得双数分(含 0 分),从右边发球,对方在右边接发球。

(7) 运动员不得有发球顺序错误和接发球顺序错误,或在同一局比赛中连续两次接发球。

(8) 一局胜方中的任一运动员可在下一局先发球,负方中的任一运动员可先接发球。

第八章 网球

第一节　网球运动概述

一、网球运动的起源

网球运动是一项比较古老的运动,其雏形可以追溯到12—13世纪的法国。当时法国宫廷中流行一种用手掌击球的游戏,方法是在空地上两人中间隔1条绳子,用手掌将布包着头发制成的球打来打去,后来改用羊皮蒙面的球拍击球。

二、网球运动的发展

近代网球运动起源于英国。1873年,英国温菲尔德少校设计了草地网球运动,并出版了《草地网球》一书。1877年7月,全英板球俱乐部在英国伦敦郊外温布尔顿举办了首届草地网球锦标赛(即"温网",每年1届,延续至今),亨利·琼斯为这次比赛制定了全新的规则并担任裁判。

1884年,首届女子网球单打比赛在温布尔顿举行,女球员必须穿统一服装:头戴滚花宽边帽,足蹬皮靴,身着的长衫、长裙必须遮住足踝,胸口还要扎上一条细丝领带。直到1919年,6次夺取冠军荣誉的法国女子网球运动员伦莱恩打破了英国规定的传统服装,她首次穿上短衣、短裙参加比赛,为改革女子网球服装做出了贡献。

美国紧随英国之后开展网球运动,并于1881年成立了世界上第一个全国性网球协会。在两次世界大战中,全世界的网球都停赛了,唯独美国没有停赛,并将网球运动进行推广普及,形成高潮。

1913年,英国、法国、澳大利亚等12国的网球协会在巴黎成立了世界网球的最高组织——国际网球联合会(ITF),总部设在伦敦。此外,还有两个国际职业性网球组织:一个是国际男子职业网球协会(ATP),成立于1972年;另一个是国际女子职业网球协会(WTA),成立于1973年。

现在,网球运动在世界各地得到了广泛的发展,但是水平较高的国家大多在欧洲和美洲。美国是网球人口最多的国家;瑞典虽然人口只有1000多万,但是网球人口占全国人口比例最高的国家。当前,网球运动以其无比的魅力和不断发展的技术赢得越来越多的爱好者和观众。

三、我国网球运动的发展概况

19世纪后期,外国商人和传教士将网球运动传入我国。最初只是少数人的娱乐活动,后来在教会学校中逐步开展起来。

1910年,中国的第一届全国运动会就设立了网球比赛项目。1924年的第三届全国运动会,开始设立女子网球比赛项目。

中华人民共和国成立以后,我国网球运动在起点低、基础差、国际交往少的情况下逐步发展。新中国的第一次网球赛事,是 1953 年在天津举办的篮、排、网、羽四项球类运动会。1956 年,我国成立了中国网球协会。1981 年,我国在被恢复国际网球联合会成员资格后,网球运动水平有了较大的提高,多次获得亚洲冠军。随着体制改革进程的发展,1997 年,我国成立了网球运动管理中心,统一组织、指导全国网球运动项目的发展,推动网球运动项目的普及和提高。

2003 年,中国网球协会确立了网球发展"必须坚持走职业化的道路"的指导思想,制定了"以女子网球为重点,以女子双打为突破口"的战略方针。

2004 年,是中国网坛值得关注的一年。5 月份,在法国网球公开赛女单第三轮比赛中,郑洁历史性地闯入法网 16 强。8 月份,雅典奥运会女子双打决赛中,李婷和孙甜甜为中国赢得世界网球大赛的第一枚金牌。9 月份,首届中国网球公开赛在北京举行,成为世界上最重大的网球赛事之一。

目前,我国网球场地的发展比较迅速,业余网球爱好者群体正在逐步形成,网球选项课受到大学生的普遍青睐。网球运动已在我国迅速普及起来,成为大众喜爱的体育运动项目之一。

四、网球运动的特点

(一)大众健身特点

网球运动既时尚又高雅,健身性和趣味性都很强,运动量可大可小,是一项男女老少皆宜的大众体育健身项目。

1. 适应年龄广

网球运动适应年龄广,从五六岁的儿童到七八十岁的老人,都可以打网球。可以说网球是一项老少皆宜的运动。

网球运动对身体条件没有苛刻的要求,不需要具备完美的体型,不论男女老少、高矮胖瘦的人,都可以学会打网球。因此,网球运动吸引了大批的爱好者,在我国已经形成一个新兴的健身锻炼群体。

2. 安全、文雅的运动方式

网球是隔网对抗的运动项目,由于没有身体接触,既安全又文雅。

网球是一项体育风度比较绅士的运动,它要求人们在球场上必须举止文雅,粗俗的举止不仅被人耻笑,而且还要受到惩罚。1976 年以来,职业网球赛就制定有行为规范,裁判员甚至有权依据行为规范取消运动员的比赛资格。

3. 兼有娱乐、社交等功能

网球运动是一项情趣高雅、健康时尚的运动。打网球既是一项体育运动,也是一种减轻压力的方式。

网球运动发展至今,它的社交功能日渐强大,人们通过打网球参与到"小众人群"中来,并逐渐将这项运动大众化。而网球运动也正是凭借着它的社交功能赢得了更多人的青睐。

(二)竞技比赛特点

网球竞技比赛精彩绝伦、扣人心弦,由于比赛时间长,对体能要求很高。

网球运动以有氧代谢供能为主,无氧代谢为辅,随着比赛的日益激烈,无氧供能比例有增长的趋势。

1. 比赛时间长

网球单打比赛的时间较长,但比赛间歇时间也较长,每盘中的单数局结束后交换场地时可以休息90秒,每分之间可以间隙25秒。

2. 比赛跑动量大

实力相当的高水平网球单打比赛,运动员的跑动量不亚于足球运动。随着快速场地的广泛使用和网前战术的发展,跑动量有减少的趋势,但跑动的强度在增大,前后快速跑动、跨扑、跳跃动作也在增加。

3. 击球次数多、挥拍速度快

底线战术型选手在慢速场地上比赛,每场比赛总击球数可达上千次。网前进攻型选手在快速场地上比赛,每场比赛总击球数也有数百次。高水平选手发球的时速可达200多千米,抽球的时速可达100多千米。所以,运动员必须具备良好的爆发力和耐力。

4. 心理素质要求高

网球单项比赛不允许教练指导,这就要求运动员具备良好的心理素质。优秀的网球选手的心理特征一般表现为:对完成训练及比赛目标有很强的责任感和坚定性;有克服困难的非凡勇气;情绪稳定,对自己的实力充满信心;有强烈的竞争意识,不畏强手、敢于拼搏。

五、网球运动的锻炼价值

(一)科学锻炼、全面发展

经常打网球可以提高中枢神经系统反应能力,改善心血管系统机能,并能有效地发展速度和力量素质,增强协调性,提高耐久力,提高动作速度和活动能力,还能发展人的机智勇敢、沉着冷静、敢于拼搏的优良心理素质,促进身心全面发展。

(二)强身健体、永葆青春

打网球能保持肌肉张力,使肌肉纤维增粗,肌肉力量增强,减少肌肉萎缩和退行性变化。灵活多变的快速移动和击球动作,有利于保持韧带的弹性和关节的灵活性,从而减少和防止肌肉、韧带、关节等器官的退化和损伤,使运动系统功能得到改善。

打网球时血液循环加快,心脏的工作量增加,心肌的血液代谢过程加强。长期坚持网球运动,心肌纤维增粗、心壁增厚、心脏增大、心血管系统功能加强,到中老年时还可以延缓心肌退化。

经常参加网球运动,还可提高呼吸机能,改善人体的吸氧能力和缺氧耐受力,调节呼吸形式和节奏的能力也得到加强。网球运动的适应年龄长,可以从小打到老,既发展身体又协调心理,使人永葆青春。

(三)改善心理、净化心灵

网球运动没有粗暴的身体接触,更多一些从容优雅,带有技巧感和控制,需要兼具力量和智慧,需要身体各部分协调发力。球路和身形因为恰到好处的动作而令人赏心悦目,温文儒雅的礼仪使打网球的人培养出淡淡的贵族气质。网球可快可慢,可张可弛。年轻人可以打激烈的对抗比赛,运动量足可与任何一种运动比美。老年人可以打轻松悠闲的友谊双打,运动量与太极拳近似,流畅舒展的动作越慢越有韵味,打者赏心,观者悦目。

网球是一项可以让人终身享受的运动,有令人心旷神怡的乐趣,运动起来会忘记一切疲劳。网球运动文明、高雅的文化底蕴,谦虚、自信的文化氛围,良好的球风、球德,有利于改善心理、净化心灵。

第二节 网球基本技术

一、网球运动基础技术

(一)握拍法

握拍是学习网球最基本的技术环节。握拍的方法与击球动作有着密切的关系,握拍的好坏对技术的提高和全面发展有较大的影响。所以,初学者必须按正确的方法握拍,起初可能会有不习惯、不舒服之感,但坚持一段时间后就会感到球拍是手臂的延伸和手掌的扩大。

1. 东方式握拍法

东方式握拍法因广泛使用于美国东部的沙土场地而得名。东方式握拍法可达到最大的用力效果并适合打任何高度的球,但反手击球时控拍稳定性相对较差,正、反手击球需要调整握拍法。

(1)东方式正手握拍法。

东方式正手握拍法形同"握手",将虎口对准拍柄右上斜面(以拍面垂直于地面为参照),拇指环绕拍柄左垂直面,食指稍离中指,拍柄底部与手掌根部齐平。

(2)东方式反手握拍法。

东方式反手握拍法是在正手握拍基础上向左转动1/4,使虎口对准拍柄左上斜面,拇指末节贴住左下斜面,食指下关节压在右上斜面上。

2. 大陆式握拍法

大陆式握拍法形同"握锤",将虎口对准拍柄上平面与左上斜面的交界线上,手掌根部贴住上平面,拇指直伸围住拍柄,食指下关节紧贴右上斜面。大陆式握拍法起源于欧洲大陆。其握拍法无论正、反手都能以不变的握法击球,但击反弹球时扭着手腕,易影响击球时的稳定性,同时接较高的球时不易控制拍面,打高球不太方便。

3. 西方式握拍法

西方式握拍法是将虎口对准拍柄的上平面和右上斜面之间,正、反手同一面击球。西方式握拍法是在美国西部加利福尼亚州的水泥硬地球场上发展起来的。西方式握拍法反手击球时无须变换握法,击高球时威力比较大,适合打反弹球和齐腰高球,但打截击球和反手近网球不太方便。

4. 半西方式握拍法

半西方式握拍法是将虎口对准拍柄右上斜面与右垂直面交界线上,拇指直伸围住拍柄上平面,食指下关节握住右上斜面。这是底线型选手用的握拍方法。因为用这种握拍法可以打出稳定的上旋球,让球手可以更好地控制球的落点,对处理离地面较高的球十分奏效。但是使用此种握拍法,对处理低球不太有利,因为拍面是和地面平行的,所以球手要格外地把球拍移到球底部把球捞起来。

5. 双手握拍法

双手握拍法是两只手一起握拍的方法。一般是右手用东方式反手握拍法,握在拍柄的后方,左手用东方式正手握拍法,握在拍柄的前方。双手握拍法对于力量不足的人学打球可以增加力量,便于打出上旋球,但对步法要求高,对两只手臂协调配合及用力均匀程度要求高,不易击远处的球。

打网球握拍时易犯错误及纠正方法如表 8-1 所示。

表 8-1

易犯错误	纠正方法
虎口离拍柄末端太远	使握拍手的虎口离球拍柄末端近一些,用正确的握拍法练习击球
握拍太紧	握拍的手指不要并拢得太紧,手指之间应略有空隙
握拍太松	适当加大握拍力量,强调在拍触球瞬间,更要握紧球拍
站立姿势膝关节僵直,或腰部弯曲	注意学习基本姿势,持拍时两脚开立略宽于肩,两膝微屈,脚跟稍抬起,上体微前倾,保持随时可以启动的准备姿态

(二)正手击球

正手击球速度快、击球有力,是最基本的击球方法之一,也是学习击球的入门技术。对初学者来说,打网球最重要的是把球打过网并且要落在有效区内,而正手击球恰恰比较容易做到这一点。

1. 正手击球的技术结构

(1) 准备姿势。

面对球网,两脚开立与肩同宽;两膝放松,身体重心落在前脚掌;左手扶拍颈,拍面与地面垂直。

(2) 后摆引拍。

当来球朝正手方向飞来时,持拍的手臂放松向后上方拉拍,拍头向上稍高于手腕并指向后方;同时转动双肩,身体重心后移,左脚前踏(与端线成 45 度角),左肩对网,侧身迎球,左手指向来球。

(3) 挥拍击球。

击球时以肩为轴转动身体,用力蹬腿,手腕固定,大臂带动小臂,提前挥拍,击球点在左脚右侧方齐腰的高度。

(4) 随挥跟进。

球触拍后,拍面随球前送;身体重心前移落在左脚上,身体转向球网,拍头随着惯性挥至左肩前上方,肘关节向前,左手扶拍颈;随着跟进结束,立即恢复到准备姿势。

2. 正手上旋球

正手上旋球飞行弧线高,下降快,落地后反弹高而远,前冲力较大。通常在左脚右侧前方击球,拍面稍后仰,球拍由下向上、向前擦击球的后上部(如图8-1所示)。

3. 正手平击球

正手平击球速度快,球落地后前冲力大,球的飞行路线较直,击球过程中球拍几乎是水平运动,但其准确性和控球能力较差。正手平击球的击球点在左脚右侧前方与腰齐高的位置,球拍触球时注意手腕要绷紧,拍面与地面基本垂直(如图8-2所示)。

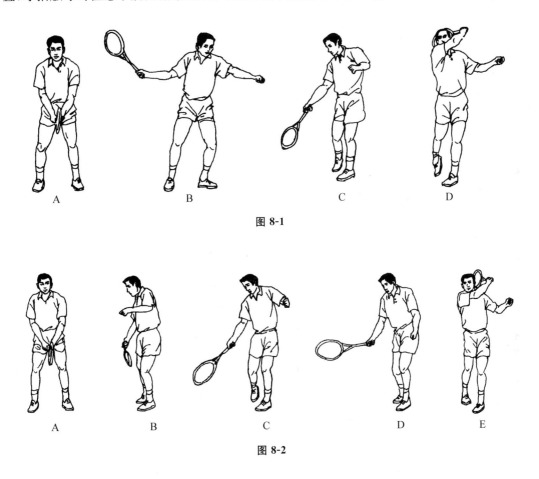

图 8-1

图 8-2

4. 正手削球(下旋球)

正手下旋球过网时球很低,落地弹起也很低并伴有回弹现象,落点容易控制,能打出长球或短球,常用于随击上网,击球时比较省力但攻击力量不大。正手削球引拍时拍头高于击球点,锁紧手腕。击球时由后上方向前下方挥拍,击球点在左脚右侧前方,击在球的后下部,并向前下方摩擦球产生旋转(如图8-3所示)。

145

图 8-3

 正手击球小提示

- 握拍正确,提前准备;注意对方,眼不离球。
- 循序渐进,先慢再快;先轻后重,先稳再凶;由浅入深,逐步掌握。
- 多在跑动中练习击球,死线活打,结合实战。
- 引拍时,要尽早、尽快;击球时,要握紧、绷紧。
- 动作要简单,重心要稳定,随挥要完整。

正手击球易犯错误及纠正方法如表 8-2 所示。

表 8-2

易犯错误	纠正方法
击球点过于靠后	1. 反复强调击球的位置 2. 原地自抛球击球练习
拉拍时肘关节领先	1. 肘关节固定,用非持拍手辅助完成后引拉拍动作 2. 一人在练习者身后,用手抵挡练习者肘部 3. 强调拍头后摆,而不是手臂后摆球拍
球拍后摆拉拍过大	1. 以右脚为轴原地向右侧转体,使身体侧对球网,不要求后摆球拍 2. 在练习者身后设障碍物,限制球拍的过大后摆
击球时,拍面固定不住	1. 击球瞬间停住球拍,然后随挥挥拍至结束 2. 每次击球后,检查拍面是否基本垂直于地面
击球后球拍随挥不够,有弹击感	1. 反复模仿练习随挥动作 2. 击球后,球拍运动到左肩处结束
击球时步法不协调	1. 自己抛出球后,积极移动,在正确的击球位置停住,反复练习 2. 反复进行小步幅、快频率接近球的练习
击球后左手与右手交叉于体前	1. 当球快到之际,左手指向球 2. 击球时注意以颈为轴,两肩转动

(三)反手击球

反手击球是网球基本技术中最常见的击球方法之一,一般是在正手击球有了一定的基础后再学习反手击球。反手击球动作技术与正手有些相似,因此学反手击球并不是一件很难的事。

1. 反手击球的技术结构

(1)准备姿势。

反手击球准备姿势与正手击球相同。

(2)后摆引拍。

当来球朝反手方向飞来时,扶拍颈的左手迅速帮助右手变换为反手握拍,向左转肩、转髋带动球拍向左后方摆动;肘关节自然弯曲,拍头翘起,指向后方。右脚向左前方上步,右肩对着球网,重心移向左脚。左手始终扶拍颈,直到开始做前挥动作为止。

(3)挥拍击球。

前挥时手臂保持弯曲,直到随挥结束后才伸直。击球点在右脚左侧前方,高度在膝与腰之间(比正手击球稍低),触球时手腕绷紧,要有"以手背击球"的意识。

(4)随挥跟进。

击球后球拍沿着球的飞行方向随挥,身体重心前移落在右脚上,随挥在右肩上方结束,左臂外展保持身体平衡,还原准备姿势。

2. 反手上旋球

反手上旋球特点与正手上旋基本相同,球落地后反弹得又高又远,而且容易加力控制。反手拉拍时右脚向左侧前方跨一步,在右脚的左侧前方击球;拍面稍向后倾斜,击球时,前臂平滑地转动,并把力量作用于击球(如图 8-4 所示)。

图 8-4

3. 反手平击球

反手平击球球速快,球的飞行路线比较平直,球落地后的前冲力量也较大,但准确性较差,容易下网或出界。反手平击球时注意左脚掌转至与端线平行,右肩或右背对着球网,拍面几乎与地面垂直。从后向前上方比较平缓地挥击,球拍触球时,手腕绷紧,左臂自然展开,保持身体平衡。

4. 反手削球(下旋球)

反手下旋球的特点与正手下旋球相同。反手削球引拍要比打反手上旋球引拍高,球拍远离身体,拍面稍后仰,向前下方挥拍,在右脚左侧前方与腰平行处触球,触球时间尽可能延长,左手展开保持身体平衡(如图8-5所示)。

图 8-5

5. 双手握拍反手击球

双手握拍时球拍固定更稳,可以抵挡住凶猛的来球,击球的准确性和攻击性较强。同时,对手很难判断挥拍动作及击球的角度,有较好的隐蔽性,但对脚步移动和判断能力的要求很高,体力消耗较大。向后拉拍变换反手拍握法时,左手顺着拍柄向下滑,直到双手相接紧握球拍,左手用正手握拍法;转肩使手臂后拉,将拍拉至手腕高度;右脚要向左侧方向跨出一步,两膝稍屈,侧身对网,右肩前探,拍头稍低于击球点。从低向高、向前挥拍,击球高度与腰平行(如图8-6所示)。

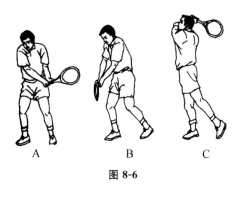

图 8-6

反手击球小提示

- 移动到位,加速,转体、转肩要迅速,球拍后摆要提前。
- 双手反手击球时,前臂伸直,握紧球拍,绷紧手腕。
- 随挥动作在旁侧的高处结束。

反手击球易犯错误及纠正方法如表8-3所示。

表 8-3

易犯错误	纠正方法
击球点过晚或过于靠后	1. 在击球瞬间停住,检查击球点 2. 击球时要及时引拍
双手后摆拉拍不充分或太慢	1. 持拍反复练习双手快速后摆拉拍动作 2. 注意左手拉拍至左肩有肌肉紧张的感觉
随挥摆动不充分	1. 反复练习随挥动作,强调随挥到位 2. 侧身离障碍物一定距离站立,一人抛球,练习者击球后,要求球拍触及障碍物
拉拍过程中球拍离身体太远	1. 拉拍结束时,拍柄触及身体 2. 持拍手的异侧手协助迫使球拍靠近身体
拉拍时转体不够	1. 反复练习引拍转体动作 2. 击出大角度球到练习者左侧,迫使练习者转体去追击来球
反手削球拉拍结束时球拍过低	1. 拉拍到位后,拍头高度高于反手上旋击球的高度 2. 击球时拉拍动作要提前

(四) 发球

发球是网球基本技术之一,也是网球比赛中唯一由自己掌握且不受对方影响的重要技术。发球的质量直接关系到比赛的主动权及得失分。

1. 发球的技术结构

(1) 准备姿势。

在右区发球时,站立的位置靠近中点,在左区发球时,要站在离中点约 1.5 米处。左脚与端线成 45 度角,右脚与端线平行,两脚分开与肩同宽,左脚与端线保持 5 厘米左右的距离,左肩侧对球网,重心放在右脚,将球和球拍置于体前(如图 8-7 所示)。

(2) 抛球与后摆动作。

将球放在拇指和另外两三个手指的顶端(如图 8-8 所示),抛球时整个手臂向身体的右前上方抬起,使球平稳地离开手指垂直向上;抛球后眼睛要始终盯住球;同时,球拍从前方开始由下向后上方摆起,屈膝、转体、展肩,拍头在头后,身体重心随着抛球移向后脚。

(3) 前挥击球。

后摆动作完成后,身体反弓,拍头被动悬垂。前挥击球时重心开始前移,手臂与身体充分伸展,当球落到击球点的瞬间,迅速发力击球。注意全身协调放松,形成"鞭打"动作。

图 8-7

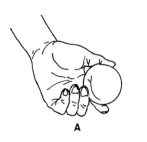

图 8-8

（4）随挥跟进。

击球后，继续保持完整的向前上方伸展的随挥动作，挥拍到身体的左下方，右脚跨过端线进入场区。

2．平击发球

平击发球时，球几乎没有旋转，笔直地进入发球区；力量大，球往往贴着网才能进入场内；在绝大多数场地上球反弹较低，有时能直接得分。平击发球失误率较高，一般用于第一发球。平击发球触球时，以平行于球网的拍面击球的后上部，击中球后，两眼注视球的飞进方向，完成随挥动作，上体前倾，右肩明显低于左肩，右脚上步维持身体平衡（如图 8-9 所示）。

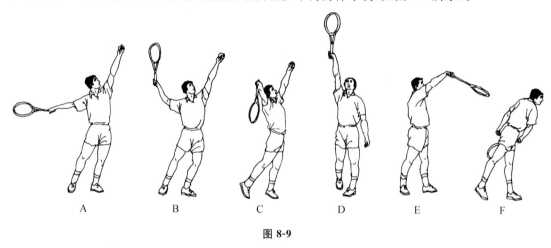

图 8-9

3．切削发球

切削发球带有侧旋，以曲线进入发球区；发球成功率较高，并且迫使对方拉出场外（右区），增加对方回球难度。切削发球的速度往往较慢，要使切削球有力量，必须让球拍尽可能地往后伸，肘关节要比平击发球抬得高。球拍触球瞬间，球拍从后向前用力擦击球，使球产生侧旋，飞行轨迹成弧线，提高球的命中率（如图 8-10 所示）。

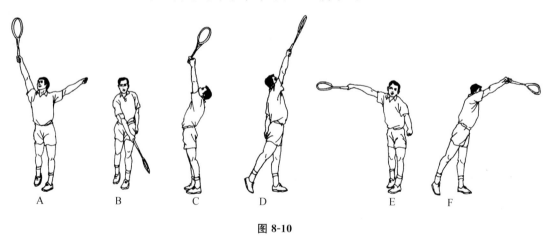

图 8-10

4．旋转发球

这是一种以上旋球为主、侧旋为辅的发球方法，由于上旋成分多于侧旋成分，使球有一个明显从上向下的弧线。球高高地过网后，急速地落进发球区，在大多数场地上球落地后反弹很高。但旋转发球技术难度大。旋转发球抛球的位置比平击发球偏左些,身体充分背弓,用力扣腕击球,球拍沿球的右上方擦击,使球产生明显的右侧上旋。

发球小提示

- 抛球与挥拍后摆同时开始,动作才能协调一致。
- "搔背"动作不是刻意做出来的,而是自然协调的动作。
- 抛球后,眼睛一直要盯着球,直到拍面击球。
- 击球时注意做扣腕动作,且重心要跟进,并形成"鞭打"动作。
- 发球要有针对性,发球前要观察一下对方,然后再将球发出。

发球易犯错误及纠正方法如表 8-4 所示。

表 8-4

易犯错误	纠正方法
抛球不稳、不准、高度不够	反复进行抛球练习
击球时身体过于前倾,拍面下压太多	将球抛后些,按合适的击球点击球,注意手腕向前,避免球下网
击球时身体过于后仰,拍面下压不够	将球向前抛些,按合适的击球点击球,注意手腕下压,避免球出界
后摆动作僵硬,肩关节不灵活,缺少"鞭打"动作	反复进行"搔背"挥拍练习,体会"鞭打"动作,注意全身协调放松

(五) 接发球

接发球是网球基本技术之一,也是最难掌握的技术。由于发球千变万化,接发球方往往处于被动地位,随着发球技术的不断提高,接发球的重要性越来越被受到重视。

1. 准备姿势与站位

两脚自然开立与肩同宽,双膝稍屈,脚跟提起,重心落在前脚掌上,拍头约与腰同高并指向对方,两脚不停地轻轻跳动或身体微微晃动,两眼注视对方的抛球动作,包括抛球的高度、方向和拍面等。如果对方拍面的角度为切削球,可准备向边上移动。如果判断不出角度,可以听声音,平击球的声音比旋转球要大。

接大力发球要站在底线后 1~2 米处,接其他发球一般应站在底线附近。接第二发球多半是近网球,可适当向前站一些。站位应略偏于反手位置,避免正、反手出现明显的空当。

2. 击球

接球员眼睛必须始终盯住球。当对方发球后,接球员要向预测击球点及时启动,迅速做出转体引拍动作,后摆幅度大小要根据对方不同的发球来调整。握紧球拍,手腕固定,并向击球方向踏出异侧脚。主动向前迎击球,击球点在体前侧胸部高度处。

对于快速来球,回球时多数是采用阻挡式动作,即和截击球打法相似,不要做过大的挥动,因为在接发球时根本没有足够的时间做出正常的引拍击球动作,只能控制好球拍拍面,握紧球拍,绷紧手腕,把球挡回去。

3. 随挥跟进

击球后的随挥动作有时不明显,一般是拍头竖起,顺势结束在较高处,并立刻移动准备下一次击球,或随球上网。

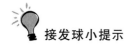
接发球小提示

- 准备接发球时要放松,只需在击球时使劲,过度紧张会影响腿部移动和击球动作。
- 要争取主动进攻,不要被动应付。
- 注意力高度集中,当对方抛球上举挥拍时,眼睛应紧紧地注视着球。
- 对方发球越快,接发球的后摆动作幅度越小。
- 如果对方发球后不上网,接发球尽量要打得深;如果对方发球后上网,接发球就打向对方的脚下。

二、网球运动提高技术

(一) 截击球

截击球是将来球在落地之前击回对方场区的打法,其特点是缩短击球距离,扩大击球的角度,加快回球速度,是一种重要的进攻技术和得分手段。

1. 正手截击球

当判明对方来球方向后,立即转肩,几乎不用手臂的动作,拍子便会自动地带起向后。击球时保持拍头上翘,拍面稍向后斜,向前略向下撞击球,有点像切削球。

2. 反手截击球

当球来到反手一侧时,用扶拍手向后拉球拍,同时转肩,球拍开始简短地后摆,反手截击的挥拍简短,在体前撞击球,两手的动作就像在拉橡皮筋,以保持身体的平衡。

(二) 高压球

高压球是指在头上用扣压动作完成的击球方法。当冲到前场打截击球时,对方常用挑高球来调动,如果用高压球回击,即使不能直接得分,也可使对方产生恐惧心理。

1. 落地高压球

当对方挑出又高又深的球时,就只能退到球落地弹起后即将落下的位置的后面打落地高压球。打落地高压球时,侧身举拍迅速退步调整站位,垂下拍头,抬起肘关节,通过手腕的扣击动作使拍头加速,击球瞬间,手臂、手腕和球拍在一条直线上。

2. 凌空高压球

当对方挑出的高球较低并且富有进攻性,就只能在空中击球,即凌空高压球。一旦对方挑出这种球,应快速侧身后退,早一点举拍,非持拍手指向来球,保持身体的平衡。球拍后摆动作要简短,拉过肩,拍头下垂,手腕翘起,肘部抬起。击球时,手臂伸直,收腹、挥臂、扣腕,使拍头加速,在右肩上方击球。

(三) 挑高球

挑高球技术主要是对付网前进攻。它可以破坏对方的进攻节奏,改变对方回击球的速度。它不仅是被迫使用的一项防御技术,而且可以变被动为主动,甚至可以直接得分。挑高球应做到动作隐蔽,防止对方过早识破。挑高球必须有一定的高度和深度,否则很容易被对方截击或高压,从而陷入更加被动的境地。

1. 防守性挑高球

当跑到离场很远的地方接一个非常被动的球时,可使用防守性挑高球。防守性挑高球的弧线很高,把球挑到对方即使快速后退跳起也打不到的高度,调动对方奔跑,同时也使自己有充足的时间迅速跑回场地,以扭转被动的局面。

2. 进攻性挑高球

进攻性挑高球一般用上旋打法,又称为上旋挑高球。进攻性挑高球的弧线稍低,球会落在后场较深处,落地后反弹前冲力较大,使对方没有时间跑回去救球。击球前拍头低于来球,击球时抖动手腕,产生很大的摩擦力,使球剧烈向前旋转。

(四) 随击球

随击球是一种混合的击球技术。其主要目的是为上网进攻创造条件,击球后应立刻上网而不能停顿在中场。当对方的来球在发球线附近跳起时,应马上向前移动,边跑边做小幅后摆动作,采用自己得心应手的打法击球,动作要简单。随击球的关键是落点,要朝着对方回球最困难的位置打,降低对方回球质量,使自己在网前处于主动。

(五) 放小球

放小球是指把球轻轻击到对方网前的打法,也叫放轻球、放短球。放小球主要是以智取胜,通过调动对手,迫使对手疲于应付、消耗体力,达到争取主动的目的。放小球的准备姿势及引拍动作同正反手击球动作技术基本相似,击球前一定要伪装好,不要过早地暴露击球意图。击球时,侧身对网,拍面稍开放,轻轻削击球的下部,尽量使拍触球的时间长一些,拍头沿着前下方移动,形成下旋球,球落地后跳得较低。

(六) 反弹球

反弹球是在来球落地后刚刚弹起的瞬间进行击球的技术。打反弹球是一种应急的打法,通常用于回击对方向你脚旁打来的球,或是当你正在上网时既不能打凌空球,又来不及退后打落地球,只能在球离地弹起的一瞬间打反弹球。打反弹球时,球拍尽早小幅后摆,屈膝降低身体重心,拍柄和地面成平行状态;保持下蹲姿势,球拍靠近地面,绷紧手腕,尽量在前脚前面击球。击球时,拍面与地面几乎垂直,整个击球动作是由下向上地挥动。

第三节 网球基本战术

一、网球战术的基本原则

(一) 知己知彼,有的放矢

比赛前,不但对自己的情况心中有数,而且要观察、了解和分析对手整体的竞技状况,客观地摸清对手的握拍特点、击球力量、特长技术、心理素质、体能状况及技战术运用特点等,然后有针对性地制订出切实可行的战术方案，真正做到知己知彼，有的放矢，以取得比赛的胜利。

（二）击球要稳，减少失误

在网球比赛中要"稳"字当头，首先要争取击球的成功率。一场中等水平网球比赛的胜负实际上是看谁失误少。因此，一般情况下，击球落点首先是应该在安全区域内，而不应冒险把球击向靠近边线或距端线60厘米以内的区域，更不能盲目应用自己还没有掌握的技术。

（三）把球打深，争取主动

无论是进攻型还是防守型的选手，都要遵循一个原则——把球打深。把球打深有以下三点好处：一是延长自己回击反应的时间，二是阻止对手上网，三是缩小对手回球的角度。所以，在比赛中一般都应尽量把球打深。

（四）选择时机，上网截击

上网截击不仅使击球速度快，而且从心理上占有优势，有时甚至是决定比赛胜负的关键。因此一有机会，选手们就要果断、快速上网截击。网前截击可以采用发球上网、接发球上网和等对手打一个浅球时上网等时机。对于初学网球者，必须要克服被球击中身体的恐惧心理，选择好时机，积极主动争取上网截击。

二、网球单打战术应用

（一）上网型打法

上网型打法就是利用网前进攻为主要得分手段，积极创造一切机会和条件上网后，在空中截击来球，利用速度与落点变化造成对方还击困难，甚至失误。上网型打法的常用战术有以下几种。

1. 发球上网

利用快速有力和落点多变的发球，迫使对方接发球而难以进行主动发力，然后快速移步上网。

2. 随球上网

在对打中，利用低而深的球，使对方难以发力，然后快速移步上网。

3. 接发球上网

在判断准确、及时的基础上，接发球时打快深球或空当球，使对方失去主动，然后迅速上网。尤其是在接对方的第二发球时抢攻上网，以充分发挥自己上网型打法的特点。

（二）底线型打法

在网球比赛中，双方有很多时候都是处在底线对抽阶段，运用凶狠的底线抽击球，使对方难以截击。底线型打法要不断变换击球方法，如采用上旋和下旋结合，采用斜线和直线结合，用大角度调动对手等。通过轮流改变球的方向，使对手左右跑动，不要让对手有规律地移动。

（三）综合型打法

综合型打法就是底线和上网两种打法的综合运用。综合型打法积极快速，以攻为主，正、反手都能打加力的上旋抽球,有连续进攻能力,能拉开对方,善打截击球和高压球,使出球威力大、落点好、破网反击能力强。综合型打法以基本功扎实、技术全面为基础,可根据不同的对手和不同的技战术情况以及场地特点与战术需要,灵活地变换战术打法。综合型打法攻守平衡,符合积极主动、灵活多变的战术原则。

三、网球双打战术应用

双打比赛同单打比赛明显的区别首先是场地扩大了,参赛选手也由原来的 2 人增加到 4 人;其次是击球路线和落点的不同。在具体的战术运用上应注意以下几点。

(一)互相鼓励,协作配合

双打要求把两个人的长处结合起来,打出比其中任何一个人单打水平都要高的比赛。由于双打战术变化比单打复杂,双打的要素是两个人如同一个整体,默契配合、并肩战斗,相互间的距离一般不要超过 3.5 米以上。

(二)合理站位,控制网前

双打比赛,一般是能够控制网前的队容易得分,所以双打比赛应该有网前控制意识。

(三)发球好的队员先发球

让发球好的队员先发球,不要企图以发球直接得分,要提高首发命中率。第二发球应该尽量减少失误。水平一般的选手,反手都比较薄弱,所以发球应该以其反手为攻击目标。在右区发球时发向对手的内角,在左区发球时发向对手的外角,但偶尔也要朝其正手方向发,以干扰对手的预测。

(四)接发球打斜线为主

双打接发球常常是打斜线球为主,但如果站在网前的对手有截击的意图,可以打一些直线球。

第四节 网球竞赛规则

一、比赛场地与设施

网球场地的占地面积长不小于 36.6 米,宽不小于 18.3 米。在这个面积内,有效网球运动场地是一个长 23.77 米,单打场地宽 8.23 米、双打场地宽 10.97 米的长方形区域。

网球比赛用球为黄色,球的直径为 6.35—6.67 厘米,重量是 56.7—58.5 克。

网球球拍的材质有木质球拍、铝合金球拍、钢质球拍和复合物(尼龙、碳素)球拍。球拍由弦线上下交织编制或连接而成,每条弦线必须与拍框连接,拍框和拍柄的总长不超过 73.66 厘米,拍框的总宽度不超过 31.75 厘米。

二、简要竞赛规则

(一)竞赛项目

网球正式比赛项目有 7 项,包括男子单打、女子单打、男子双打、女子双打、混合双打等 5 项单项比赛和男子团体、女子团体等两项团体比赛。

戴维斯杯和四大网球公开赛中男子项目采用 5 盘 3 胜制。其他的网球比赛一般采用 3 盘 2 胜制。女子比赛全部采用 3 盘 2 胜制。

(二)记分方法

网球比赛用分、局、盘三级记分制。与其他球类比赛项目的记分方法比较,网球比赛的记分方法比较特殊。

1. 分:每胜 1 球即得 1 分

网球的报分方法比较特殊,第 1 分呼报 15,第 2 分呼报 30,第 3 分呼报 40,第 4 分呼报 Game(表示结束一局比赛)。

15、30、40 的记分法起源于 15 世纪,它是以 60 进制的 1/4 为基数来报分,比分就报成了 15、30、45,后来又为了使报分时发音简便,就将 45 改成了 40。

2. 局:4 分为 1 局,先得 4 分者胜 1 局

如果打成 40∶40 时,称为"平分",这时一方需要再连续得 2 分才能胜一局。"平分"后,赢得第 1 分称为"占先",如"发球占先""接发球占先"。当占先一方失 1 分时,记分又回到平分。直到有一方净胜 2 分结束该局。

3. 盘:6 局为 1 盘,先赢得 6 局者即胜 1 盘

(1) 长盘制。

在一盘比赛中,如果双方各胜 5 局,一方必须再连续胜 2 局才能结束这一盘。这样,在势均力敌的情况下,比赛时间就特别长,因此将这种赛制称为长盘制。

(2) 短盘制。

为了控制比赛时间,现在普遍采用短盘制。短盘制又叫平局决胜制,俗称"打小分"或者叫"抢七",当局数为 6∶6 时,再打一个决胜局,决胜局中任何一方先赢得 7 分即可胜出。如果决胜局打成 6∶6 平分时,一方必须净胜 2 分才能胜出(决胜局全部采用数字记分)。

(三)发球

1. 合法发球

(1) 每局开始,发球员先从右区端线后发球,得或失 1 分后,再换到左区端线后发球。之后,每得失 1 分,交换 1 次发球区域。

(2) 发球员在发球前应先站在端线后、中点和边线的假定延长线之间的区域内,用手将球向空中任何方向抛起,在球接触地面以前,用球拍击球(仅能用一只手的运动员,可用球拍将球抛起)。球拍与球接触时,就算完成球的发送。

(3) 发球员在整个发球动作中,不得通过行走或跑动改变原来站的位置,两脚只准站在规定位置内,不得触及其他区域,否则判为"脚误"。

(4) 发出的球应越过球网,落到对角的对方发球区地面或其周围的线上。

(5) 发球员第一次发球失误后,应在原发球位置上进行第二次发球。

2. 发球失误

(1) 球抛起后,球拍未击中球。

(2) 发出的球,在落地前触及固定物(不含球网、中心带和网带)。

(3) 发出的球,落到对角的对方发球区之外。

(4) 违反发球站位的规定。

3. 重发球

(1) 发球触网后,球仍然落到有效区内地面或触到接球员及其携带物。

(2) 接球员未做好接球准备。

4. 发球次序

(1) 每局比赛结束后,交换发球权。

(2) 决胜局时,应该轮到发球的一方,先在右区发第1分球,然后由对方在左区发第2分球、在右区发第3分球。此后,轮流交替发球,每人连发2分球,其中第1分在左区发球,第2分在右区发球。

(四) 通则

1. 失分

发生下列任何一种情况,均判失分。

(1) 连续2次发球失误。

(2) 在球第2次着地前,未能还击过网。

(3) 还击的球触及对方场区界线以外的地面、固定物或其他物体。

(4) 还击空中球失败。

(5) 故意用球拍拖带或接住球,或触球超过1次。

(6) 运动员的身体、球拍,在发球期间触及球网。

(7) 过网击球。

(8) 抛拍击球。

(9) 除球拍外,运动员的身体或穿戴物触球。

2. 交换场地

双方应在下列情况交换场地。

(1) 每盘的单数局结束后交换场地。

(2) 每盘结束后,双方局数之和为单数时交换场地。

(3) 决胜局比分相加为6或6的倍数时交换场地。

3. 压线球

落在线上的球叫压线球,压线球都算界内球。

(五) 双打

单打规则均适用于双打,但双打规则也有自己特殊的规定。

1. 双打发球次序

每盘第1局开始前,由发球方决定由何人首先发球,对方则在第2局开始前,决定由何人首先发球。第3局由第1局发球方的另一名球员发球。第4局由第2局发球方的另一名球员发球。以下各局依此类推。

2. 双打接球次序

每盘第1局开始前,先接球一方应决定何人先接发球,并在这1盘的单数局中继续先接发球。对方同样应在第2局开始前,决定何人先接发球,并在这1盘的双数局中继续先接发球。他们的同伴应在每局中轮流接发球。

3. 双打还击

接发球后的还击,可由任何一名队员还击。如运动员在其同队队员击球后,再以球拍触球,则判对方得分。

第九章 棒垒球

第一节 棒垒球概述

一、棒球运动的起源与发展

(一)棒球的起源

根据美国有关专家多年来的考据认为:棒球运动源于英国的板球(Cricket),是从板球运动中脱胎而出的。

板球运动也是以击球跑垒和接球传杀为特点的,这与棒球运动十分相似。据史料记载:板球早在十四五世纪就在英国盛行,并随着英国人开拓美洲大陆而传到美国东北部各地。

在此基础上,1839年,美国人窦布戴伊(Doubleday)组织了第一场与现代棒球运动十分相仿的棒球比赛。比赛在波士顿队和纽约队之间进行。1845年,美国人卡特赖德(Cartwright)为统一名称和打法制定了有史以来第一部棒球竞赛规则,并正式采用了棒球(Baseball)这一名称,其中多数规则条文迄今仍继续使用。卡特赖德也是棒球记录的发明人,被人们尊称为"棒球之父"。

(二)棒球在中国的发展

中国人打棒球的最早记载,为中国工程师詹天佑在美国耶鲁大学留学时组织的"中华棒球队"。之后,一些从美国、日本归国的华侨及留学生把棒球运动带回祖国。

1895年,北京汇文书院成立棒球队。1907年,北京汇文书院与通州协和书院进行比赛,这是中国最早的一次棒球比赛。1913年,由中国、日本、菲律宾三国发起的远东运动会,历届都有棒球比赛,中国曾多次派代表队参加。中华人民共和国成立前的全国运动会也有棒球比赛,参加者多为学生。抗日战争期间,八路军在陕北、晋察冀等抗日根据地曾开展过棒球运动。

中华人民共和国成立后,1952年,第一届中国人民解放军体育运动会上也有棒球比赛的项目。1959年,新中国第一届全国运动会上,棒球被列为正式比赛项目,有23个省(自治区、直辖市)队参加,北京队获得冠军。1975年,第三届全国运动会上,棒球比赛分别在旅顺、大连和北京举行预赛和决赛,天津队获得冠军。1979年,第四届全国运动会上,有14个省(自治区、直辖市)队参加棒球比赛,北京队获得冠军。1975年9月,日本爱知大学棒球队来中国访问比赛,中国开始了棒球运动的国际交往。1976年8月,日本法政大学棒球队来访。1979年中国棒垒球协会成立。1981年,中国棒球协会加入国际棒球联合会。

二、垒球运动的起源与发展

(一)垒球的起源

垒球运动起源于美国,是由棒球运动演变而来。由于棒球运动需要的场地太大,雨雪天气时无法在室外活动,1887年在美国芝加哥,人们首先将棒球场缩小并移至室内进行,时称

"室内棒球"。数年后改在室外进行,为了有别于棒球,于1933年正式取名为"垒球",成立美国垒球协会并举办全美男、女垒球比赛。澳大利亚早在1947年就举办了第一届全国女子垒球锦标赛,而相应的男子比赛直到1984年才开始。1950年,垒球项目从大众游戏转变成为竞技体育项目。1952年,国际垒球联合会成立。1965年,在澳大利亚的墨尔本举行的第一届女子垒球世锦赛决赛中,东道主澳大利亚队以1∶0击败了美国队,夺得了世界冠军。这次比赛后,快速垒球很快成为垒球运动的主流。成年人垒球比赛分快投与慢投两种。随着垒球运动的发展,1996年第二十六届奥运会将女子垒球(快投)列为正式比赛项目。

垒球运动发展初期,包括4名游击手,每队有10名上场队员。垒球运动分为两种:快速垒球和慢速垒球。由于慢速垒球的规则要求投手掷出的球必须要有一定的弧线,从而有效地限制了球速,使得比赛的比分通常很高。与此相反,快速垒球则是低分投手的竞争,比赛中也只有9名上场队员。在亚特兰大奥运会上,曾有垒球投手投出了时速高达118公里的球。垒球的投手与击球手的距离短于棒球,一般棒球投手的球速为每小时160公里,所以对于垒球选手来说,其反应能力不比棒球选手差多少。

(二) 垒球在中国的发展

垒球运动在20世纪初传入中国。1915年,在上海举行的远东运动会上,菲律宾女子垒球队进行了表演。此后,垒球逐渐在中国的上海、北京、天津等地的教会学校中开展。1924年,第三届全国运动会首次将女子垒球运动列为表演项目。1933年,第五届全国运动会将女子垒球运动正式列入比赛项目。中华人民共和国成立后,1959年,新中国第一届全国运动会上有21个省(自治区、直辖市)的女子垒球队参加比赛。女子垒球在全国运动会上除了第二届和第五届以外,其余8届都是正式比赛项目。中国垒球协会于1974年成立,并于1979年加入国际垒球联合会。2003年,在南京举办了第七届世界青年女子垒球锦标赛,有14个国家和地区的青年队参赛。2006年,在北京举办了第十一届世界女子垒球锦标赛(同时也是2008年奥运会的资格赛),有15个国家和地区的队伍参赛。

第二节 棒垒球术语

一、棒球术语

1. 垒位

跑垒员为得分而必须按顺序踏触的、位于内场四角的四个位置叫"垒位"。垒位通常放置帆布垒包或塑料胶板作为标志。

2. 跑垒指导员

穿着与队员同样的运动服装,站在一、三垒外跑垒指导员区内指导击球员击球,而且与跑垒员跑垒的同队成员叫"跑垒指导员"。

3. 击球员

在击球员区内击球的攻队队员叫"击球员"。

4．击跑员

完成击球任务后向一垒跑进的攻队队员叫"击跑员"。

5．捕手

位于本垒后面的守备员叫"捕手"。

6．打击区

击球员击球时站立的区域叫"打击区"。

7．触击球

不挥动球棒但有意让球碰棒或使棒轻触来球，使球缓慢地滚入内场的击球叫"触击球"。

8．擦棒球

碰触球棒后迅猛而直接地到达捕手手中并被接住的击球叫"擦棒球"，没有接住就不是"擦棒球"。每一擦棒球均判一"击"，继续比赛。擦棒的击球如先触及捕手的手或手套再触身体并在落地前接牢时，为直接接住，判擦棒球；但先触及捕手的手或手套以外的东西，如身体、护具等，则不判直接接住。

9．中止比赛

不论任何理由而由主裁判员宣布中止的比赛叫"中止比赛"。

10．双杀

守场员无失误而使攻队两名队员连续出局的防守行为叫"双杀"。有以下两种"双杀"方式。

（1）双封杀。两个封杀造成的双杀叫"双封杀"。

（2）封触双杀。先用封杀，再用触杀造成的双杀叫"封触双杀"。

例①：一垒有跑垒员，一人出局，击球员击出地滚球到一垒手。一垒手接球触踏一垒（一个封杀出局）后传给二垒手或游击手，使一垒跑垒员在二垒被触杀出局（触杀成双杀）。

例②：满垒，无人出局，击球员击出地滚球到三垒手，三垒手接球触踏三垒（一个封杀出局），传球给接手触杀三垒跑垒员成双杀。

11．界内地区

从本垒经一、三垒边线其延长线直到挡墙或围网（包括垂直面的空间）以内的区域叫"界内地区"。

12．界内球

合法击出的球如遇下列任一情况时均为"界内球"：

（1）停止在本垒至一垒或本垒至三垒之间界内地区时；

（2）击球在界内地区触地后越过一、三垒垒位后，从垒位后面的界内地区滚出外场时；

（3）触及一垒、二垒或三垒垒包时；

（4）先落在一垒、二垒及二垒、三垒的垒线上或该线外的界内地区时；

（5）在界内触及裁判员、比赛队队员身体时；

（6）从界内地区上空直接越出本垒打线时。

13．界外球

合法击出的球如遇下列任一情况时为"界外球"：

（1）停止在本垒到一垒或本垒到三垒之间的界外地区时；

（2）地滚球在经过一垒、三垒垒位时，从垒位外侧界外地区滚入外场或继续滚出界外地区时；

（3）飞球的第一个落点在一垒、三垒垒位后界外地区时；

（4）在界外触及裁判员、比赛队队员的身体或其他障碍物时。

注意：① 击出的球在没有触及守场员前击中投手板，然后反弹到本垒到一垒或到三垒之间，反弹出界外地区时判"界外球"。

② 击球员击出球之后在尚未离开击球员区时，再次被击出的球无意碰触身体或球棒时为"界外球"。

14．界外地区

从本垒经过一垒、三垒边线及其延长线直到挡墙或围网（包括垂直的空间）以外的区域为"界外地区"。

15．好球

投手的合法投球如符合下列任一情况时为"好球"：

（1）击球员击球未中（包括触击）；

（2）击球员未挥棒击球，但该球的任意部分在飞行状态中通过了好球带的任何部分；

（3）两个"好球"前击成界外球；

（4）触击成界外球；

（5）击球未中而球触及身体；

（6）未落地而通过"好球带"的球触及击球员；

（7）"擦棒球"。

16．野手选择

守场员在处理界内地滚球时，不传杀击跑员而传杀前位跑垒员出局的防守行为叫"野手选择"。

野手选择也适用于记录员记录：

（1）击跑员由于守场员处理击出的安打球时，选杀前位跑垒员而多进一个垒或一个以上的垒；

（2）跑垒员由于守场员传杀其他跑垒员而取得的进垒（偷垒或守场员失误的进垒除外）；

（3）跑垒员由于守场员的疏忽的进垒（如无防守偷垒）。

17．封杀

守场员对击跑员进行传杀或对由于击跑员上垒而被迫进垒的跑垒员进行传杀的防守行为叫"封杀"。这种攻守局面叫"封杀局面"。

18．主队或后攻队

某队在本队球场或本地球场进行比赛时，该队即为"主队"，按惯例先守又叫"后攻队"。如在第三者的球场进行比赛时，则先攻队按事先排定的赛程或比赛开始前用抽签法或抛钱币来确定。

19．内野手

在内场各位置进行防守的队员叫"内野手"。

20. 飞行

飞行是指击出、传出或投出的球在触及守场员前还未触及地面或其他物体时的状态。

21. 出局危险

出局危险是指在继续比赛过程中攻方队员有可能被判出局危险的状态。

22. 局

局是全场比赛的一部分。比赛双方分别因三人出局而交换攻守各一次为一局。一方一次进攻为半局。

注意：先攻队进攻时为上半局，后攻队进攻时为下半局。

23. 平飞球

迅猛而直接飞向守场员而未触及地面的击球叫"平飞球"。

24. 死球

根据规则暂停比赛的击球、传接球或投球叫"死球"。这种暂停比赛的局面叫"死球局面"。

25. 活球

处于继续比赛过程中的球叫"活球"。

26. 出局

攻队队员被取消击球、跑垒或得分的权利或者防守队为使本队改守为攻，使进攻队失去三次进攻条件之一叫"出局"。

27. 滑出垒位

攻队队员除从本垒进入一垒外，凡因滑垒过头致离开垒位的行为叫"滑出垒位"。

28. 盗垒

盗垒即是趁投手投球给击球员时，跑垒员企图进垒的行动。

29. 投球

投手投给击球员的球叫"投球"。

30. 投手

向击球员投球的守队队员叫"投手"。

31. 比赛开始或继续比赛

比赛开始或继续比赛是指裁判员宣布开始进行比赛或遇死球局面时宣布恢复比赛的命令。

二、垒球术语

1. 四坏上垒

四坏上垒是指击球员获得四个坏球时，裁判员给予击球员安全进至一垒。

注意：（慢式）若投手有意投四坏球时，仅告知司球裁判即可。不必投球就可以保送击球员上一垒。

2. 变造球棒

变造球棒是指合法球棒的棒体被改造。例如，金属球棒使用木质握柄或使用异质胶带握柄,或插入其他物质于球棒内,或握柄部卷贴两层以上的胶带,或涂漆于球棒,但标记于棒头或底部除外。若仅另外更换合法的握柄套,则不在此限制内。但"牵牛花状或圆锥形"的握柄头,亦视为变造球棒。

3．打击顺序

打击顺序是指进攻队正式上场比赛的球员名单,其球员必须依此顺序上场打击,且名单上必须记载各球员的防守位置及球衣号码。

4．面授机宜

面授机宜有以下两种情况。

(1) 防守队的面授:防守队得以任何理由要求比赛暂停,裁判员允许防守队的代表(非上场球员)进入球场,给予投手任何授意(经其他球员转达亦是)。当防守队的代表进入球场、更换投手时,则非"面授机宜"。若是进攻队要求"面授机宜",则防守队亦可乘机面授,但是时间不得超过进攻队所用的时间。

注意:若教练从球员席出来,告知裁判员替补投手,则此为更换投手。更换之后,教练未到投手位置,则不视为"面授机宜"。

(2) 进攻队的面授:进攻队要求比赛暂停,其球队教练或球队代表得允许授意击球员或跑垒员。进攻队的投手上垒后,请求穿外套,或利用防守队的面授时,不视为"进攻队的面授"。若防守队要求"面授机宜"时,则进攻队亦可面授,但是时间不得超过防守队所用的时间。

5．砍击球(慢式)

砍击球(慢式)是指击球员持棒由上往下切击,使击出的球反弹得很高。

6．假触杀

假触杀是指防守球员无持球或未迎接球,而阻碍跑垒员的进垒或返垒的行为。

7．封杀出局

封杀出局是指击球员成为跑垒员时,造成击跑员或前位跑垒员丧失跑垒的权利,而刺杀出局者。

8．正飞球

正飞球是指击出、传出或投出之球,尚未触着地面或防守球员以外之物体。

9．漏捕(快式)

漏捕(快式)是指投手合法投出球而捕手在正常状态下,可以接住或挡住的,但结果却漏接了。

10．好球带

(1) 好球带(快式)是指击球员在正常打击站立姿势下,在其腋部以下至膝部以上的高度,并在本垒板平面上的任何部分空间之内。

(2) 好球带(慢式)是指击球员在正常打击姿势下,在其肩背部以下至膝部以上的高度,并在本垒板平面上的任何部分空间之内。

11．暴投(快式)

暴投(快式)是指投手投出过高、过低或过于偏侧,致使捕手在正常的状态下,无法或未能挡住及控制之球。

第三节 棒垒球基本技术

一、棒垒球基本进攻技术

棒垒球基本进攻技术包括击球、跑垒和滑垒等主要得分技术。

(一) 击球

1. 挥击技术

挥击技术包括握棒、站位、挥棒、随挥四个环节。

(1) 握棒。以小指、无名指紧握球棒,手法要轻,虎口不要紧贴球棒。右打者,左手在下、右手在上,双手靠近且拳面一致;左打者则右手在下、左手在上。

握棒方法有正常握法、长握法、短握法三种(以下以右打为例)。

① 正常握法。正常握法也叫中握法,双手靠拢,距棒端圆头处约5厘米。

② 长握法。左手接近球棒的细端圆头处,右手靠拢左手。这样握棒由于力矩长,摆幅大,击出的球有力量,打得远,臂力较好者可采用这种握法。

③ 短握法。左手距离球棒细端圆头处约12~18厘米,右手与之靠拢。这样握棒由于力矩短,起棒快,摆幅小,击中率较高,一般在臂力较弱或击快速球时采用。

(2) 站位。站位是击球员进入击球区两脚所站的位置。站位有三种不同的站位方法。

① 中间式站位,即双脚与本垒平行的站位方法。

② 开立式站位,即靠近投手一侧脚稍向后撤的站位方法。

③ 封闭式站位,即靠近接手一侧的脚向后撤的站位方法。

(3) 挥棒。

挥棒技术包括引棒、伸踏、挥棒(以右打为例)。

① 引棒。以右脚支撑身体重心,肩、腰充分右转向后引棒,手握棒不要过紧。头部转向投手,注意投手动作。

② 伸踏。左脚横向迈出约15厘米,以脚掌内侧着地,平稳过渡到全脚掌,左腿自然伸直。伸踏应保持较小幅度,重心起伏小。

③ 挥棒。左脚向前伸踏同时,右脚用力蹬地,转髋,转肩,挥臂,眼睛盯住球,以左臂为主导向下约45°挥棒,球棒在触球时应处于水平挥动路线上。

(4) 随挥。击球后,挥棒动作不应停止,手臂力量、腰部的转动等都要自然地进入到随挥中,球棒、两臂及上体都应随之向前继续推送,然后自然翻腕,棒头摆至左肩后上方,注意保持身体平衡。

2. 触击技术

(1) 准备姿势。击球员转体触击前的握棒和站位姿势与挥击技术相同,不要过早暴露触击意图。在投手投球离手一瞬时,击球员迅速向前导臂一侧转体,同时右手快速沿棒上滑至中部,拇指在上,其余手指在下,用虎口处握棒,左手控制击球的角度,右手控制击球的力量,棒头略高于棒尾,身体正对投手,重心下降,上体稍前倾,两眼注视来球,形成触击的准备姿势。

(2) 触击和收棒。当投手投出球后,击球员依据来球运行轨迹,调整站位及身体姿势,使球棒的中部对准来球。当来球接近球棒时,击球员的双手轻轻将球棒推出,球弹出后,双手脱棒,快速启动跑垒。

(二) 跑垒

1. 击跑员跑垒

(1) 击球后的起跑。击跑员完成随挥动作放棒后,左腿蹬地,右脚迅速向一垒方向跨出半步,上体前倾,沿直线疾跑5~6步,步幅小,步频快,两臂摆动幅度大,不看击出的球。

(2) 垒间跑。击跑员上体抬起,眼睛盯住一垒垒包,以最快的速度沿跑垒限制线全力向一垒奔跑,边跑边看球。

(3) 冲刺踏垒。击跑员在距一垒4米左右,身体前倾全力冲刺跑过一垒,尽量用左脚前脚掌踏触一垒垒包右角。踏垒后可沿界限外侧冲出几步。

(4) 减速返垒。击跑员跑过一垒后,上体抬起,以碎步逐渐减速,在距一垒3~5米处停止,随后转身面向场内观察场上的局面,做出是否进二垒或返回一垒的判断。若返回一垒,则应沿一垒边线的界外区域返垒。

2. 跑垒的技术

击球员安全到达一垒后即成为跑垒员。跑垒员分别停留在一垒、二垒或三垒时,随时准备机智地利用一切机会攻占下一垒位或偷垒。当投手持球踏在投手板上时,跑垒员以侧身滑步动作向下一垒方向移3~4步离开垒包,同时面向投手,眼睛盯着投手的前导臂和伸踏脚,重心降低置于两脚之间,保持身体平衡,离垒的范围以能够安全返垒为准。当跑垒员向下一垒起跑时,左脚经体前交叉,同时上体右转面向下一垒,并根据守场员接球位置和动作,迅速做出采用哪种方式上垒(如扑垒、滑垒、碎步上垒或连续跑垒等)。

3. 连续跑垒技术

击球员击出高远、快速的空当球,或防守队员传球失误,击跑员或跑垒员可连续跑垒。连续跑垒时,在临近垒位5~6米时,应逐渐向外侧绕弧线。跑动中上体应向内倾斜,克服离心力,靠近垒位时用右脚踏垒垫内角,踏垒后加速直线跑向下一垒位。

(三) 滑垒

滑垒基本上是向二垒、三垒的推进和归垒,以及回到本垒的时候所采取的方式。滑垒技术不好,就无法进行偷垒,且中途不能降低速度。从高速跑的状态下,为了触垒而不得不在垒前降低速度的话,就很容易被对手触杀,为此,需要滑垒。滑垒的方式大体上分为脚在前与手在前两种。一般使用的是脚在前的方式,根据情况,有时又不得不使用手在前的方式。

二、棒垒球基本防守技术

棒垒球防守技术包括接球、传球、投球、触杀、封杀和追杀。

(1) 接球。面向本垒,两脚左右开立,两手置于胸前,眼睛注视来球。一般用双手接球。

(2) 传球。以食指、中指和拇指持球,掌心不触球。传球分为肩上传球、体侧传球(也称横手传球或上肩传球)和低手传球(也称下手传球)。

（3）投球。一般采用身体正对击球员的正面投球和身体侧对击球员的侧面投球两种投球姿势，球出手时通过手指、手腕的压、拧、拨等动作，可投出不同性能的曲线球、直线球、变速球、飘球、滑球和下坠球。投球分为肩上高压投球、低肩侧身投球、低手投球。

（4）触杀。守备员持球碰触离开垒位的跑垒员使之出局。

（5）封杀。守备员持球，在跑垒员进垒或退垒到达垒位前，先触及垒位，或对击跑员进行传杀，使之出局。

（6）追杀。守备员追赶离开垒位的跑垒员并用持球手碰触跑垒员使之出局。

第四节 棒垒球基本战术

一、棒垒球进攻基本战术

攻击中的整体进攻战术，是得分所不可缺少的必备条件。掌握一切机会，并采用最有效的攻击手段，是每一个球队都必须拥有的技术。整体进攻战术的进行，通常是按照教练的指示实施的，即担任攻击的选手能圆满完成教练的指示，是其首要任务。所谓进攻战术的含义就是，如何千方百计地成为跑垒员，成为跑垒员之后，又如何创造得分机会，并如何使分数再增加。为此，就需要将选球的技术，以及打跑、触击、偷垒、抢分等进攻战术手段在比赛中百分之百地发挥出来。因此，在进攻战术练习时，应以实际可能发生的情形作为练习指标，而待战术完全纯熟后，在实际比赛中如果遇到同样状况，就不会手足无措。技术是一切战术的基础，只有在实战式的练习中，将个人技术与进攻战术相结合，才能真正发挥进攻手段的作用。

棒垒球的进攻战术，跑垒击球员击出球后，在守方队员未接到球的瞬间，立即上垒，抢垒位。

滑垒跑垒员身体贴地面滑动的占垒动作，有侧身倒地踏垒和俯冲倒地踏垒。常用的进攻战术有：

（1）观察。即投手投来的第一个球，不击，以观察投手的动作及实力。

（2）积极迎击第一个球：以达到攻其不备的目的。

（3）击出高远球：准备牺牲自己促使同队进垒得分。

（4）打带跑：即把球击到一垒跑垒员身后的空隙地带，使其他跑垒员安全进到二垒或抢到三垒，破坏对方企图制造双杀的机会。

（5）跑了再打：跑垒员先偷垒，击球员随后击球。

（6）触击牺牲打：击球员用触击将球击向一垒（或三垒），击出地滚球引诱守队"杀"一垒，击球员牺牲自己，使同队进垒或返回本垒得分。

（7）跑垒员双偷垒：制造三垒跑垒员返回本垒得分机会。

二、棒垒球防守基本战术

防守的基本战术有：防单偷、防双偷、防三偷、造四球、防牺牲触、防牺牲打、防抢分触、防上垒触、双杀、配球、缩小防圈等战术。这些战术主要用于球未击出来时的对策,有些战术不能过早暴露。而球被击出来后,防守阵型需变化和配合补漏、补垒、接力、拦接、跟进等。

1. 防单偷

当捕手预感或发现跑者有偷垒意图时,应采取相应对策。

(1) 配外高坏球战术暗号。

(2) 投手加快球速。

(3) 捕手半蹲接球,重心前倾,步法简练,出手快,球路平直,传准触杀位。

(4) 捕手要集中思想接球和传杀,不要受击球员用球棒干扰或假触击的影响。

(5) 二游要事先确定好谁进二垒、谁补漏,并逐渐靠近二垒的位置。若跑垒员要"二偷三",三垒手回垒要及时,游击补漏。

2. 防双偷

当垒上有两名跑垒员时,攻方后位跑垒员可有意离垒过多,引诱捕手传杀,这时前位跑垒员乘机偷垒,守方转向传杀前位,后位继而上垒,造成双偷垒成功。为此,守方应采取相应对策。

(1) 当后位跑垒员有意离垒过多时,捕手不能急于传杀。

(2) 因攻方若采取双偷垒战术,击球员不会击球,这时捕手接球后快速起身追杀离垒过多的后位跑垒员;同时,注意前位跑垒员的动向。

(3) 最好迫使后位跑垒员向前垒位靠近,造成同一垒位有两个跑垒员,这时只要持球轻触,后位跑垒员就出局。

(4) 当捕手迫近后位跑垒员时(约10米左右),跑垒员仍未回垒,应马上传杀,同时注意前位跑垒员的动向;若前位跑垒员离垒过多,则重点转向传杀前位跑垒员。

(5) 这时外野手向前移动,内野手注意回垒,因可能遭夹杀或双夹杀局面。

3. 防三偷

防三偷是攻方满垒时,引诱守方传杀后位跑垒员,制造三偷垒,从而下本垒得分。守方的对策同防双偷。

4. 造四球

当攻方二垒、三垒有人,又遇强打手击球,本方投手制球力和球速相对弱的情况下,可故意投四坏球,造成满垒和封杀局面,便于防守。

5. 防牺牲触

一出局或二出局以前,垒上有人(除三垒有人外),攻方可能会采用牺牲触击,这时守方的对策如下:

(1) 内野近防,但不能过早暴露;

(2) 捕手配高好球或似好非好的高球,造成触击小飞球;

(3) 捕手注意指挥触击球的传杀方向,没把握传杀前位,就杀后位。

6. 防牺牲打

当二出局以前,三垒有人,要防止攻方牺牲打,这时捕手要配低球,使击球员勿击外野高飞球。若要出局数,则内外野手可远防;若要防止下分,则内外野手要近防。

7．防抢分触

二出局以前，三垒有人，攻方有抢分意图，这时守方的对策如下。

（1）捕手配内高坏球，使击球员竖着球棒触击，既触不好球，又易触成界外球。也可往击球员的小肠投，这时击球员会跳起躲避，捕手接住球后顺势触杀跑者。若为左打，则可配较偏的外高坏球，使击球员碰不着球。

（2）三垒手要尽量使三垒跑垒员离垒少些。方法是：三垒手先有意离开三垒，待投手合掌时，突然回垒并出声"三垒、三垒"，引诱跑者回三垒或重心移向三垒，这时投手迅速投球。

（3）内野手全部收缩防守，但不能暴露过早。

8．防上垒触

如果本方投手较强，击球者较弱，跑速快又是左打者，当垒上无人时，要防止上垒触击，对策如下：

（1）内野稍中防或近防；

（2）配外角高球，因左打者的上垒触击往往采用边跑边触，用前交叉启动触击，不易打外角球，尤其是左投手投滑球或外曲下坠球更难打；

（3）二垒手的守位稍靠一垒，并注意补一垒。

9．双杀

双杀战术要根据局面来处理，其对策如下。

（1）当一垒有人，二出局前，右打者：

① 捕手配内角低球，使球击向游击手易双杀；

② 游击手调整好双杀守位，二垒手稍靠二垒；

③ 三垒手注意防三垒边线安打球。

（2）当一垒、二垒有人，无人出局时，可重点打二垒和一垒双杀；一人出局，可重点打一垒、二垒双杀。当然还要根据击出的方向、位置选择最佳双杀战术。例如，球击向三垒包附近，无论是一出局或无人出局，三垒手应马上接球后踩垒包封杀三垒，然后传杀一垒；若是球击向三垒手的左手方向，则接球后马上传杀二垒或一垒，这时若转身先传三垒，往往来不及双杀。若球击向二垒附近或一垒、二垒之间，则只能打一垒、二垒双杀，打三垒封杀往往来不及。

（3）当满垒时，无人出局，可重点打本垒和一垒双杀；已有一人出局，球击向二垒附近，重点打一垒、二垒双杀。

（4）当决定打双杀战术时，捕手务必配低球造成击球员打地滚球。

10．配球

投手针对击球员的不同弱点，投出不同的球，如快速球、变速球、曲线球或下坠球等，使击球员无法击中来球，造成出局。

11．缩小防圈

为了防止击球员采用牺牲触击球战术，应缩短防守距离，明确本垒前各区有人负责截接球，其余各队员应移动补位防守。

第十章 游泳

第一节　游泳概述

游泳是水浴、空气浴、日光浴三者结合的运动,它不仅是广大青少年所喜爱的运动项目,而且也是适合男女老幼进行锻炼、简单易行的一项体育活动。

从健康意义上说,经常从事游泳锻炼,可以增强内脏器官的功能。人在水中游泳时,要承受水的一定压力,特别是吸气时,扩大胸廓就必须对抗水的压力;呼气时,由于水的密度大而产生了阻力,因而锻炼了呼吸肌。通过游泳呼吸,使呼吸肌变得强壮有力。

由于游泳时人体所有的肌肉群都参加活动,需要血液把氧气和营养物质不断地输送给各肌肉群,这就加重了心脏的负担,使之锻炼得更有力,从而使血管壁增厚,弹性加大,心血管的机能得到了加强。所以,游泳运动员平时的心跳比一般人慢而有力,大约每分钟40~60次,个别人甚至更慢。长期从事游泳锻炼的人能使心肌适应异常快速地收缩。

游泳是在水这样一种特殊的环境里进行的运动,要比在陆地上消耗的热量大得多,这就必须尽快补充所散发的热量,以抵抗冷水的刺激,从而促进体内新陈代谢过程的加强,使体温调节机能得到改善,以适应外界气温变化。

此外,坚持游泳锻炼,能使神经系统功能增强,肌肉发达,在力量、速度、耐力、柔韧等身体素质方面都会有明显的提高。

游泳包括多种多样的形式,其中有的是由于模仿动物的动作而得名,如蛙泳、蝶泳(海豚泳);有的是按人体在水面上游动的姿势而得名,如仰泳、侧泳;有的是按动作的形象而得名,如自由泳(爬泳)。

目前,游泳主要分为实用游泳、竞技游泳和花样游泳三大类(如图10-1所示)。实用游

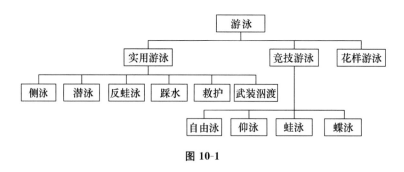

图 10-1

泳包括侧泳、潜泳、反蛙泳、踩水、救护、武装泅渡等,竞技游泳包括自由泳、仰泳、蛙泳、蝶泳。在竞技游泳中,男、女根据不同的泳式和不同的距离,规定了不同的项目(如表10-1所示)。

表 10-1

项目	男子	女子
自由泳	100 米　200 米 400 米　1500 米	100 米　200 米 400 米　800 米
仰泳	100 米　200 米	100 米　200 米
蝶泳	100 米　200 米	100 米　200 米
蛙泳	100 米　200 米	100 米　200 米
个人混合泳	200 米　400 米	200 米　400 米
接力	4×100 米　混合 4×100 米　自由泳 4×200 米　自由泳	4×100 米　混合 4×100 米　自由泳

第二节　游泳运动的基本动作

一、爬泳（自由泳）

1. 概述

游泳竞赛规则规定，自由泳比赛中，可采用任何一种姿势游进。爬泳时，身体几乎水平地俯卧在水中，有较好的流线型；两臂轮流向后划水，动作结构简单、自然、合理；两腿上下交替打水，协调配合两臂动作。爬泳是速度最快的一种游泳姿势。正因为这样，所以在自由泳比赛中，人们都采用爬泳技术。爬泳是在人们生产劳动、生活、运动实践中产生和发展起来的。在一些古代遗迹的考证中，有些图案描绘了当时人类劳动所采用的游泳姿势，有的就类似爬泳。

2. 技术分析（如图 10-2 所示）

（1）身体姿势。

爬泳时，身体应伸直成流线型，几乎水平地俯卧在水面。背部和臀部的肌肉保持适当的紧张程度，以控制身体姿势。身体纵轴与水平面约为 3°～5°，头与身体的纵轴成 20°～30°。眼睛向前下方看，水平面接近发际。

实验证明，不同的头部姿势对上身和下肢肌肉群有着不同的影响。因此，在游泳中保持正确的头部姿势是很重要的。过去有人为了减少身体在水中的投影截面，采取抬头挺胸的姿势，利用水对身体迎角产生的上升力，使身体高浮在水面上。实际上，抬头挺胸不仅不能减少阻力，反而由于出现背弓而使下肢下沉，以至于需要通过更加用力地打腿提高和保持臀部和腿的位置，结果是消耗了体力，削弱了两臂划水的力量。

（2）腿的动作。

爬泳中，两臂划水是主要的推进力，打腿主要是起平衡作用，使下肢抬高，保持身体成流

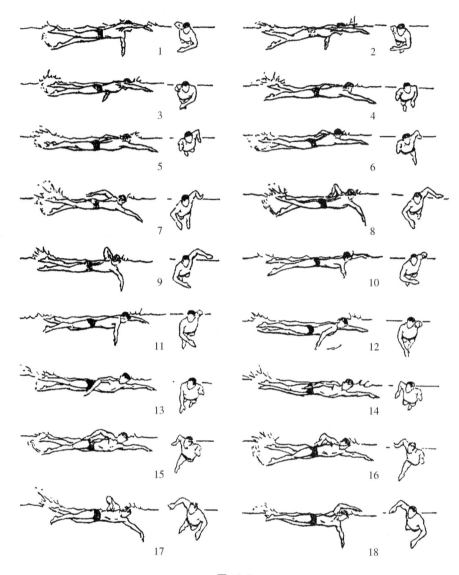

图 10-2

线型,以及协调配合两臂有力的划水动作。

打水时,两脚尖上下的垂直距离约为 30~40 厘米,两腿的动作基本上是相同的。因此,分析一腿的动作,便可以了解两腿的技术。

分析腿的动作时,是从腿向上动作开始的。当大腿带动小腿从下直腿向上移至踝关节、膝关节、髋关节与水平面成一条直线时,大腿稍微向上而完成动作,并开始向下打水,小腿和脚则随着惯性作用继续做向上打水动作,而使膝关节形成一个弯屈,约 160°。这时,小腿和脚达到了最高点。大腿继续向下打水,连同股四头肌的有力收缩,带动了小腿和脚做向下打水。脚从下向上至完成向上动作的过程,称为向上打水动作。

从上做向下打水时,小腿和脚由于受到水的阻力,与水保持一个有利的弯曲打水姿势,能造成较大的作用力。当大腿打水至最低部位而向上抬起时,小腿和脚由于股四头肌的收缩,保持着一个弯曲角度向下继续做打水动作,随着大腿继续向上和股四头肌完成强有力的收缩使小腿伸直，完成向下打水。接着，大腿又带动小腿和脚向上移动，开始了第二个循环动作。腿从上向下至完成向下动作的过程，称为向下打水动作。

爬泳的打腿技术是以髋、膝、踝三个关节点为轴，利用杠杆原理，做复杂的鞭状打腿动作。

(3) 臂的动作。

爬泳时，两臂划水是推动身体前进的主要动力。为了便于分析，可以把臂部动作的一个周期分为入水、抱水、划水、出水和空中移臂五个部分，它们之间并没有明显的界限，而是一个完整的过程。

① 入水。运动员完成了空中移臂动作之后，便把手臂浸入水中。手臂入水的部位在同侧肩关节的纵轴线上（即与身体纵轴相平行的肩关节延长线上）。手的入水点一般在身体的纵轴线和肩关节的纵轴线之间，有的甚至在肩关节纵轴线的外侧。

手入水点的差别取决于游泳距离和肘关节弯曲的程度。长距离游泳时，臂的入水点靠近身体的纵轴线；短距离游泳时，移臂的惯性力增大，臂的入水点在肩关节纵轴线或肩关节纵轴线的外侧。

入水时，手指自然伸直并拢，肘部较高，手稍微向下，指尖对着入水的前下方。有些运动员由于前臂肌肉放松而使桡腕关节屈至 $160°$ 左右。也有些运动员通过臂内旋而使手掌稍微倾斜，形成大拇指先入水。

② 抱水。手臂入水后立即用力划水是不正确的，因为这时全部或绝大部分支撑反作用力是向上的，如果立即用力划水，会使头和肩升高而不利于前进。

手臂入水后，要等到与水平面成 $40°$ 左右才进入有效的划水阶段。在此以前，手臂应积极地抱水，做好划水前的准备。

③ 划水。划水是指手臂在前与水平面成 $40°$ 起，至后与水平面成 $15°\sim20°$ 止的动作过程，这是使运动员获得推进力的主要阶段。这一阶段又分两个部分，从整个臂部划至肩下方与水面垂直之前称为拉水，过垂直面后称为推水。

拉水是从直臂到屈臂的过程。抱水结束时，屈肘为 $150°$ 左右。拉水时，前臂的速度快于上臂，继续屈肘，当臂划至肩下方时，手在体下靠近身体中线，屈肘约为 $90°\sim120°$。整个拉水应保持高肘姿势，使手和前臂能更好地向后划水。屈肘的程度应根据运动员的身体条件和臂的长短不同而有所区别。一般来说，手臂较长和臂力较差的屈臂程度大些，手臂较短和臂力较好的屈臂程度小些。

从拉水转入推水，应该是连贯地加速完成，中间没有停顿，特别是经过肩下垂直线时，不要失去手对水的支撑感觉。要使上臂与前臂同时向后划动，同时使肩部后移，以加长有效的划水路线。

向后推水是通过屈臂到伸臂完成的。为了使前臂、手掌能以最大的面积推水，在推水中肘关节要向上并向体侧靠近。

④ 出水。划水结束后，臂由于惯性作用而很快地靠近水面，运动员立即借助三角肌的收缩将臂提出水面，这时由于手臂放松的关系会稍微屈肘。肩部和上臂几乎同时出水，肩稍早一些。如果手划水尚未结束，提早转肩出水，则会影响有效的推水作用。

⑤ 空中移臂。臂在空中前移的动作是手臂出水的继续，不能停顿。移臂的动作应该放松自如，尽量不要破坏身体的流线型，要和另一只手臂的划水动作协调一致。手臂在空中前移要用统一的节奏，移臂过慢和过快都是错误的。

手臂移至肩部时,手和前臂赶上肘部,并逐渐向前伸出,掌心也从后上方转向前下方。接着,做准备入水的动作。移臂时,肩带肌肉应该向上、向前拉开,肩部靠近耳旁,使肩胛骨和锁骨转动,肩关节前移,这样有利于加大手臂动作的幅度和划水长度。在整个移臂过程中,肘部应始终保持比肩部高的位置。

在爬泳划臂的整个周期中,动作是不停顿的。随着阶段的不同,各部分所用的力量也不同,动作速度也有所区别。

(4) 两臂的配合。

两臂的正确配合是保持前进速度均匀性的最重要条件之一,有利于发挥肩带力量,积极参加划水。

两臂配合动作是轮换进行的,当一只手臂做准备动作时,另一只手臂进行划水。准备动作是在空中和一小部分在水中完成的。所以,两臂是互相追赶的,当一只手臂完成划水时,另一只手臂又进入划水动作。

(5) 呼吸动作的配合。

① 呼吸:运动员的游泳技术、划水力量和速度耐力等素质的表现,都与呼吸技术有密切关系。爬泳时,一般在两臂各划水一次的过程中做一次完整的呼吸,即吸气、闭气和呼气。吸气时,肩带和头应向一侧转动,如果头部姿势正确,只要在转头后稍许歪嘴,便能在低于水平面的波谷中吸到气。在转头吸气时,不应将头抬起,不然会使肌肉紧张,破坏身体平衡,导致下肢下沉。转头也不要过大或过猛,不然会造成身体围绕纵轴过分地摆动,以致破坏臂、腿动作的配合。

② 呼吸与臂的配合:以向右吸气为例,右手入水后,嘴和鼻开始慢慢地呼气。右臂划水至肩下,向右侧转头,呼气量开始增加。右臂推水即将结束时,呼气量进一步加大。右臂出水时,张嘴吸气。移臂至一半时,吸气结束并开始转头。继续转头、移臂并闭气,脸部转向前下方。头部姿势稳定时,右臂入水,开始呼气。

③ 完整配合:臂、腿和呼吸完整的配合技术,是游泳运动员匀速地不断向前游进的保证,其中手臂动作是力的主要部分,头、躯干、腿部的动作都应服从于手臂的动作。

六次打腿的爬泳使运动员很有可能配合一个周期中的所有动作,这可以作为运动员的个人特点和协调能力加以考虑。六次打腿与划臂各阶段的配合形式如表 10-2 所示。

表 10-2

划水阶段		向下打水	
右臂	左臂	右腿	左腿
入水	推水	—	第一次
抱水	推水结束,出水	第二次	—
拉水开始	移臂开始	—	第三次
推水	入水	第四次	—
推水结束,出水	抱水	—	第五次
移臂开始	拉水开始	第六次	—

二、仰泳

1. 概述

游泳竞赛规则规定,仰泳比赛时,运动员必须以仰卧的姿势游完全程。仰泳的动作结构和爬泳基本上相同,只是身体仰卧在水面上,两臂在体侧经空中向前做交替的划水动作,两腿上下交替打水,形状好似反爬泳,所以也叫"爬式仰泳"。

仰泳和其他游泳姿势一样,也是人们在长期的生产劳动中发展起来的。在长距离游泳中,人们发现,只要把身体仰卧在水中,手臂和腿稍加一些动作,就能自然地在水面上游动,同时又能获得休息的机会。在这个基础上,经过不断地实践,逐渐发展和完善了仰泳技术。

在游泳竞赛中,仰泳的速度仅次于爬泳和蝶泳。

由于仰泳游进时很难掌握方向,所以它的实用价值不如蛙泳大。在拖运较轻的物体时或在救护中,常用这种技术。

仰泳在教学中应用比较广泛,在教爬泳时也可以穿插仰泳的教学,因为两者的动作结构基本类似,穿插进行有助于爬泳技术的学习。

2．技术分析(如图 10-3 所示)

(1) 身体姿势。

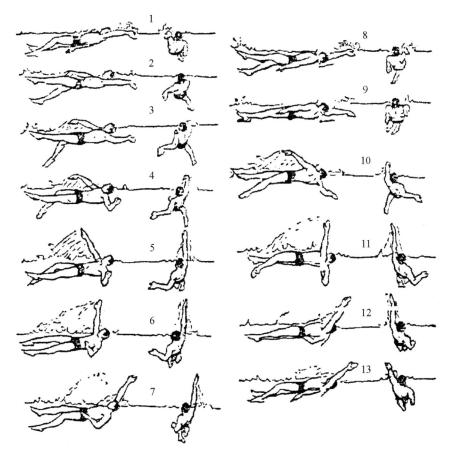

图 10-3

仰泳时,身体平直地仰卧在水中,头和肩略高于臀,身体纵轴与水平面构成一个不大的仰角,整个身体处于较高的位置。

身体在水中时,胸部自然伸展,腹部微收,胸腹几乎成一直线。这种平直的姿势能构成很好的流线型,游进时截面阻力小。

仰泳的头和肩略高于臀,这也为两臂自由划动创造了良好的条件,且移臂时受水的阻力小,同时使腿处于有利的部位,能更好地发挥腿的作用力。肩略高于臀,还可以使身体纵轴与水平面保持一个小的仰角,游动时可以利用水流动的上升力,使身体升高,减小身体的迎面阻力。

仰泳时,头的位置很重要,它好似掌握前进方向的舵。因此,在游进时要始终保持头部的稳定。仰泳时,头要自然地仰在水面,后脑浸入水中,肌肉放松,脸露出水面,水位在两耳际附近,眼看着后上方。

(2) 腿部动作。

仰泳时,腿部动作的主要作用是维持身体平衡,控制身体摇摆,形成一个好的流线型姿势,产生一定的推进力。

仰泳时,两腿动作是以髋关节为支点,由大腿发力,带动小腿和脚,有节奏地做上下鞭状踢水动作。

仰泳腿的动作与爬泳腿的动作很相似,但是由于仰泳的身体位置比爬泳低,所以腿的作用要比爬泳重要。仰泳踢水时,大腿比较靠近水面,动作幅度不大,比爬泳小;而小腿的弯曲角度要比爬泳大,约为135°,两脚上下的幅度约为45厘米。

仰泳两腿的整个配合过程就是"下压上踢"。向上踢水时,腿是由弯曲到伸直;向下压水时,腿几乎是伸直的。

(3) 手臂动作。

仰泳时,手臂的动作与爬泳时一样,都是产生前进力量的主要因素。目前,一般都采用两臂交替在体侧屈臂划水的技术。为了便于分析,我们把一个周期的手臂动作分为入水、抱水、划水、出水和空中移臂五个部分。

① 入水。在空中移臂后,要紧接着入水。入水时,手臂自然伸直,手掌展平,小指领先入水,入水点在肩的延长线上。这样入水,可以减少由于手掌带进空气而产生的气泡量。

② 抱水。手臂入水后,躯干向入水的同侧方向转动,借助前移的速度,直臂向深水处积极抓水,并做转腕和肩臂内旋的动作,同时开始屈臂,使手掌、上臂和前臂处在最有利的划水位置,形成有利的划水面。这种动作通常叫"抱水"。完成抱水动作时,手臂与身体纵轴构成的角度约为40°,手掌离水面30厘米左右,肘关节自然弯曲。

仰泳时,由于眼睛看不到自己手臂的入水和抱水动作,伸肩抱水动作又受到肩关节的一定影响,所以很容易一入水就划水,造成用力过早、对水面小和划水路线短。

③ 划水。仰泳的划水动作是推进身体前进的主要动力。整个动作是由屈臂抱水开始,以肩为中心,划到大腿侧下方为止。划水动作包括拉水和推水两个阶段。

从仰泳划水的动作轨迹可以看出,手掌在不同部位时所处的深度是不一样的,在整个划水动作中形成"S"形路线。这条路线是由屈臂划水、躯干和肩做合理转动而自然形成的。

仰泳划水时,手掌是手臂划水的压力中心,手掌对水准确与否,直接影响到划水效果。仰泳划水时,手掌的变化比别的姿势大。开始入水时,手稍勾,手掌向侧后方;入水后,手掌转向下,使手撑住水;从抱水到拉水时,手掌转向上方;从拉水转向推水时,手掌再次转向前下方推压水;推水结束时,掌心向下。这种积极变换手掌的划水技术,能使手掌始终保持较大的划水面,使手在不同的水流层中不断划到"新水",从而增加推进力。

④ 出水。手臂出水是指手臂划水结束后迅速提臂出水这一动作过程。当划水结束时,手掌自然转向下方,并靠近大腿,利用手臂内旋下压的反作用力和肩部三角肌收缩的力量,使手臂自然地提出水面。正确的出水动作是先压水、后提肩,使肩露出水面后,由肩带动上

臂、前臂和手依次出水。

⑤ 空中移臂。手臂出水后,应迅速地沿着与水平面接近90°的垂直面上由后向前移动。移臂时,手臂要自然伸直,速度要快。移臂的角度要适宜,角度过小,手臂在经空中前移时会造成肩带肌肉过分紧张,使肩下沉,增加水的阻力。移臂偏外,会形成身体的侧向反作用力,产生力偶,造成身体左右晃动,入水点容易偏外,导致划水路线短、肩位置低、阻力大。

仰泳时,两臂的动作应采用"连贯式"的配合技术。当一只手臂划水结束时,另一只手臂已入水,两臂几乎处在相对的位置上。因此,在仰泳划水的全过程中,两臂并不是经常处于同一平面内的,而是当一只手臂在水下划水时,另一只手臂在空中以较快的速度向前移动。这样能保持动作的连贯和速度的均匀,而且还有助于划水力量的加强。

(4) 呼吸动作和呼吸、腿、臂的动作配合。

仰泳时,身体成仰卧姿势,脸一直露出水面,因此呼吸技术简单、自然,只要张口有节奏地呼吸即可,但是不能用鼻子吸气,否则可能将水带进鼻腔而导致呛水。

三、蛙泳

1. 概述

蛙泳是模仿青蛙游泳的一种姿势,是最古老的一种游泳项目。据现有的资料记载,早在2000多年前,中国、古罗马、古埃及就已经有类似这种姿势的游泳。

2. 技术分析(如图10-4所示)

(1) 身体位置和头的姿势。

蛙泳时,当手臂和腿完成有效动作后,身体几乎是水平地俯卧在水面上,两臂向前伸直并拢,头略低,水齐前额,脸的下部浸入水中,胸的一部分、腹部、大腿和小腿完全处于水平姿势,身体纵轴与前进方向约成5°~10°。

保持这种姿势,应稍挺胸、略收腹、微塌腰、稍抬头,眼睛注视水中前下方。吸气时,下颌露出水面并尽量向前伸,头不要抬得过高,以免下肢下沉。注意保持身体的流线型,不然会产生漩涡阻力。

(2) 腿的技术。

蛙泳的腿部动作和臂部动作一样,都起着向前推进的作用。

蛙泳技术中,腿的动作变化很大。为了便于分析,我们把腿的动作分为开始姿势、收腿、翻脚和蹬水四个阶段。应注意的是,这几个阶段是紧密联系的完整过程。

① 开始姿势。在这个相当于滑行的阶段里,游泳运动员在鞭状蹬腿后借助惯性力向前滑行,两腿(包括脚尖)并拢向后伸直,大腿、腹部和一部分胸部位于一个平面上,与水面平行。臀肌、大腿股四头肌和腓肠肌应稍稍紧张,防止大腿过早地下沉,以便为收腿动作做好准备。

② 收腿。要把腿收到最有利于蹬水的位置,使脚掌内侧和小腿内侧对准蹬水的方向。同时,收腿时力量要小,避免产生阻力。

③ 翻脚。蹬水时鞭状效果的好坏,取决于完成翻脚的技术。翻脚动作一般是在收脚接近臀部、两小腿稍向外移时即已开始,两脚向外侧翻,使脚和小腿内侧正好对准蹬水方向,而不是在完全结束收腿动作后才开始。

④ 蹬水。蛙泳的蹬水动作是推动身体前进的主要动力。蹬水时,以收腿和翻脚所创造的条件,用有力的伸腿动作造成水的反作用力。

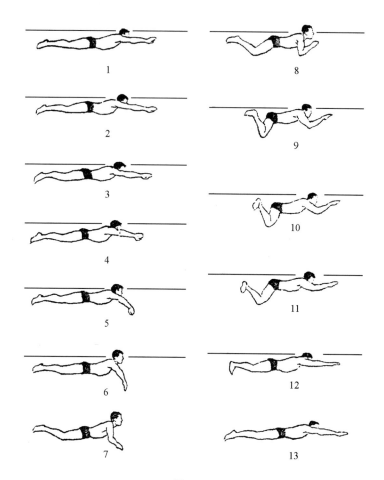

图 10-4

(3) 手臂的技术。

蛙泳手臂和腿在产生牵引力的过程中,起着同样的作用。当前世界上越来越多的优秀运动员强调发挥手臂的作用,并且在实践中获得了很好的成绩。现代蛙泳中手臂的作用是多方面的,包括:产生牵引力,在前进中加快速度;产生水对身体的向上作用力,使身体位置提高;与呼吸及腿配合,保持速度的节奏性。

蛙泳手臂动作在规则上明确规定:两臂要在水面或水下同时在同一水平面上向后划水,并同时从胸前伸出。这就要求手臂的各个动作做得准确到位。所以,认真做好手臂的划水动作很重要。

蛙泳手臂的技术是一个完整不可分割的连续动作,为了便于分析,我们将其分成如下几个阶段。

① 开始姿势。当运动员蹬水结束时,两臂自然伸直,保持一定的紧张度,手掌向下(两手可以接近水面,或在水下 10~15 厘米处,后一种在较大的程度上可使身体平稳),手指自然并拢,使两臂和整个身体成一条直线,形成良好的流线型。

② 抓水。现代蛙泳为了加快动作频率,而把一个周期内的各个动作时间缩短,减少了多余的动作。所以,在开始姿势时,手向前伸出后,前臂、上臂立即内旋,掌心转向外斜下方并稍勾手腕,两手分开向侧斜下方压水,当手掌和前臂感到有压力时,就开始划水。

③ 划水。划水与抓水是紧密连接的一个划水动作的两个过程。蛙泳划水动作主要是拉的力量,不像其他姿势还有推的力量。

蛙泳划水的方向是向侧、下、后、内四个方向,划水的路线为椭圆曲线。划水时,肘部保持较高的部位,这样做是为了使手臂能在最有效的角度内向后划水。因此,蛙泳的划臂在任何部位都要求肘比手高。

④ 收手。收手是由划水到向前伸臂的过渡动作,是划水的继续。动作是由向内到向前,手掌是由前向后,继而两手掌相对,最后掌心向下并前伸。

⑤ 伸臂。伸臂动作是由伸肩关节和肘关节完成的,肩关节的伸展最初比肘关节的伸展要快。因此,两手不是完全沿直线向前移动,而是先向前上、后向前移动,并且划两个圆滑的弧形。手掌由向内转向下(手掌转向下能发挥手臂撑水的作用),两手靠近(或使两拇指接触)。

蛙泳划水是一个完整的动作,划水轨迹是向"侧—下—后—内—前"方移动。划水力量开始时小,到划水主要阶段时逐渐加大。划水的速度是由慢到快,最后达到最快,只有到前伸结束,速度才慢下来。

(4) 呼吸动作和呼吸、臂、腿的动作配合。

蛙泳呼吸与其他姿势呼吸相同,都是用嘴吸气,用嘴、鼻呼气。吸气时,头向上抬,使嘴露出水面。抬头是通过颞骨的横轴完成的,不能影响肩带的姿势和增大肩的摇动,也不能靠躯干的动作完成。

蛙泳臂、腿的配合动作特别重要,这是动作协调、连贯和速度均匀的关键。目前世界上广泛采用的配合动作,是臂和腿动作连续不断的配合方法。即臂划水结束时,抬头吸气,这时膝关节开始弯曲,当收手并前伸时迅速收腿和蹬腿。这种配合的优点是:可保证有效地划水,使身体平直和保持较好的流线型,能合理地发挥臂、腿的作用。

四、蝶泳

1. 概述

蝶泳是蛙泳的变形,在蛙泳技术发展到第二阶段,即1937—1952年,各国的蛙泳运动员都采用了两臂划到大腿后提出水面,从空中向前移臂的技术,由于形状好似蝴蝶,所以称为"蝶泳"。

2. 技术分析(如图10-5所示)

(1) 身体姿势。

蝶泳由于动作结构特殊,所以没有固定的身体位置,它和其他游泳姿势的根本区别,就在于躯干各部分和头部不断地改变彼此间的相对位置。由于动作结构的原因,蝶泳时,头和躯干有时露出水面,有时潜入水中,这种身体上下起伏动作是自然形成的。以前有人认为身体大幅度的起伏动作能起推进作用,而现在则认为这种动作对前进是不利的。但是,完全没有起伏动作也是不可能的,而且那样会对正确的移臂、呼吸,尤其是对做强有力的鞭状打腿动作产生不利的影响。

正确的蝶泳动作是以身体横轴为中心,躯干围绕横轴做有节奏的摆动,发力从腰部开始,以大腿带动小腿,做上下的鞭状动作。这些动作也是和头部、臂部有紧密联系的,即手臂入水的动作与大腿向上移动和脚向下移动相一致。在手臂入水时,肩随着头浸入水中,臀部

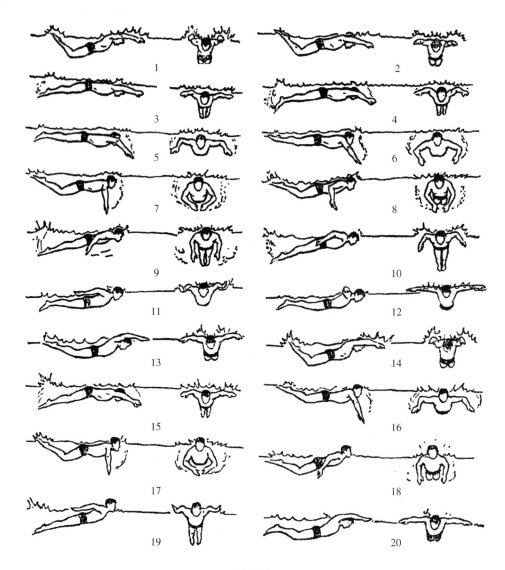

图 10-5

向上抬起。在两臂进入划水的主要阶段时,两肩露出水面一直到空中移臂的后半部分,又和臀部同时开始下沉。

(2) 躯干和腿的动作。

蝶泳打水是由腰部发力,大腿带动小腿做鞭状的打腿动作,整个动作是和躯干联系在一起的。目前,蝶泳的打水动作都是在一个动作周期中打两次。

蝶泳打水是两腿自然并拢,当两腿在前一划水周期向下打水结束后,两脚向下达到最低点时,膝关节伸直,臀部上升至水面,髋关节屈成 160°左右,然后两腿伸直向上移动,髋关节逐渐展开,臀部下沉;当两脚继续向上时,大腿开始下压,膝关节随大腿下压而自然弯曲,大腿继续加速向下;随着屈膝程度的增加,脚抬得接近水面,臀部下降到最低点,膝关节屈成 110°~130°左右,这时脚向上抬到最高点,准备向下打水;当脚向下打水时,踝关节必须放松伸直(这时是蝶泳打腿产生推进力的开始),然后脚、小腿随着大腿加速下压的动作,脚面、小腿加速向后推水；当两脚继续加速向下打水尚未结束时，大腿又开始向上移动，等膝关节完全伸直时，向下打水即告结束。

(3) 手臂技术。

蝶泳手臂的划水动作是推动身体前进的主要力量，它比其他姿势的划臂推进力都大。

蝶泳手臂的动作是：两臂经空中前移后，在头前方以与肩同宽距离入水，入水的顺序是手(食指)、前臂、上臂。入水后不要前伸和过分地做潜水动作，否则会造成大波浪和上下起伏而产生阻力，影响前进速度。然后，手和前臂内旋向侧下方抓水，两臂逐渐向内屈臂划水。从划水动作看，前臂和手掌是划水的主要对水面。为了形成更有利的对水面，在手臂进入划水时就应屈肘，并保持较高的位置。随后，做抱水和加速划水的动作。特别应该注意的是：上臂内旋和逐步加大屈臂动作是同时进行的，并且贯穿在划水的前半部分过程中。上臂内旋不仅有利于充分发挥背部肌肉的力量，而且有利于推水和提肘。提肘的动作是借助增加手臂内旋肌的力量，增加手臂下压肌的划水力量，使运动员在更有效的角度内向后划水，以增加推进力。

当划到距离水面约30厘米时，两手的距离最宽，并逐渐向内加速划水，前臂、上臂所构成的角度逐渐减小。划到肩的下方时，前臂、上臂约屈成90°～100°。然后，继续加速后划，前臂、上臂的角度逐渐增大。划到腹下时，两手距离最近。划到髋的两侧时，利用推水的惯性，提肘出水。两臂出水后，迅速经空中向前移。前移时，肘要稍高于手，前臂放松，摆至肩前入水。

(4) 臂和呼吸的配合技术。

游蝶泳时，借助两臂划水后部推水时的惯性，大幅度地伸展颈部后部的肌肉，抬头把嘴露出水面吸气。因为需伸展肌肉，肩部仍可保持在水中，头的位置容易提高。

蝶泳的呼吸时机很重要，它对于身体的平稳、呼吸的节奏、两臂配合的协调性和两臂划水的持续关系很大。蝶泳时，一般是臂划一次，做一次呼吸动作。

(5) 臂和腿的配合技术。

合理的、完善的配合技术，是保持蝶泳速度均匀、提高运动员成绩的基础。上文已经详细论述了两臂和呼吸的配合技术，至于手臂、腿、呼吸三者的配合，是以保持身体的流线型、加快频率和连贯性为原则，因此一般都采用2∶1∶1的配合方法。这种方法速度均匀，节奏协调，每次打水的间歇时间大致相同。

配合的方法是：两臂入水时，做第一次打水；抓水时，腿向上；两臂划水至胸腹下方时，开始做第二次打水；手臂推水结束，同时打水也结束。

第三节 水上救护

水上救护是指采取各种有效措施，将溺水者救出的过程，可分为间接救护和直接救护。水上救护工作是保障游泳者生命安全的一项重要措施。水上救护工作的原则是以防为主，以救为辅，防救结合，有备无患。

一、间接救护技术

间接救护是救护者利用救生器材,对较清醒的溺水者施救的一种技术。游泳场所一般都应备有救生圈、竹竿、木板、泡沫块、轮胎、绳子及输氧设备等。下面介绍几种常用的救护器材和使用方法。

1. 救生圈

最好在救生圈上系好一条绳子,当发现溺水者时,可将救生圈掷给溺水者。如在江河里,应向溺水者的上游掷去,溺水者得到救生圈后,将其拖至岸边。

2. 竹竿

溺水者离岸、船较近时,可将竹竿伸给溺水者,但切勿捅戳溺水者。待溺水者抓住后,将其拖至岸边或船边。

3. 绳子

在绳索的一头系一漂浮物,将绳子盘成圆形,救护者握住绳子的一端,然后将盘起来的绳子掷在溺水者的前方,使溺水者握住绳子上岸。

4. 木板(包括一切可浮物)

在没有其他救护器材的情况下,木板也可作为救护器材。将木板掷给溺水者,然后下水将溺水者拖带上岸。

二、直接救护技术

直接救护技术,是救护者不借助任何救生器材,徒手对溺水者施救的一种技术。直接救护技术大致可分为入水前的观察、入水、游近溺水者、水中解脱、拖运、岸上急救等过程。

1. 入水前的观察

当救护者发现溺水者后,应立刻迅速扫视水域,判断溺水者与自己的距离和方位。在江河湖海中还要注意水流方向、水面宽窄、水底性质等因素。救护者要本着在入水后尽快游近溺水者进行施救的原则,迅速选择入水地点。

2. 入水

救护者在发现溺水情况后,入水要迅速,注意目标。入水方法大致分为以下两种。

(1) 在熟悉的水域或游泳池,可用鱼跃式(头先入水)的出发动作。这种方法的优点是游速快,为实施救助争取时间。

(2) 在不熟悉的水域,可用"八一"式的动作。起跳后,两臂侧前举,一条腿前伸微屈,另一条腿稍向后屈,当身体接近水面时两腿夹水,手臂迅速压水。这种入水方法优点是不会使身体下沉过快、过多,并能防止碰到石头或暗桩,避免意外发生,而且使头部基本不入水,以便看清施救目标。

3. 游近溺水者

救护者在入水后迅速靠拢和控制溺水者,一般采用速度较快的抬头爬泳,亦可采用头不入水的蛙泳,以便观察溺水者。

当游到离溺水者 2 米左右时,深吸口气后采用潜水技术接近溺水者,以保护自身体力。如溺水者面向自己,则潜入水中,游到溺水者身旁,两手扶住他的髋部,将他转至背向自己,然后进行拖运,如图 10-6 所示。另一种方法是正面游近溺水者后,用左(右)手握其左(右)手,用力向左(右)边一拉,借助惯性使溺水者身体转 180°背向自己然后进行拖运。如溺水者背向自己,可直接游近溺水者,急停后,一只手托腋下,使其口鼻露出水面,另一只手夹胸做好拖带准备,并有效控制对方,如图 10-7 所示。

图 10-6

图 10-7

4．水中解脱

水中解脱是指救护者在接近或寻找溺水者时,被溺水者抱住后施行解脱,进行有效控制溺水者的一项专门技术。由于水中挣扎的溺水者,只要抓住任何东西就不会轻易放手,所以救护人员需要掌握一定的解脱方法,以防万一。解脱时一般应利用反关节和杠杆的原理,动作要迅速、熟练、突然。下面介绍几种常见的水中解脱方法。

(1) 虎口解脱法。

虎口是指拇指与食指之间的部位。当救护者的臂部任何部位被抓住时,都可以用这种方法进行解脱。

① 当溺水者两手从上抓住救护者的两手腕时,救护者可握紧双拳向溺水者的拇指方向外旋,肘内收来解脱;如果溺水者从下抓住救护者的两手腕,则紧握拳向溺水者虎口方向内旋,肘关节向外展,即能解脱。

② 当溺水者两手从下抓住救护者的一只手臂时,救护者一手可握紧拳头,另一手从溺水者的两臂中间穿出、握拳,突然从虎口下拉,即可解脱。

(2) 托肘解脱法。

这是救护者向上推托肘关节而施行的一种解脱方法。

① 从后面被溺水者抱住颈部时,救护者首先握住溺水者靠近自己胸前的一只手腕,另一只手从下向上托溺水者同侧臂的肘关节随之转体,然后低头,并向上推溺水者的肘关节,使救护者头部从溺水者腋下钻出来,即可解脱。离开溺水者肘关节后,乘势将溺水者的手腕拉至背后,另一只手扶住溺水者的前胸,进行拖运。

② 被溺水者从前面被抱住颈部时,救护者用左(右)手推溺水者的左(右)肘关节,右

(左)手握住溺水者的同一侧的手腕并向下拉,然后头从溺水者的两臂中间钻出来,即可解脱。这时握住溺水者的手腕从他腋下向后扭转拉到背后,同时放开推溺水者肘关节的手,并托住溺水者前胸,进行拖运。

(3)扳指解脱法。

这是救护者扳动溺水者大拇指所施行的一种解脱方法。救护者被溺水者从后方拦腰抱住时,用右手抓住溺水者右手的一指,用左手抓住溺水者左手的一指,分别向右、左用力拉开,然后放开溺水者的一只手,乘势转至溺水者背后,即可解脱。

5. 拖运

拖运是指救护者采用侧泳或反蛙泳进行拖运溺水者的一项专门技术。拖运时为防止溺水者因不明被救而强行挣扎,一般均采用夹胸拖带法,但应该注意救护者及被拖运者的嘴、鼻必须露出水面。夹胸手臂不可贴近溺水者的喉部。拖运分侧泳和反蛙泳两种技术。

(1)侧泳拖运法。

侧泳拖运法是指救护者侧卧水中,手扶住溺水者,一手在体侧划水,两腿做侧泳蹬水的动作前行。拖运时,一种方法是救护者一臂伸直托住溺水者的后脑,一手在体侧划水,两腿做侧泳蹬剪水的动作;另一种是救护者一手抄起溺水者的腋下,同侧髋部紧贴溺水者的背部,另一手在体侧划水,两腿做侧泳剪水动作。

(2)反蛙泳拖运法。

反蛙泳拖运法是指救护者一手或两手扶住溺水者,以蛙泳腿的动作使身体前进。拖运时,一种方法是救护者仰卧水面,两臂伸直,两手扶住溺水者的两颊,腿做反蛙泳动作使身体前进;另一种方法是救护者仰卧水面,双臂伸直,以两手的四指挟在溺水者的两腋窝下,大拇指放在肩胛骨上,腿做反蛙泳动作,使身体前进。

6. 岸上急救

将溺水者救上岸以后,首先是观察溺水者的病状,然后再决定做工人呼吸或做心脏按压,同时找救护车。

(1)观察病状。

① 确认意识:握住溺水者的手观看,或大声喊叫,如果他有意识的话,就会反握救护者的手或有回应,也有时会有眼皮微动。如果溺水者仍无反应,救护者可用手拧一拧溺水者,看他有无痛感。

② 确认呼吸:把脸贴在溺水者的鼻、口,感觉他是否有呼吸,同时观察其胸腹部。若溺水者有呼吸,其腹部就有上下起伏。

③ 确认脉搏:一般确认溺水者手腕的动脉,找不到此脉时,就找颈动脉。

(2)人工呼吸。

将溺水者救上岸后,若其呼吸十分微弱或处于窒息状态,应立刻进行人工呼吸。

首先将溺水者侧卧便于水从口中流出,再将其口鼻中的异物清除,以保持呼吸道的通畅。

接着进行控水,将溺水者呼吸道中的水排出,以便进行人工呼吸。控水方法是:救护者一腿跪着,另一条腿屈膝,将溺水者腹部放在屈膝的大腿上,一手扶着溺水者的头,使溺水者口部向下,另一只手压挤背部,把水排出。

排出水后,要立即对溺水者进行人工呼吸。操作方法:使溺水者仰卧,救护者在他身旁用一手捏住他的鼻子,另一只手托着他的下颌,救护者吸一口气,然后用嘴对紧溺水者的嘴将气吹入。救护者吹完一口气后,离开溺水者的嘴,这时松开捏鼻子的手,用手压一下溺水者的胸部,帮助他呼吸,如此有规律地反复进行,每分钟约做16~20次。开始可稍慢些,然后可适当加快。

(3) 心脏按压。

① 当溺水者失去知觉时,实施心脏按压和人工呼吸同时进行很重要。其特点是既可做人工呼吸又能起到压放心脏的作用,因此遇到呼吸、心脏均停止时可采用。

方法:溺水者仰卧,肩下垫毛巾或衣服,头稍后仰。救护者跪于溺水者头部上方,握其两手腕。操作呼气动作时救护者上体前倾,增加压力,将溺水者的双臂弯曲,用其两臂压迫双肋处,排出肺部空气。救护者操作吸气动作时,将溺水者双手提起,向左右两侧做伸展动作,此时胸腔扩展,空气便会进入肺里。

② 胸外压放心脏法:此法用于溺水者无心跳或跳得微弱时。

方法:溺水者仰卧,救护者跪在溺水者身旁,将一手掌置于溺水者的胸骨下端1/3处,另一手掌覆在上,两手掌重叠在一起,两臂伸直,借助身体的重力,稳健有力地向下垂直加压。压力集中于手掌根部,使溺水者的胸骨下陷。按压溺水者的心脏部位,然后抬起手腕(手腕不离开胸骨),使其胸廓扩张,心脏舒张。这样有节奏地进行,成人每分钟按压60~80次,儿童每分钟按压80~100次,直至心脏再跳动或确认已死亡。若溺水者心跳恢复应立即送往医院进行复苏后的治疗。

三、自我救护

在游泳中,当发生抽筋时,必须保持镇定,不要慌张,可呼救也可自救。在水中自我解救抽筋部位的方法,主要是拉长抽筋的肌肉,使收缩的肌肉松弛和伸展。

1. 手指抽筋

将手握拳,然后用力张开。这样迅速反复几次,直到抽筋消除为止。

2. 小腿或脚趾抽筋

先吸一口气仰浮水面,用抽筋肢体对侧的手握住抽筋肢体的脚趾,用力向背侧弯曲;同时用同侧手掌压在抽筋肢体的膝盖上,帮助抽筋腿伸直。

3. 大腿抽筋

可同样采用拉长抽筋肌肉的办法自救。

第十一章 田径健身运动

第一节 田径健身运动概述

田径健身运动是人们采用田径运动的基本内容和形式,以及在此基础上拓展的体育健身活动。

一、田径健身运动的主要任务

充分认识和挖掘田径运动的健身功能,在群众体育领域中广泛而科学地选用田径运动的基本内容和形式,为全民健身服务。

根据广大人民群众日益增长的形式不同的体育需求,应用、拓展和创编田径健身运动的基本内容和形式,为广大人民群众提供更多更好的、行之有效的健身方法和健身手段。

宣传有关田径健身运动的知识、技术、方法,吸引更多的群众热爱和参与田径运动,全面发挥田径运动在全民健身中的作用。

二、研究田径健身运动的意义

1995年6月20日,国务院正式颁布实施《全民健身计划纲要》,社会对体育需求的不断增长,人们需要更多、更好的健身内容、健身方法和健身手段。加强对田径健身运动的研究,创编出集健身和娱乐为一体的田径健身项目,具有现实意义。其主要体现在以下几个方面。

(一)改变田径健身运动理论与方法落后的局面

长期以来,由于各种因素的影响,对田径健身运动研究甚少,与教学、训练相比明显落后,已不适应社会发展的需要,使本应充满生机、令人向往的田径运动项目变得枯燥乏味、呆板单调,得不到应有的普及,因此加强这方面的研究,满足社会需要,促进田径运动的改革具有现实意义。

(二)探索田径健身运动的规律,开拓田径运动领域

随着体育运动大家族中各运动项目的发展、成熟,形成了其他运动项目与田径运动在竞技体育、学校体育、大众体育等各个领域的愈加激烈的竞争。田径工作者必须研究和总结田径运动在健身方面的规律、特点和优势,并广泛借鉴和吸收其他体育项目的有益成分,集百家之长,为田径所用,不断拓宽田径运动领域。

(三)挖掘田径健身运动潜力,为全民健身服务

随着全民健身计划的落实和全民健身热潮的兴起,广大群众迫切需要集健身、娱乐为一体的、行之有效的健身项目来充实自己的余暇时间。田径运动作为基础运动项目,有着其他项目无法比拟的优势,只有加强研究、挖掘潜力,才能使田径运动为全民健身的开展带来新的活力。

第二节 健身走

健身走是运用脚掌与地面的机械接触来刺激脚掌的穴位，激活经络，借以运行气血，使人体各部分的功能活动保持协调和平衡，达到防病、治病、延年益寿的目的的一种运动方式。健身走锻炼一般有以下几种练习方法。

一、散步

散步是一种步伐轻松、步幅较小（50～60厘米）、速度较慢（25～30米/分钟）、运动量较小的走步方法，适宜于中老年人，体胖者和关节炎、心脏病患者等人群。

散步时的正确姿势是身体自然正直，抬头挺胸，收腹收臀，头部保持与脊柱成一直线，两肩放松，双臂自然下垂。保持正确的姿势才能达到良好的锻炼效果。

走步时的正确姿势是：头部正直，但可以自由转动，上体正直，两腿迈步，动作自然，双臂前后摆动，两腿交替屈膝前摆，脚跟着地滚动至脚尖时，另一腿屈膝前摆，脚跟着地。步幅因人而异，一般是一到两个脚长。

二、走楼梯

走楼梯，也叫"爬楼梯""登楼梯"，是楼房居民利用楼梯的高度进行上下楼梯多次往返的走动运动。

青少年上楼梯时，常是一步跨几级台阶，很快就跨上去了。中老年人不能采用这样的方法，上楼梯时应上体微前倾，有意识地屈膝抬腿，前脚掌站稳台阶中部后随即蹬伸支撑，后腿屈膝抬起，前脚掌站稳在高一级的台阶上。两腿交替着不停地登上楼梯，稍停，待脉搏恢复正常后开始下楼。下楼梯时应上体微后仰，肌肉放松，用前脚掌有弹性地交替落在台阶中部。

上下楼梯的速度一般是上楼慢，下楼快。中老年人上楼时的速度以同散步时的速度为宜，一步一步地上楼，每分钟的呼吸次数以比平时走路时多3～5次为宜，每分钟的脉搏以比平时走路时多5～10次为宜。

三、倒步走

倒步走即人倒着行走。

倒步走的姿势是上体自然垂直，不要抬头后仰，眼要平视。

倒步走的动作是：右腿支撑，左腿屈膝后摆下落，前脚掌先着地后全脚掌再着地，身体重心随之移至左腿时，右腿屈膝后摆下落，前脚掌先着地后滚动到全脚掌。两臂协同两腿自然摆动。在倒步走的初始阶段，两眼可随同侧腿左顾右盼，待平衡能力提高了，眼看前方。

步幅为一个至两个脚长。

倒步走的环境要选择没有障碍物的开阔而平坦的地方。

倒步走的速度是中老年人60步/分钟,之后逐渐加快。加快时可通过加快步频获得,也可通过加大步幅获得。如要变换方式,可采用"倒走—倒跑—倒走"来变换。

四、踏步走

踏步走是原地走步或稍有向前移动的特殊走法。

踏步走的身体姿势是身体直立,双臂自然下垂或屈臂。

踏步走的动作是两腿交替屈膝抬起,用全脚或前脚掌落地,两臂协同两腿前后直臂或屈臂摆动。屈膝抬腿使大腿抬至髋高,直腿或屈膝落地均可。这种走法只有步频要求。

踏步走适合于运动空间少,风雨雪天气,练习者身体不适或行走困难时,可选在室内能站一个人的地方进行。

踏步走两腿交换频率因人而异,原地踏步者由于支撑时间长,以每条腿30次/分钟为宜。锻炼者可以根据自身身体素质的情况,不断地提高抬腿高度与两腿交换频率。

五、快步走

快步走是一种步幅适中、步频和步速较快(130~250米/分钟)、运动量稍大的走步。快步走适合于中老年人、有一定走步锻炼基础的健康者及广大青少年。

快步走的身体姿势是身体适度前倾3~5度,抬头、垂臂、挺胸、收腹、收臀。

快步走的动作是在走步过程中,双臂配合两腿在体侧协同摆动,前摆时肘部成90度角,手臂高度低于胸,后摆时肘部也成90度角。双臂摆幅随步幅的变化而变化。两腿交换频率加快,步幅尽量稳定,前摆腿的脚跟着地后迅速滚动至前脚掌,后脚再离地,动作要柔和。两脚以脚内侧为准基本踩成一条直线。臀部随着向前迈步着地的脚,稍有前后左右的转动,但不宜过大。

快步走的速度要求锻炼者的步速均匀,也可采用变速的方式,但注意不要出现两脚都不着地的腾空。

第三节 健身跑

健身跑是人体在一定负荷强度下持续跑尽可能长的距离的一种运动方式。健身跑以有氧代谢为主,其特点是运动强度较小,持续时间较长,能量消耗较大。坚持健身跑锻炼大有好处,能增强人的心血管、呼吸、神经等系统的功能,对某些慢性病也有治疗作用,故而风靡全球。

健身跑锻炼方法一般有慢跑、快跑、变速跑、原地跑、后退跑、越野跑等。不同形式的跑的动作要领,除了身体倾斜姿势、步幅的大小、步频的快慢、双臂摆动的幅度和频率稍有不同,总体上是基本相同的。采用健身跑的形式作为健身手段应该更强调以下几个问题。

一、应遵循锻炼的原则

科学适量的健身跑是增进健康、增强体质的有效方法,为了达到最佳的锻炼效果,要遵循以下几项原则:

根据锻炼者自己的身体状况,安排活动的量与强度;锻炼过程中负荷的增加,要由小到大逐步进行,切忌增加过猛,操之过急;健身跑锻炼的过程,按照"提高—巩固—再提高—再巩固"的过程;锻炼要坚持不懈,不论寒冬酷暑,只有持之以恒,才能有明显的效果。

二、制订锻炼计划

锻炼者只有按照计划进行锻炼,才能避免盲目性,克服惰性,增强科学性。制订锻炼计划应当遵照上述原则,一般可分为四个阶段。

(一)第一阶段:用中速走3000~5000米

锻炼者开始慢走锻炼应根据自己的身体状况来确定开始走的距离,一般可先走2000米,如未参加过体育锻炼,开始走的距离可以短些。连续走几天,若身体感觉良好,锻炼者可以再多走500米,直到完成慢走3000米的目标。

锻炼者完成中速走3000~5000米的目标可以采用匀速走和变速走两种方法进行。采用匀速走的方法,锻炼者可先中速走2000米,连续走几天,若身体感觉良好,再增加400~500米,直到完成各年龄组规定的目标。

(二)第二阶段:慢跑2000~3000米

第一阶段完成后,锻炼者要巩固几周,感觉仍然良好再转入第二阶段。这个阶段采用的方法是匀速跑或走跑交替。锻炼者开始慢跑1000~1500米,然后增加400~500米,逐渐将跑的距离增加到计划规定的目标。另外,锻炼者也可以根据个人情况采取走跑交替的方法进行锻炼。

锻炼者掌握慢跑的速度很重要。一般来说,青少年用7~8分钟跑1000米,30~49岁的锻炼者用8~9分钟,50~59岁的锻炼者用10~11分钟,60岁以上的锻炼者用11~12分钟。

(三)第三阶段:提高跑速,完成跑3000~5000米

第二阶段目标达到了,锻炼者就会感到体力明显增强,工作起来精力充沛,有些慢性病也会有所好转。但锻炼者不要认为自己跑步的能力提高了,就可以多跑或快跑了,一定要多巩固几周,再开始第三阶段的锻炼。

这个阶段要把跑速加快一些,跑完1000米的时间,13~17岁的锻炼者用6~7分钟,18~29岁的锻炼者用5~6分钟,30~39岁的锻炼者用6~7分钟,40~49岁的锻炼者用7~8分钟,50~59岁的锻炼者用9~10分钟,60岁以上的锻炼者用10~11分钟。

(四)第四阶段:增长跑步距离,加快跑速

这个阶段跑1000米的时间,13~17岁的锻炼者用5~6分钟,18~29岁的锻炼者用4~5分钟,30~39岁的锻炼者用5~6分钟,40~49岁的锻炼者用6~7分钟,50~59岁的锻炼者用8~9分钟,60岁以上的锻炼者用9~10分钟。为了和慢跑、中速跑相区别,我们称这种

速度为"快速",实际上这个速度也是比较慢的。

这个阶段的锻炼目标：8～12岁和60岁以上组快速跑3000米,13～17岁组快速跑5000～8000米,18～39岁组快速跑8000～10 000米,40～59岁组快速跑3000～5000米。

采用匀速跑的锻炼方法,锻炼者可以根据个人的锻炼水平来确定开始跑的距离,然后每次增加400～500米(增加多少合适,也应根据个人的情况而定),最后达到计划规定的目标数。

第四节 健身跳

经常进行健身跳锻炼可以有效地发展锻炼者的腿部力量,特别是爆发力,提高下肢的柔韧性和运动幅度;可以有效地提高神经系统的灵活性和其支配肌肉收缩与放松的能力;能改善位觉器官和前庭器官的机能,提高平衡与协调能力。

健身跳不同于竞技运动的跳跃,由于跳跃的目的不同,所以跳跃的形式、方法要求也不相同。健身跳的方法要符合不同年龄、不同水平锻炼者的需要,健身跳的内容和形式要具有一定的娱乐性、趣味性,健身跳练习的负荷要控制在适当的限度内。

一、健身跳的内容

(一) 提高身体素质的健身跳

提高身体素质的健身跳有高度跳和远度跳。高度跳和远度跳又分别包括原地跳和助跑跳,原地跳和助跑跳各分为一次跳和连续跳,再划分为徒手跳和负重跳,最后分为障碍跳和无障碍跳。

在练习时锻炼者可以根据需要进行组合,如采用原地跳时,可以一次跳(纵跳)、徒手跳、无障碍跳,也可以连续跳、负重跳、障碍跳,还可以一次跳(纵跳)、负重过障碍跳等;远度跳也是如此。

健身跳常用的高度跳练习,如原地跳起摸高或头触高物(一次或连续、徒手或负重)、原地双脚跳越障碍、原地收腿分腿跳、提踵跳、弓步换腿跳、单腿登台阶(低凳)跳、快速挺举跳、助跑摸高跳、助跑跳越障碍(栏架、横杆)跳等。

健身跳常用的远度跳练习,如立定跳远、立定三级(五级、十级)跳、助跑跨上跳箱(台阶)、多级跨跳、单脚跳等。

(二) 游戏性的健身跳

游戏性的健身跳多为少儿采用,但其中有些练习也适合于成年人。常用的练习如跳绳、跳皮筋、跳房子、踢毽子、舞蹈(其中的跳步、跨步、蹦跳)、跳自然障碍、跳山羊、用脚"猜拳""顶拐"等。锻炼者可以将一些跳跃活动组合到游戏当中进行。

(三) 娱乐性的健身跳

娱乐性的健身跳往往不是单独存在,而是包含在某些娱乐活动中,如大秧歌、健美操、中老年迪斯科、各种球类活动等。其在活动中含有跳跃动作,由于这些跳跃动作的存在,加大了该项活动的运动量和强度,调节了活动的气氛。

有一些健身跳若由少儿做,可归入游戏范畴;若由成年人做,则成为娱乐活动。

(四) 健美性的健身跳

健美性的健身跳是寓健身于健美之中,更多地追求健美效果。跳跃活动对下肢肌肉的匀称发展极为有益,在健美运动中离不开跳跃运动,如健美操中的跳跃运动、负重跳跃、提踵跳跃等。

二、健身跳的练习方法

健身跳练习视锻炼者的体质、健康状况及时间状况来安排练习的次数和具体时间。参加健身跳练习,锻炼者要根据心情和身体的状况来决定练习的量和强度。一般来说,凡有锻炼基础的人应以周为单位,每天进行一次练习,没有特殊情况不要间断;感觉不适则不要勉强自己,身体正常则要努力坚持。

健身跳需要地面平坦,无碎石硬块且不滑,地面最好较为松软,以免因地面过硬、跳跃技术不好而造成足、踝挫伤或胫骨发炎,以及膝关节的慢性劳损。

在健身跳之前锻炼者要充分地做好准备活动,如慢跑、徒手操、柔韧练习和一些轻微的跳跃,目的是使机体逐渐进入运动状态,防止肌肉拉伤、关节挫伤等伤害事故的发生。练习时动作也应由小到大,速度由慢到快,以逐渐适应。

健身跳可以一个人练习,也可以多人集体练习。个人练习比较枯燥,需较大的毅力方能坚持下去;多人练习可以彼此相互督促、相互鼓励,气氛热烈,兴趣盎然,提高了练习的次数和强度,可取得更好的练习效果。另外,有些练习必须由多人进行,如跳长绳、做跳跃游戏等;有些练习必须有人保护,如跳器械、负重跳跃等。

健身跳练习过程中,不论是节奏很强的练习,还是不需要明显节奏的练习,若能伴随音乐进行,则非常有益。

第十二章 健美操

第一节　健美操概述

一、健美操的概念

健美操是在音乐伴奏下，以身体练习、有氧运动为基础，达到增进健康、塑造形体和娱乐目的的一项体育运动。

健美操起源于传统的有氧健身运动，是有氧运动的一种。它通常采用徒手或持轻器械进行练习，是在氧气供应充足的情况下，以人体有氧系统提供能量的一种运动形式。健美操的运动特征是持续一定时间的中低强度的全身性运动，主要锻炼练习者的心肺功能。

随着社会的进步、经济的发展，健身运动在全球风靡起来。美国是现代健美操盛行之国，对促进世界健美操的发展起着极其重要的作用。20世纪80年代初，美国健身、影视明星简·方达根据自己的健身经验和体会，大力推广握拳健美操，并于1981年出版了《简·方达健美术》。在其影响下，健美操在世界各地迅速发展，各种健身俱乐部和健美操中心蓬勃发展，对健美操在全世界的发展起到了积极的作用。

经过长期的实践，健美操已从一项单纯的健身运动逐步发展成为一项独立的体育竞赛项目，在运动形式、动作技术特征以及竞赛组织方法等方面有其自身的特点。

随着健身运动的不断发展，人们的知识水平和健身的科学化程度不断提高，对健身的需求也更加多样化和个性化，因此出现了多种健身形式。如在特殊场地进行的固定器械有氧练习、水中健美操和利用移动器械的集体力量练习等。这些新的健身形式使健美操的内容更加丰富，也使健美操在我国越来越受欢迎。健美操不仅突出动作"健"和"力"的特点，更强调"美"。它将人体语言艺术和体育美学融为一体，使健美操成为一项极具观赏性的体育运动项目。

二、健美操的分类

根据不同的目的和任务，健美操可分为健身健美操和竞技健美操两大类（如表12-1所示）。

表 12-1　健美操的分类

健身健美操			竞技健美操
徒手健美操	器械健美操	特殊场地健美操	男子单人操
拉丁健美操	有氧踏板操	水中有氧操	女子单人操
拳击健美操	健身球操	固定器械健美操	混合双人操
有氧健美操	哑铃操		三人操
一般健美操	橡皮筋操		集体六人操
健身街舞	瑜伽健身术		

（一）健身健美操

健身健美操练习的主要目的是锻炼身体、保持健康，即通过健美操练习来锻炼身体、增强体质、娱乐身心、陶冶情操、提高工作效率、促进身体全面发展。

健身健美操的动作简单，实用性强，音乐速度也较慢，一般20～24拍/10秒。为了保证一定的运动负荷和锻炼的全面性，动作多有重复，并均以对称的形式出现。根据练习者的具体情况，健身健美操的练习时间可长可短，在练习的要求上也可以根据个体情况而变化。在练习健身健美操时，要严格遵循健康、安全的原则，防止运动损伤的出现。

（二）竞技健美操

竞技健美操是根据竞赛规则与技术规程的要求，创编出的具有较高艺术性、展示运动员高水平专项技术能力的成套动作，是以竞赛为目的的健美操。目前，国际体操联合会对竞技健美操定义如下："竞技健美操是在音乐伴奏下，表现出连续复杂的和高强度动作的能力，该项目起源于传统的有氧健身运动。成套动作必须展示连续的动作组合，柔韧性、力量与7种基本步伐的使用并结合难度动作高质量地完美完成。"

竞技健美操在参赛人数、比赛场地和成套动作的时间等方面都必须严格按照规则进行。规则对成套的编排、动作的完成、难度动作的数量也都有严格的规定。

目前，我国正式的竞技健美操比赛有"全国健美操锦标赛""全国健美操冠军赛"和"全国青少年健美操锦标赛"。竞技健美操比赛的项目为：女子单人、男子单人、混合双人、三人和集体六人等五个项目。

除了健身健美操和竞技健美操，在我国还有一种表演性健美操，这是我国健美操运动历史发展过程中出现的一种特殊形式。表演性健美操的主要练习目的是"表演"，它是事先编排好的、专为表演而设计的成套健美操，时间一般为2～5分钟。表演性健美操的动作比健身健美操的动作复杂、多变，通常成套动作较少重复，队形变化迅速而清晰，集体配合动作新颖独特，所以要求参与者不仅有较高的身体素质，还要有一定的表演和集体配合的意识。

三、健美操的特点

（一）高度的艺术性

健美操的艺术性主要体现在其"健、力、美"（即"健美、力量、美丽"）的项目特征上。"健、力、美"是人类所追求的身体状况的最高境界，而健美操无处不表现出"健、力、美"的特征，包含着高度的艺术性因素，使健美操不同于其他运动项目，这也正是人们热爱健美操运动的原因之一。

健美操动作的协调、流畅、有弹性以及和音乐的完美结合，使练习者在充分展示和不断提高身体能力的同时，得到了美的享受和艺术的熏陶。

（二）强烈的节奏感

音乐是健美操不可缺少的组成部分，其特点是节奏强劲有力、旋律优美，具有烘托气氛、激发人们热情的作用。健美操动作具有强烈的节奏感，并通过音乐充分地表现出来。因此，健美操的动作和音乐的强烈节奏感使其更具有感染力和观赏性。

（三）广泛的适应性

健美操内容丰富，形式多样，运动量可大可小，不同年龄、不同性别、不同身体素质和不同技术水平的人都适宜,大众都能从健美操中找到适合自己的锻炼方式,并从中得到乐趣。

(四) 科学的健身性

健身健美操的动作设计,都是以保证健身者能够充分利用氧气来燃烧体内的糖原为目的,特别是通过燃烧脂肪为肌体提供能量,从而加快实现体内的新陈代谢,建立人体更高的机能水平。在健美操运动中,呼吸系统、心血管系统以及中枢神经系统都能得到良好的锻炼。

四、健美操的功能

(一) 增进健康美功能

健康美是一种积极的健康观念和现代意识。一个具有健康美的人,应该具备的身体素质是良好的心肺耐力、肌肉力量、平衡性、灵敏性和柔韧性。

健美操是一项有氧运动,人们对其健身功效已达成共识。有研究认为,经常参加健美操锻炼的人,不仅可以提高自身的心肺功能,而且兼备发展身体柔韧性和灵敏性的作用。因此,专家认为健美操是目前发展身体全面素质的较为理想的运动。

(二) 塑造形体美功能

形体分为姿态和体形。姿态是从我们平时的一举一动表现出来的行为习惯,受后天因素的影响较大;体形则是我们身体的外貌,虽然体育锻炼可以适当改善体形外貌,但相对来说,遗传因素起着决定性作用。

健美操可以塑造健美的体形。通过练习健美操,尤其是其中的力量练习,可使骨骼粗壮、肌肉围度增大,从而弥补先天的体形缺陷,使人体变得匀称健美。另外,练习健美操还可消除体内和体表多余的脂肪,维持人体吸收与消耗的平衡,降低体重,保持健美的体形。

(三) 缓解精神压力,娱乐身心功能

随着时代的发展和社会的进步,伴随着科学技术所带来的各种便利,人们因社会竞争所带来的精神压力也随之增强。健美操在节奏强烈的音乐伴奏下,以其动作的优美、协调,全面地锻炼身体,使人陶醉在优美的旋律中,是缓解精神压力的一剂良方。在轻松、优美的健美操锻炼中,练习者尽情享受健美操带来的欢乐,从而缓解精神压力,使人具有更强的活力,保持最佳的心态。

(四) 医疗保健功能

健美操因其内容丰富、形式多样,运动量可以因人而异且灵活掌握,故对一些病人和老年人是一种医疗保健的理想手段。只要控制好运动范围和运动量,健美操就能在预防损伤的基础上,达到医疗保健的目的。

五、健美操的锻炼原则与注意事项

(一) 健美操的锻炼原则

1. 科学健身原则

进行健美操锻炼时,必须遵循科学锻炼的原则,以保证锻炼的实际收效。即运动前要有热身过程(准备活动),通过活动关节韧带,拉伸四肢、腰背肌肉,使身体各运动系统逐渐进入

适当强度的运动状态。健美操锻炼内容的选择必须有利于身体全面、健康的发展。

2. 合理安排运动负荷原则

合理的运动负荷是保证健美操锻炼效果的主要因素,运动时一般心率应控制在最大心率(最大心率＝220－练习者的实际年龄)的60%～80%,这样的运动强度最为合适。一般情况下,自我感觉是调控运动量和运动强度的重要指标,如感到轻度呼吸急促、周身发热、微微出汗、面色微红,这表明运动适量;如有明显的心慌、气短、头晕、大汗、疲惫不堪,则表明运动超限。年老体弱者或有慢性疾病的人,更要掌握好运动强度,运动前请医生进行全面检查,开出具体的有氧运动处方,方可进行锻炼。

3. 循序渐进原则

遵循渐进的锻炼原则是保证锻炼有效性的前提。运动强度应从低强度向中等强度逐渐过渡,持续时间应逐渐加长,运动次数由少增多,练习内容的难度逐渐增加。以上这些因素都要在个人可适应的范围内缓慢递增,切不可急于求成。

4. 持之以恒原则

持之以恒的锻炼原则是保证锻炼效果的又一个重要因素。每次健美操锻炼建议不少于30分钟,也可延长,应根据个人体质情况而定;每周可锻炼3～5次,若次数太少难以达到锻炼目的。

(二)健美操锻炼的注意事项

1. 选择合理的锻炼时间

可根据个人的学习、工作、生活习惯等情况选择适宜的时间进行健美操锻炼,切忌在以下情况进行锻炼。

(1) 饥饿时不宜做剧烈运动。此时体内缺乏能量,如勉强运动将有损于肌体健康。

(2) 饭后短时间内不宜做剧烈运动。此时大量的血液流入胃肠道,在此时进行运动,不仅影响消化吸收,而且损伤肠胃。

(3) 睡前不宜做剧烈运动,因容易引起机体过度兴奋,影响睡眠和正常休息。

2. 科学地选择锻炼内容

健美操内容丰富、形式多样,练习者可根据自己的年龄、身体素质、兴趣爱好、练习条件等因素,结合锻炼的目的,选择锻炼的内容。切记不要一味地追求时尚,经常更换练习内容,这样只能带来一时的兴趣而达不到锻炼的目的。

3. 重视锻炼前的准备活动和锻炼后的整理活动

准备活动是指人们进行锻炼前,为了使身体各器官系统从安静状态逐步过渡到活动状态,达到科学健身所做的活动。准备活动要求轻松自如、由弱到强,一般时间在15分钟左右,夏季稍短,冬季适当增加,以感到四肢关节灵活、身体轻松有力、全身微热出汗为宜。

整理活动是为了使身体从运动状态逐步过渡到安静状态,减轻运动可能造成的疲劳而进行的活动。它主要包括一些放松活动和呼吸调节,以牵拉肌肉、拍打肢体、拉伸关节为主。

4. 加强自我监督

自我监督是指练习者在锻炼时,对自己的身体健康状况和功能状况经常进行自我观察的一种方法。其内容包括自我感觉、自我鉴别和自我评价三个方面。通过自我感觉和监测,结合自身本阶段的锻炼情况进行客观的评价,以利于及时了解自身的身体状况,进行科学有效的锻炼。

5. 重视环境因素

健美操一般在健身房或室外平地处进行练习。健身房一定要做到明亮、通风、整洁、空气清新,要预防因空气不流通而出现头昏、恶心、胸闷等现象。室外锻炼要根据气候条件适度调整锻炼时间,避免到人口密集、空气污浊的地方锻炼。如果遇到风沙天气或下雨、下雪天气时,可暂停室外训练。总之,健美操锻炼时要注意训练场所的环境卫生情况,以保证锻炼的最佳效果。

第二节 健美操基本动作

健美操基本动作是健美操的基础,是最小单位的元素动作。将健美操基本动作按一定的需要进行不同的组合和编排会产生不同难度、不同强度、不同风格及不同视觉效果的动作。

一、健美操基本动作的作用

掌握健美操基本动作,可以掌握正确的动作规格,通过健美操基本动作练习,使练习者尽快建立正确的动作技术概念。

掌握健美操基本动作,是建立良好基本姿态的有效方法。只有正确的动作才会给人美的感觉,良好的基本姿态能反映练习者的精神面貌及艺术造诣,是美的直接反映。

掌握健美操基本动作,可以教会练习者如何正确发力、使用力,体会动作的节奏及内在感觉。

二、健美操上肢动作和手型

健美操上肢动作由手臂的自然摆动、力量练习以及基本体操的徒手动作和舞蹈动作组成。这里只介绍传统有氧健美操常用的上肢动作和手型。

(一)上肢动作

1. 自然摆动

同时或依次屈肘前后摆动(如图 12-1 所示)。

图 12-1

2. 臂屈伸

上臂固定，肘屈伸（如图 12-2 所示）。

3. 屈臂提拉

臂由下举提至胸前平屈（如图 12-3 所示）。

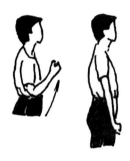

图 12-2

图 12-3

4. 直臂提拉

臂由下举提至前平举或侧平举（如图 12-4 所示）。

图 12-4

5. 冲拳

握拳由腰间冲至某位置，如向前冲拳、向上冲拳（如图 12-5 所示）。

图 12-5

6. 推

手掌由肩两侧推至某位置，如前推、上推（如图 12-6 所示）。

图 12-6

(二)手型

健美操中手型有多种,它是从爵士舞、芭蕾舞、西班牙舞、迪斯科、武术等手型中吸收和发展而来的。手型的选用可以使手臂动作更加生动活泼,常见的手型如下。

1. 掌

掌有并掌、开掌、花掌、立掌等(如图 12-7 所示)。

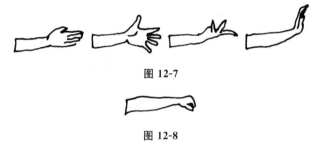

图 12-7

图 12-8

2. 拳(如图 12-8 所示)

三、健美操下肢动作

健美操下肢动作包括基本步法、下肢伸展动作和下肢力量动作。

(一)基本步法

健美操的基本步法根据人体运动时对地面的冲击力大小分为低冲击步法、高冲击步法和无冲击步法三大类。

1. 低冲击步法

低冲击步法要求两脚依次离地,在下落或点地时膝、踝关节有弹性地缓冲。

(1) 第一类(踏步类):包括踏步、走步、一字步、V 字步、漫步等。

(2) 第二类(点地类):包括脚尖前点地、脚跟前点地、脚尖侧点地、脚尖后点地等。

(3) 第三类(迈步类):包括并步、迈步点地、迈步屈腿、迈步吸腿、交叉步等。

(4) 第四类(单腿抬起类):包括收腿、踢腿、弹踢、后屈腿等。

2. 高冲击步法

高冲击步法要求两脚蹬高地面后轻快地跑、跳,落地时膝、踝关节以及髋关节有弹性地缓冲。

(1) 第一类(迈步跳起类)：包括并步跳、迈步收腿跳、迈步后屈腿跳等。
(2) 第二类(双脚起跳类)：包括并腿纵跳、分腿半蹲跳、开合跳、并腿滑雪跳、弓步跳等。
(3) 第三类(单腿起跳类)：包括收腿跳、后屈腿跳、弹踢腿跳、摆腿跳等。
(4) 第四类(后踢腿跑类)：包括后踢腿跑、侧小跳(小马跳)等。

3．无冲击步法

无冲击步法要求两脚始终不离地，保持肌肉做退让性工作。无冲击步法包括弹动、半蹲、弓步、提踵等。

(二)下肢伸展动作

下肢伸展动作是指在健美操练习的开始、结束及练习中为了活动及缓解肌肉紧张所采用的拉长下肢主要肌肉的动作。

1．股四头肌伸展

动作要领如下：
(1) 单腿站立，另一条腿的小腿后屈，一只手或双手扳住脚踝(如图12-9所示)；
(2) 两脚前后平行站立，重心在两脚之间，半蹲、髋关节前倾(如图12-10所示)。

图12-9

图12-10

2．股二头肌伸展

动作要领如下：
(1) 一条腿屈膝站立，另一条腿勾脚前点地，上体前倾，腰背挺直(如图12-11所示)；
(2) 屈膝仰卧，一条腿抬起，双手抱腿膝后部拉向胸部(如图12-12所示)。

图12-11

图12-12

3. 腓肠肌伸展

动作要领如下：

（1）弓步，两脚前后平行站立，上体前倾与后腿成一直线，双手扶膝（如图12-13所示）；

（2）直立，两脚前脚掌站在台阶上，脚跟下压（如图12-14所示）。

图 12-13

图 12-14

（三）下肢力量动作

下肢力量动作是指在健美操练习中利用自身重量和轻器械进行的针对肌群练习的一些动作，如蹲起、提踵、摆腿等。

1. 蹲起

动作要领：下蹲，髋关节屈，股四头肌收缩；站起时髋关节伸，股二头肌和臀大肌收缩。

蹲起有分腿蹲起和箭步蹲起两种形式。

（1）分腿蹲起：左右分腿站立，两腿平行，屈膝下蹲时臀部向后下方，膝关节对准脚头，蹲起要匀速（如图12-15所示）。

（2）箭步蹲起：前后分腿站立，两脚平行，重心在两脚之间，下蹲时膝关节不要超过脚尖；后腿垂直，膝关节向下，蹲起要匀速（如图12-16所示）。

图 12-15

图 12-16

2. 提踵

动作要领：单脚或双脚站立，脚跟提起，小腿腓肠肌收缩。

提踵有单腿提踵和双脚提踵两种形式。

(1) 单腿提踵：前弓步站立，脚尖向前，重心在两脚之间，固定身体，后腿做单脚提踵动作（如图 12-17 所示）。

(2) 双脚提踵：双脚站立，提踵、落下（如图 12-18 所示）。

图 12-17

图 12-18

3. 摆腿

动作要领：身体固定，一侧髋关节外展，大腿外侧肌肉收缩。

摆腿有侧摆腿和后摆腿两种形式。

(1) 侧摆腿：站立或侧卧，一条腿固定，另一条腿向侧摆动（如图 12-19 所示）。

图 12-19

(2) 后摆腿：站立或俯卧，一条腿固定，另一条腿向后摆动（如图 12-20 所示）。

图 12-20

四、健美操躯干动作

在健美操中,躯干主要起连接、保持和固定作用。

(一)胸部

当胸大肌收缩时,可使肩关节内收、臂屈和水平内收。

1. 含胸

含胸通常与臂的外展动作结合进行练习。

2. 俯卧撑

根据不同水平,练习者可采用跪式俯卧撑、双脚分腿俯卧撑、并腿俯卧撑及单脚俯卧撑等姿势。

(二)背部

背部肌肉主要包括背阔肌、斜方肌、菱形肌和圆肌等,主要练习动作有提肩、沉肩、上举、下拉等。

(三)腰腹部

腰腹部肌肉主要由腹直肌、腹内外斜肌、腹横肌和竖脊肌组成,主要练习动作有俯卧撑抬起、仰卧起坐、仰卧提髋、站立侧屈、站立转体等。

五、基本动作练习注意事项

(一)动作的规范性

动作的规范建立在动作的准确性上,因此,练习基本动作时肢体的位置、方向及运动的路线一定要准确。此外,注意动作速度、动作幅度和肌肉力度,这样才能取得理想的效果。

(二)动作的弹性

动作富有弹性是健美操的特点之一。动作的弹性所涉及身体部位有踝关节、膝关节、髋关节、肘关节、肩关节以及脊柱。在练习基本动作时,应注意肌肉的收缩与放松要有控制,避免动作过分僵硬和关节的过度伸展。

(三)动作的节奏感

掌握好动作节奏对练习健美操非常重要。因此,练习者在开始练习时,要重视开发、训练自身的动作节奏感,在听懂音乐节奏的基础上慢慢掌握动作的节奏感。

第三节 健美操运动损伤的预防

一、健美操运动损伤

健美操运动损伤是指练习者在练习健美操中,因训练安排不当、技术动作错误、运动训练水平较低、运动训练环境及场地器材条件较差或自身所存在的某些问题,而产生的各种损伤。

二、健美操运动损伤的分类

(一) 按损伤后皮肤的黏膜的完整性分类

按损伤后皮肤的黏膜的完整性分类,健美操运动损伤可分为开放性损伤和闭合性损伤两大类。有氧健美操运动的损伤多以闭合性软组织损伤为主,如肌肉与韧带拉伤、关节扭伤、腱鞘炎和骨膜炎等。

(二) 按损伤病程分类

按损伤病程分类,健美操运动损伤可分为急性损伤和慢性损伤两大类。急性损伤是指在健美操运动中瞬间遭受直接冲击或间接冲击所造成的损伤。慢性损伤是指局部过度负荷、多次微细损伤和积累而造成的损伤,或由于急性损伤处理不当转化而来的陈旧性损伤。

三、健美操运动损伤的主要原因

(一) 练习者身体素质原因

健美操需要相应的身体素质为基础,以健康的身体为前提。练习者身体素质跟不上动作技术的要求,如肌肉力量不够、韧带弹性不足、关节灵活性欠佳、调节性不好等,都是发生健美操运动损伤最直接的原因。

(二) 练习内容安排不当

准备活动不充分、运动量过大、练习时间过长、练习方法不当以及做过于极端的动作等,都是造成健美操运动损伤的主要原因。

(三) 场地、器材设备等条件欠佳

场地、器材、保护用具等放置是否得当,器材安装与使用是否安全、科学,服装和保护用具是否有利于健美操,以上因素均与健美操运动损伤有关。

四、易发运动损伤的部位及原因

(一) 头颈部

(1) 负重和极度侧屈对颈椎过度压迫。

(2) 双手交叉在头后用力牵拉,头部前屈,来伸展背部和颈部。

(二) 肩部

(1) 手臂动作在同一方向多次重复,尤其是过头顶向前或向侧的不安全动作。

(2) 手臂侧提的小幅度动作,伸展、迅速摆动会使肩关节受压。

(三) 腰部

腰部是连接上体与下肢的重要部位,又因人体生理特点,腰椎前突,故极易造成腰部损伤。

(1) 仰卧抬起上体,腰背离开地面,采取这种姿势支撑上体会使脊柱和腰部承受很大的

压力。

(2) 双脚定位快速转动上体,会使腰部受到过度的旋转力量。

(四) 膝部

(1) 膝关节过度屈伸,使膝关节承受的压力过大。

(2) 下蹲速度太快,上身过分前倾或重新站起之间放松了身体,都会对膝关节和腰部造成不良的影响。

(五) 小腿和踝关节

(1) 连续踢脚超过三十多次。

(2) 用单腿的方式做原地跑步姿势。

五、如何预防健美操运动损伤

(1) 加强身体的全面训练,提高机体对运动的适应能力及身体素质。

(2) 提高教练员的知识水平,积极开展预防健美操运动损伤的宣传工作。

(3) 科学地选择练习内容,合理安排运动负荷,有针对性地采用练习方法。

(4) 加强医务监督,建立和健全自我监督意识,学会自我监督方法。

(5) 改善练习环境,营造良好的锻炼氛围,树立正确的锻炼理念,调整自身的心理状态。

第四节 健美操欣赏

一、健美操创编的技术性原则

(一) 合理的成套结构

健美操的结构基本上分为三个部分,即准备部分、基本部分、结束部分。

1. 准备部分

准备部分的主要目的是为了使身体的各关节与肌肉得到一般性活动,加深呼吸,为进入基本部分做准备,防止运动损伤。

2. 基本部分

基本部分是整套动作的主要部分,形式以操化动作、垫上练习、步法、跑跳等为主。基本部分的目的是加强运动负荷,通过耗能达到减脂的目的,提高人体运动的基本素质。

3. 结束部分

结束部分主要以放松、拉伸为主,目的是放松机体,逐渐降低运动负荷,从而使练习者尽可能地恢复到锻炼前的状态。

值得注意的是:在每个部分运动强度之间的过渡不要忽然加大或减小,而要注意连接动作的设计,使运动强度逐渐变化。

（二）鲜明的针对性

在健美操的创编中,首先应该了解练习者的具体情况,如身体素质、年龄、运动经历、心理状态和周围环境等因素。

（三）运动负荷的合理性

运动负荷对于健美操的创编是非常重要的。运动负荷一般受动作速度、重复次数、动作幅度、肌肉用力、时间等因素影响。相同的时间内,动作速度越快、重复次数越多、幅度越大、肌肉用力越大,运动负荷越大;反之就越小。尤其是健身健美操要严格地把运动负荷控制在中小强度,以确保运动中的呼吸供氧。

（四）有序性和流畅性

所谓有序性和流畅性,是指流动部位的有序以及动作与动作前后连接的流畅。特别是步法的有序、流畅,合乎规律的步法是顺利锻炼的有力保证,同时也可以减少运动损伤的出现,从而更好地达到锻炼的目的。

（五）艺术性和创新性

健美操是融音乐、体操、舞蹈、美术于一体的综合性体育项目。它的重要特点之一是带有强烈的娱乐性与表现力,因此有目的地吸收舞蹈动作及其他运动项目的动作,如爵士健身操、拉丁健身操、搏击健身操等,是创编中不可缺少的环节。

需要指出的是,运用其他运动项目的动作素材,应注意以下几个方面。

（1）在一套健美操中,舞蹈或其他运动项目的动作风格应尽可能地统一,以便形成独特、鲜明的风格。

（2）采用舞蹈或其他运动项目动作应与健美操的特点相结合。

（3）音乐的风格与动作的风格保持统一。一个舞种往往都伴有相应风格的音乐,只有这样才能使人们得到和谐、完整的文化熏陶,从而达到身心的完美统一。

二、健美操的创编过程

健美操的创编过程是指创编健美操时的先后步骤与流程。有序地进行这些步骤,可以提高创作的效率及质量,也有利于对健美操动作结构及形式进行分析,以便进行下一步的修改工作。

创编过程可以有多种,但主要有以下两种。

第一种：制定目标→音乐的选择与剪辑→素材的选择与确定→建立基本结构→按创编原则组合动作与分段→按顺序完成成套动作的组合→评价与修改

第二种：制定目标→构思成套的结构→素材的选择与确定→按原则组合动作与分段→按成套顺序组合成套→音乐的创作与剪辑→评价与修改

健身健美操动作组合通常是以 32 拍(8 拍×4)为一组,动作组合与音乐的结构完全一致。同时在创编过程中,要求做到以下几点。

（1）认识健美操基本动作的拍节,即要清楚地知道完成某一基本步法需要多少拍。

（2）选择组合所需用的基本步法,即根据练习者的身体素质和健美操基础,确定组合将选用的步法,并决定是否采用方向变化和转体类动作。

（3）合理组织基本步法,形成"8 拍×4"组合。在确定基本步法的基础上,科学地安排其前后顺序,使动作组合更加连贯、流畅、合理、有效。

第十三章 自行车运动

第一节 自行车运动概述

一、自行车运动的起源与发展

自行车运动起源于欧洲。

1790年,法国人西夫拉克发明了最原始的自行车,它只有两个轮子而没有传动装置,人骑在上面,需要用两脚蹬地驱车向前滚动。

1808年,在法国巴黎的大街上出现了第一批木制的脚踏车,它们的构造很简单,两个车轮中间横着一根结实的木梁,人坐在横梁上,靠两脚交替向后蹬地产生反作用力,使车轮向前滚动。这种车不能拐弯,只能在平地上直行,若要改变行驶方向或遇到障碍只得搬着它过去。

1818年,在英国、德国也相继出现了脚踏车,它是按照德国机械师德拉依斯的设计加以改造制成的。车的前轮上装有车把,骑行时可以随意转弯。

1865年,法国的马车制造工匠和他的助手又将脚踏车加以改进,在其前轮上安上了脚踏,这样才改变了用两脚蹬地前进的状况,骑在上面踏着脚蹬就可以向前行驶。但因为车身笨重,座位有一人高,上下车很不方便;车把不灵活,也没有车闸,快速行驶时要费很大劲才能将车子停住;遇到上坡前轮就不会转动。然而,这种以车代步的简单交通工具,颇受群众喜爱。发明家根据拉丁文"快"和"步行"两字的意思,给这种车子取名为"自行车"。

到了19世纪末,自行车经过不断地改进,传动装置有了新的突破,车架上出现了中轴、链条、飞轮。爱尔兰的邓洛普将原来的实心车胎改为充气胎,使自行车骑行速度以及坚固性有了很大的提高。欧洲工业革命高潮的到来,有力地推动了科学技术的发展,也促使交通运输工具的更新,各种机动车辆相继问世。当时正处于经济文化生活发展较快的欧洲,自行车仍以它不受道路、能源等条件的限制,使用方便,又能锻炼身体等优点,受到人们的喜爱。

1868年,在巴黎的圣克劳德公园举行了自行车比赛,这是有记载的最早的自行车比赛。在1896年举行的第一届奥运会上,自行车运动被列为主要比赛项目之一。此后,历届奥运会均有自行车项目的比赛。其中1000米计时赛与4000米团体追逐赛,从1920年第七届奥运会开始,一直沿袭至今。

自行车运动被列入奥运会正式比赛项目后,受到各国的重视,赛事日益频繁。为了搞好组织竞赛工作,推动自行车运动的发展,1900年,国际自行车联合会在法国巴黎成立。欧洲许多国家纷纷成立自行车俱乐部,加强了国际的竞赛交往,进一步普及了自行车运动。

除奥运会比赛外,还有由国际自行车联合会主办的一年一度的世界自行车锦标赛。业余选手的世界公路自行车锦标赛则始于1921年。1965年的圣塞巴斯干会议决定,国际自行车联合会发展为两个国际协会,即国际职业自行车协会(总部设在比利时布鲁塞尔)和国际业余自行车协会(总部设在意大利罗马)。此后,在每年举行的世界自行车锦标赛上,业余和职业自行车运动员可分别参加比赛。此后又增加了世界青少年自行车锦标赛。目前,世各国自行车运动正在蓬勃发展。

二、自行车运动的健身特点

1. 全时间

在一天 24 小时中的任何时间,都可以利用自行车进行身体锻炼,受昼夜影响较小。

2. 全天候

在任何气象条件下,都可以利用自行车进行不同程度的身体锻炼。

3. 全地点

在任何道路条件下,都可以利用自行车进行身体锻炼。

4. 全运动量

利用自行车可以进行小运动量、中运动量和大运动量的身体锻炼。

5. 全年龄段

从两三岁的小孩到七八十岁的老人,几乎都可以利用自行车这一运动工具进行身体锻炼。

基于以上健身特点,自行车运动被人们称为"五全"大众健身运动。

第二节 自行车骑行技术

一、自行车的骑行姿势

运动员要想在比赛中创造良好的成绩,首先要掌握正确的自行车操作姿势。轻松自如地操作自行车,可降低能量消耗,避免不必要的肌肉紧张,保证力量和技术得到充分发挥。

正确的骑车姿势是:上体较低,头部稍倾斜前伸;双臂自然弯曲,弓腰,降低身体重心,同时防止由于车子颠簸而产生的冲击力传到全身;双手轻而有力地握住车把,臀部坐稳车座位。

影响骑车姿势的因素可分为车的因素和人的因素。车的因素有车架大小、车座高低与前后、车把倾斜角度和车把立管长度等五个方面。人的因素涉及腿长、臂长和躯干长度。腿的长度决定车架的高低,躯干长度和臂长的总和决定车架的长度,曲柄的长度则与训练、竞赛场地有关。坡度大、弯道多的路面曲柄需要短些;反之,曲柄可长些。

为了保证正确的骑行姿势,运动员必须根据自己的实际情况,做好车辆、车座的选择和车座、车把的调整。

二、车座的选择

自行车运动员能平稳地骑行前进,是依靠车把两端和车座三个支撑点形成一个平面来维持平衡的。在这三个点中,车座是主要支撑点,它承受着运动员身体大部分的重量。为了充分发挥踏蹬技术,运动员的坐骨结节需要支在车座上,所以,必须根据个人骨盆解剖构造来选用适合的车座。坐骨结节间距宽的可选用宽车座,坐骨结节间距窄的可选用窄车座。如果坐骨结节间距宽而选用了窄车座,车座就会嵌入坐骨之间,使坐骨神经和肌肉过度紧张,破坏骑行姿势和正确的踏蹬动作。

车座的选择还要考虑到骑行距离的长短和运动强度的大小。赛车场距离短,运动强度大,骑行时肌肉、神经高度紧张,可选用窄车座。公路训练骑行时间长,可选择与坐骨接触面较宽的车座。女性运动员由于生理特点,都应选择较宽而柔软的车座。无论男、女运动员,选用的车座平面都要绷紧,不能有明显的凸凹现象,以免影响正确的骑行姿势。

三、车座的调整

车座前后的调整:先将车座固定在水平线上,然后再调整车座前后。根据运动员的大腿长度,把车座前端调整到中轴垂直线后2～5厘米处。如果运动员大腿长,车座应多向后移动;如果运动员大腿短,车座稍向前移动,但车座前端一般不超过中轴垂直线后2厘米。

车座高低的调整:运动员坐稳车座后,用脚跟蹬住脚蹬,当脚蹬到最低点时,腿应正好伸直,既不感到过分伸脚,也不使膝关节有弯曲。

调整好的车座,应使运动员在踏蹬中,踏蹬到曲柄与地面平行的位置时,膝关节垂直线能正好通过脚蹬轴的中心。踏蹬到最低点时,膝关节能稍有弯曲,以有利于肌肉在紧张之后可得到短暂的休息。经过几次骑行检验,如感到用力合适,就可将车座固定下来。车座固定后,要把有关的测量数字记录下来,作为以后更换车座或车辆时的依据。

四、车把的调整

车把的调整对调整骑行姿势有很大的意义。车把的宽度应与运动员的肩宽大体相同,一般为38～41厘米。如果车把宽于肩,会增加风的阻力;如果车把窄于肩,胸腔会受到挤压,影响正常的呼吸功能。车把的高度,应根据运动员上体尺寸和臂长来决定,并根据专项的特点来进行调整。公路运动员用的车把可略高些,场地运动员用的车把可稍低些。合理的车把高度是使公路运动员的上体角度保持在35°～45°之间,场地运动员的上体角度保持在20°～30°之间。车把立管的长度,最好是当运动员踏蹬到曲柄与地面平行的位置时,肘关节与膝关节能稍稍相碰。

车与各部分间距离调适好后,不要轻易改变,特别是在比赛前不宜变动,否则会破坏已形成的动力定型,影响运动员在比赛时正常水平的发挥。

正确骑行姿势的形成,要通过专门训练,每次训练课都要严格要求,不论高速骑行还是终点冲刺,都要保持正确的骑行姿势,万不可忽视。

五、自行车的踏蹬动作

踏蹬动作是自行车运动中关键的技术动作,也是最复杂、最难掌握的动作。良好的踏蹬动作可使运动员以最小的能量消耗得到尽可能大的功率。为此,自行车运动员一定要在改进踏蹬动作上下功夫。

(一)踏蹬动作的用力分析

踏蹬动作是周期性运动,即在一个固定范围内,以中轴为圆心、曲柄为半径,重复地进行运动。每踏蹬一周可分为以下四个阶段。

第一阶段：上临界区（上死点）。

第二阶段：工作阶段（用力阶段）。

第三阶段：下临界区（下死点）。

第四阶段：回转阶段（放松阶段）。

沿着圆周进行踏蹬的力量都是通过切线来传递的。踏蹬到每个阶段时，肌肉用力各不相同，两只脚交替进行踏蹬，当一只脚处于回转阶段时，另一只脚已进入用力阶段。踏蹬到上、下临界区时，应尽量使肌肉放松，并尽量缩短在临界区停留的时间。

工作阶段是踏蹬的主要阶段，运动员在这个阶段内使用的踏蹬力是自行车前进的主要动力。因此，要把力量充分、合理地运用在这个阶段。这个阶段内踏蹬力量越大，车子前进速度就越快。

回转阶段一只脚踏蹬做功，而另一只脚主动向上抬起，不能给脚蹬任何压力，同时利用抬腿短暂的一瞬间让肌肉放松一下，以便把力量集中起来用于工作阶段。有时需要采用"提拉式"踏蹬，即利用抬腿动作给脚蹬以拉力，以加大另一只脚工作阶段的踏蹬力量，达到取得更快速度的目的。

（二）脚掌在脚蹬上的位置

脚掌应平稳地踏在脚蹬上，脚蹬应在脚掌中部和脚趾之间，也就是脚掌正好踏在脚蹬轴上，脚掌的纵向中线与脚蹬轴保持垂直。鞋的前端可伸出脚蹬 5～7 厘米左右。鞋卡子的位置应正好卡在脚蹬框上。鞋卡子要钉正、钉牢，皮条系紧。用力时应加强两脚的有机配合，帮助运动员正确地完成踏蹬动作。

（三）踏蹬方法

自行车运动的踏蹬方法有自由式、脚尖朝下式和脚跟朝下式三种。

1. 自由式踏蹬方法

目前，一些优秀自行车运动员大都采用自由式踏蹬方法。这种踏蹬方法就是脚在旋转一周的过程中，根据部位不同，踝关节角度也随着发生变化。脚在最高点 A 时，脚跟稍下垂 8°～10°，踏蹬力量朝前下方；逐渐加大力量踏蹬到 B 点时，脚掌与地面成平行状，此时踏蹬力量最大；再向下踏蹬，用力逐渐减小，进入下临界区，肌肉开始放松，脚跟略向上抬起，到 C 点时，脚跟逐渐上提 15°～20°；当脚回转到 D 点时又与地面平行，之后，脚跟又向上提起，重新进入 A 点。自由式踏蹬，符合力学原理，用力的方向与脚蹬旋转时所形成的圆周切线相一致，减少了膝关节和大腿动作幅度，有利于提高踏蹬频率，自然地通过临界区，减少死点，同时大腿肌肉也能得到相对的放松。但这种踏蹬方法较难掌握。

2. 脚尖朝下式踏蹬方法

目前不少自行车运动员，尤其是短距离运动员采用脚尖朝下式踏蹬方法。其踏蹬特点是在整个踏蹬旋转过程中脚尖始终是向下的。采用这种方法踝关节活动范围较小，有利于提高踏蹬频率，且容易掌握，但腿部肌肉始终处于紧张状态，不利于自然通过临界区。

3. 脚跟朝下式踏蹬方法

脚跟朝下式踏蹬方法是脚尖稍向上，脚跟向下 8°～15°。这种方法在正常骑行中很少使用，只是少数人在骑行过程中做过渡性调剂时才偶尔使用。它的特点是肌肉在短时间内改变用力状态,得到短暂休息,可以达到缓解肌肉疲劳的目的。

(四) 踏蹬动作的训练

踏蹬动作看似很简单,但要准确掌握并达到动作协调、完美却十分困难,必须反复进行训练。

开始训练时,最好不要用皮条捆脚,传动比要小,速度不宜过快,让运动员用较多的注意力体会踏蹬动作,培养踏蹬的感觉。经过一段时间的训练,若运动员基本上能轻松自如、圆滑有力地进行踏蹬时,可逐渐加快速度,系上皮条进入正常系统训练。无论是新运动员还是有训练素养的老运动员,在训练踏蹬的动作时,都要坚持循序渐进的原则,不要负担过重,更不宜在疲劳的情况下训练,同时要注意发展髋、膝、踝关节的灵活性及力量,以助于提高踏蹬技术。

踏蹬动作的训练也可以在练习器上进行,其好处是能及时得到教练员和同伴们的指导,能使运动员集中注意力改进踏蹬技术。

六、自行车的跟车骑行技术

自行车运动员无论在团体赛或个人赛中,正确运用跟车骑行技术,是争取胜利的一个主要因素。这是因为运动员跟在别人后边骑行时,可以借助前面运动员冲破空气阻力所产生的涡流,推动车子前进,从而减少自身体力的消耗。

跟车骑行技术的要领:首先是缩短与前面车的距离,以不影响视线、容易观察前面路面为佳。公路骑行,跟车距离一般在15~30厘米左右,同时要注意风向和风力。风从正面迎来,应由一人领骑,其他人在后面排成一路纵队,跟在前车左侧方或右侧方15~30厘米处。如风从左方来,可跟在前车右侧后方;风从右方来,可跟在前车左侧后方。如果侧风较大,跟随前车距离要近;如果侧风小,跟随前车的距离可稍远些。在下坡时向旁边骑开些,转弯时稍向后,以免发生事故。

跟车骑行时,头稍抬起,两眼正视前方,余光看到前车的后轮即可。倘若只低头看自己的前车轮,一旦前面出现障碍,就有摔倒的危险。当然,在团体比赛中,四周交通停止,短暂的瞬间低头骑行,使颈部肌肉得到放松也是允许的。

跟车骑行中很容易出现两车相撞,多数是后车的前轮碰上前车的后轮,导致失去平衡而摔倒。出现两车相撞时,运动员的头脑要冷静,前面的运动员要继续平稳前进,后面的运动员不要刹车,只要稍微减速即可。如果左面撞上前车,应将身体和车子一齐向右歪,同时将车把向右转,这样两车即可逐渐分开;若右面相撞,可向左方做同样的动作。

要掌握娴熟的跟车技术,除进行专门训练外,还要在每次训练课中加以巩固。开始训练跟车时,跟车距离可稍远些,相距30~50厘米,随着骑行技术的提高,不断缩短跟车距离,直到15~30厘米。从两人配合练习逐渐过渡到三人、四人配合练习。同时,要专门训练撞车后的摆脱技术,防患于未然。

加强运动员的操车技能训练,提高在各种复杂情况下的应变能力,是预防跌倒的积极方法。由于自行车运动的特点,在激烈的训练和比赛中随时会出现碰撞、跌倒等现象。运动员遇到跌倒时,要沉着、冷静,不要害怕,不要过早撒车把,也不可闭上眼睛而消极等待跌倒。在身体即将着地时,双脚要迅速从脚套中抽出,注意保护头部,有意识用肩部和背部着地,做滚翻动作,减轻摔伤程度。

七、自行车的原地起跑技术

起跑技术在各项比赛中都很重要，尤其是在短距离项目里起着决定胜负的作用。

自行车起跑技术分为扶车与不扶车两种。在赛车场比赛中多采用扶车起跑，而在公路成组出发的比赛中则采用不扶车起跑。

（一）扶车起跑技术

在比赛之前，运动员骑在车上，由裁判员扶住车座后下方，或一只手扶前叉三通，另一只手扶车座后下方，维持平衡。运动员在起跑前应先拉紧脚蹬皮条，然后扶好车把，做一两次深呼吸，腰部放松并坐稳。两个脚蹬保持与地面平行，或是一只脚的脚蹬稍高一些。当听到裁判员"预备"口令时，运动员的臀部及时、平稳地离开座位，准备启动，但动作不要过猛，防止抢跑犯规。听到出发枪声后，踏蹬第一脚立即做迅速而有力的下踏，但不能用力过猛，避免肌肉过分紧张和不利通过"死点"；另一只脚借助皮条和脚卡向上用力提脚蹬，脚尖稍向上抬起，防止脚套拉脱。在左脚踏蹬时，左手用力向怀里拉车把，集中使用力量，右手以同样的力量向下按车把，两臂弯曲，上体前移，整个身体成弓形用力。循环至另一只脚踏蹬时，动作相同，方向相反。同时，头部稍稍抬起，注意车子平衡，直线加速前进。起跑到60～80米达到一定速度后，运动员可平稳地坐到车座上，利用已有的惯性，稍放松踏蹬几下，调整一下因起跑产生的肌肉紧张状态，然后立即转入正常踏蹬。这里要特别指出，由站立式往下坐时不要向后猛拉车把，防止车子减速。

（二）不扶车起跑技术

在出发前，运动员两手扶车，骑在车架上方，一只脚踏上脚蹬，另一只脚踩在地上。当听到出发信号时，用力蹬地使车向前移动，并迅速坐在车座上，套上脚套，用站立式骑行方法加快速度。启动后，动作与扶车起跑技术的动作相同。

第三节　自行车长途旅行指南

近年来，在我国有越来越多的人热衷于长途骑自行车运动健身或旅游、考察等。骑自行车长途旅行，既可以锻炼身体、饱览风景名胜，又可以深入交通不便的偏远地区，深入地考察、体验许多鲜为人知的风土民情。要准备骑自行车作长途旅行，应注意以下事项。

一、行前心理与体能准备

首先应明确旅行的目的和目标，树立坚定的信念，路再长也有终点，无论遇到什么困难，只要坚定地骑下去，就一定能到达目的地。要加强"战前"体能训练，以适应野外生存需要。

二、行前资料、信息与人数准备

首先要收集、查阅、整理沿途有关的各种资料和相关信息，包括最新版本的地图、交通图,沿途的地理、历史、人文、名胜古迹、气象资料等。再根据参加者的体力状况、假期长短、旅行季节等因素制订出详细的旅行计划。一般而言,长途自行车旅行的时间以每年的5~10月份为宜。长途自行车旅行最好能结伴而行,但人数不宜太多,理想的人数为3~5人。若人数过多,沿途食宿困难较大,偏远的小地方接待有困难。由于人们之间的性格爱好存在差异,人数过多时很难统一行动。人数太少,安全保证较差,并且万一途中出现特殊情况,若人数过少则难以相互照应。另外,有些物资装备(如修车工具、宿营装备等)无论一人或多人都会需要一份,若人数过少,每一个人的负担就会加重。

三、行前有关物质与装备的准备

(一)自行车的选择与调试

自行车的选择很重要。由于自行车是旅行中的主要交通工具,所以旅行的成败与自行车的好坏有着直接、密切的关系。自行车旅行属于一种体育运动项目,往往需要考核运动速度,所以自行车旅行也可分成普通自行车旅行和特殊自行车旅行。前者选用一般的加重型或标定型自行车,后者可选用特制的赛车、山地车等。特种自行车运动速度快,在不同的路线行驶时,也更加灵活有力。

1. 选车

骑车长途旅行,最好选择27英寸(68.58厘米)的平把全地貌车。该车前后均有车架,21速,可载重150千克(含骑行者体重),且车带可根据路面、载重情况自选。不过这类车目前在国内市场上很难买到,只是私人有从国外带回来的。另外,还有一种山地车,可作为平把全地貌车的替代品:26英寸(66.04厘米),21速,可载重120~150千克,车带从1.50~1.75(3.81~4.445厘米)英寸之间任选,有后架,可加装前架,水壶架有3个(当然还可加)。如果要骑行的是柏油公路,也可用弯把27英寸(68.58厘米)的细纹旅行车,车带宽度为1.25英寸(3.175厘米),有后架,骑上它很轻快,适合载物不多的长途旅行。

2. 调车

一般自行车旅行是边骑边看,自由自在,速度不是很重要,重要的是方便、舒适,可按这个要求调车。

如是新车,在出发前一定要磨合200~300千米,重新全面调整后再上路。如果是旧车,要经过全面大修,特别要对车座进行加工改造。

将骑行者的腋部放在车座中间,用手去摸轮盘轴心部,以摸到为准,这就是骑行者适宜的车座高度。车座不宜太高或太低,以个人骑行舒适为宜。车把基本上应与车座高低相等,高低差距在3~5厘米以内为好。

车座不宜太硬或太小,最好加上一个3~5厘米厚的海绵坐垫,注意一定要保持坐垫表面干燥且不能有褶皱和缝合接缝,只有这样,在长时间骑行时才不至于磨破皮肤或长痱子。另外,还应在自行车前后安装好挂包架。最好在自行车大梁上安装一个水壶架,以便在骑行中可随时方便取饮用水。另外,在车胎内注入一些补漏剂,一旦车胎被刺破,只需将刺入物拔除,破孔向下打足气,即可自动将破孔堵住,保证能继续骑行。出发前,一定要掌握自行车的调适方法和修理技术,包括补胎,更换车条、刹车块,修理飞轮等。

(二)骑行服装的选购

如果是在夏季或在较暖和的季节骑行,最好能购置专业的骑行服,它具有保温、透气、挡风、防雨等功能。骑行裤内应有真皮垫,防磨且透气,可适应在多种气候条件下骑行。如果没有骑行服,特别是骑行裤时,可直接穿着有弹力的紧身裤,里面不要再穿着其他服装,并且在经常摩擦的部位涂抹一些能起润滑作用的油脂。

夏季骑行应穿着长袖上衣和遮阳帽,以免晒伤皮肤。冬季或在气候较寒冷的地区骑行时,除注意保温外,还要注意防止衣裤或鞋袜过紧而导致血液循环不好,防止引起冻伤。另外,骑行时不能戴口罩,因为呼出的热气会在口罩外面结成薄冰,造成面部冻伤。冬季最容易冻伤的部位是耳朵、鼻子和手脚,要特别注意这些部位的保暖。可采取骑行和推车步行结合的方法,以促进和改善全身血液循环。此外,还要准备一件雨披,除防雨外,还有其他许多用途。

(三) 其他常备物资的准备

为防风吹和小飞虫侵入眼睛,要准备好骑行眼镜。有色的骑行眼镜可防强烈的阳光照射,无色的骑行眼镜适用于阴天,还有一种浅黄色的骑行眼镜专门用于夜间。另外,一个小药箱也是必不可少的,里面应放置治疗腹泻、肠胃不适、感冒、外伤等的药品。如果是夏季还应准备一些十滴水、风油精、清凉油等。冬季则要准备一些冻疮膏、姜茶等。在西北、新疆等地区骑行,要多准备一些饮用水。

四、旅途中的骑行技巧

(一) 骑行道路的选择

自行车旅行,对道路要求比较高。骑行时应选择平坦、易于通行的道路,除非迫不得已,应尽量避免走坡道、土道,以减少对人和车的损害。一般情况下,宁可多走几里,也要避开这些道路。俗话说"宁走十里坦,不走一里坎",对于自行车旅行来讲是有道理的。

(二) 骑行速度的选择

骑行速度要根据全队成员的身体状况、路途远近和假期长短来决定。一般来说,如果路面平坦,每小时骑行 20 千米左右。山地或丘陵地形,每小时骑行 10～15 千米左右较为合适。每天骑行的时间,在开始的 3 天到一周内,不宜太长,每天骑行 6～7 小时,120～130 千米较为合适。身体适应后,每天增加 20～30 千米,也不会有太大的问题。长途骑行后两脚会充血肿胀。休息时要平躺,尽可能把脚垫高,以促使血液循环。如有坡度不大的斜坡,也可以头低脚高的睡姿休息片刻或把脚放在自行车上休息一下。

在干燥地区旅行,可在鼻腔内适量涂一些凡士林油,避免鼻腔干燥,保障呼吸顺畅。如果需要用口呼吸,那就表示强度大了或是累了,这时应当减速,调整变速器。上坡或下坡时,使用变速器不要一下变好几个挡位,应循序渐进。下坡时可放松一下身体,采用溜车的方式。如果因坡太陡,导致速度过快,用后闸制动减速。不是紧急情况,不要一下把车闸捏死,不然外胎会磨损很大。最后,在做长途自行车旅行之前,最好先做些一两日之内的短途自行车旅行,以便逐步适应。

(三) 不同季节特点的骑行技法

夏季,由于白天气温太高,骑行体力消耗极大、容易中暑等,最好选择在早晚时段骑行。如必须露宿,应随身带一个防潮垫。休息时换上干燥的衣裤,躺在防潮垫上,并且时间不宜过长。切不可穿着汗湿的衣服就地随意躺卧。

夏季骑行时,如出现头晕头痛、全身无力、烦躁心慌、恶心呕吐、舌干口渴、出虚汗、心跳加快等症状,要迅速到阴凉处躺下休息,马上服用一些十滴水,等体力恢复后再活动。切记不能用扇风法降温。

冬季骑行时，如感到皮肤发痒、红肿、麻木甚至起水疱时，要尽快用冻疮膏轻轻涂抹并做好局部保温，切不可因发痒而使劲搓揉。

五、大学生自行车活动的目的与安全措施

（一）大学生自行车活动的目的

教育部在印发《全国普通高等学校体育课程教学指导纲要》的通知中指出：课程的基本目标是根据大多数学生的基本要求而确定的。大学体育课程的教学目标分为：运动参与、运动技能、身体健康、心理健康、社会适应五个领域目标。自行车活动可以作为实现这些目标的良好运动方式和选择项目之一。通过不同形式的自行车活动，可以融入生活，实现运动参与目标；挑战自我，实现运动技能目标；终身健康，实现身体健康目标；亲近自然，实现心理健康目标；贴近社会，实现社会适应目标。

（二）大学生自行车活动的安全措施

自行车运动由于活动的时候参加人数较多，速度较快，容易发生交通安全事故，因此在自行车活动中应该采取相应的安全措施。

1. 骑行队形

这是指参加自行车活动的学生，在活动中有规则、有秩序地排列。这种有规则、有秩序的排列可以显示出自行车活动的团队精神，对活动的安全能够起到保护作用。

队形一般可分为骑车队形和停车队形。骑车队形一般分为两路纵队或一路纵队，在道路状况良好的情况下采用两路纵队。两路纵队前排和后排的间隔距离应在3米左右，两路纵队的左右间隔距离应在1.5米左右。在道路状况不好的情况下应采用一路纵队，一路纵队的前后间隔应在3米左右，如遇下坡时前后的间隔距离还应加大。

另外，在自行车活动中常有停车休息的时候，在休息的时候，应该将自行车整齐地停在道路的一边，以不影响交通为准。

2. 交通规则

交通规则是保证交通安全的重要因素，在自行车活动中学生一定要严格遵守交通规则，行进时应该在道路的右侧，左转弯时应该转大弯，在横穿道路时绿灯亮了才能通过，红灯亮时必须停车等候，在任何时候都要注意道路上的各种危险情况。

3. 身体条件

在自行车活动中要时刻注意自己的身体变化，如果出现身体不适的情况，就要采取相应的措施，避免事故的发生。

4. 骑行技术

在自行车活动中，教师要随时观察学生的骑行技术，如发现某位学生的骑行技术不符合练习要求时，就应降低练习难度，直到停止练习，只有学生的骑行技术与练习要求相匹配时才可参加练习。

5. 车辆状况

这是指自行车能否正常使用。学生拿到自行车后，要对自行车进行全面检查，如各转动部分是否灵活，轮胎的气是否充足，车闸是否灵活，车座高低是否合适等，只有车辆状况良好的自行车才能使用。

第十四章 体育舞蹈

第一节 体育舞蹈概述

体育舞蹈,又称国际标准交谊舞,由社交舞转化而来,是体育与艺术高度结合的一项体育项目。它分为2个项群、10个舞种。其中摩登舞项群含有华尔兹、维也纳华尔兹、探戈、狐步和快步舞,拉丁舞项群包括伦巴、恰恰、桑巴、牛仔和斗牛舞。每个舞种均有各自舞曲、舞步及风格。

体育舞蹈起源于古代土风舞,经历了对舞、圈舞、行列舞、集体舞等演变过程,并与欧洲贵族在宫廷举行的交谊舞会结合,成为流传广泛的社交舞蹈。

19世纪20年代后,英国皇家舞蹈教师协会对原舞种、舞步、舞姿等进行规范整理,制定比赛方法,形成了国际标准交谊舞,并于1947年在德国柏林举行第一届世界标准交谊舞锦标赛。

1992年,国际标准交谊舞被列为奥运会表演项目。随后,国际标准交谊舞又被称为"体育舞蹈",被计划纳入体育运动项目。1997年9月4日,国际舞蹈运动总会正式成为国际奥林匹克委员会会员。

第二节 体育舞蹈的基本动作及其组合

一、握抱姿势

对于舞者本人来说,准确、自然的体态和握抱姿势是学习体育舞蹈的重要前提。因此,在学习基本舞步之前,先掌握正确的握抱姿势。下面简单介绍一下体育舞蹈中华尔兹、快步舞和探戈的握抱姿势。

(一)华尔兹、快步舞的握抱姿势

1. 男士握姿

(1)直立,两脚并拢,挺胸立腰,收腹微提臀,两膝自然放松。

(2)左手与女伴右手相握,掌心相对,虎口向上,前臂与大臂的夹角为135°左右,高度与女伴右耳峰相平。

(3)右手五指并拢,轻轻置于女伴左肩胛下端,前臂与大臂夹角为75°左右。

(4)头部自然挺直,目光从女伴右肩方向看出。

(5)男士腹部1/2微贴女伴(服装与服装之间接触)。

2．女士握姿

（1）直立，两脚并拢，膝关节放松，收腹提臀，腰向后上方打开。

（2）右手与男伴左手相握、掌心相对，手轻轻握在男伴左手虎口上。

（3）左手在男伴右肩袖处轻轻搁置，用虎口轻轻扶住男伴三角肌。

（4）头部微向左倾斜，目光从男伴右肩方向看出。

（5）女士右腹部 1/2 微贴男伴（服装与服装之间接触）。

（二）探戈的抱握姿势

1．闭式舞姿

（1）男士的右脚收回半脚，并到左脚内侧脚弓处，前后错开半脚，重心下沉，膝关节弯曲并松弛，左手回收，肘关节上抬，前臂内收角度加大，接近 90°。

（2）右手微向下斜置女伴的脊椎骨靠近右肩胛骨的地方，不超过脊柱。

（3）女士的左手拇指贴向掌心，四指并拢，虎口处抵住男士的上臂外侧靠近腋部。

（4）男士右肘与女士左肘不相叠，即男士右肘骨抵住女士的左肘内窝。

（5）男士与女士位置是 1/3 微贴，接触点是膝关节、胯部到腹部的位置。

2．散式舞姿

这是探戈最常见的一种舞姿，在闭式舞姿的基础上，男士上身更向右拧转，腰、腹部带动女士向左拧转，男士头部及胸部向外打开，眼通过相握手的前臂向前看，右腿屈膝，膝关节内扣，右脚拇指内侧点地。

二、基本舞步

下面简单介绍一下体育舞蹈中华尔兹、探戈和恰恰的基本舞步。

（一）华尔兹的基本舞步

华尔兹是通常人们所说的慢三步。它的风格是典雅大方、动作流畅、旋转性强、热烈而兴奋。它的音乐是 3/4 拍，每分钟 30～32 小节，舞步基本上是一拍跳一步，每小节三步，但在各舞步中也有不同的变化，如犹豫步、前进并合步（追步）、前进锁步、后退锁步中是每小节跳四步。下面以前进直步和后退直步为例介绍华尔兹基本舞步。

1．前进直步

男士的动作如表 14-1 所示，女士的动作如表 14-2 所示。

表 14-1

步数	节奏	要领	脚法	方位	升降	转度	倾斜
1	1	左脚前进	掌跟	面向舞程线	结尾开始上升	不转	—
2	2	右脚经左脚横步	掌	面向舞程线	继续上升	不转	左
3	3	左脚并于右脚	掌	面向舞程线	继续上升,结尾下降	不转	左
4	1	右脚前进	掌跟	面向舞程线	结尾开始	不转	—
5	2	左脚经右脚横步	掌	面向舞程线	继续上升	不转	右
6	3	右脚并于左脚	掌	面向舞程线	继续上升,结尾下降	不转	右

注：表格中的方位是指在一个舞步结束时，双脚（并非身体）在舞池中指示的方向。

表 14-2

步 数	节 奏	要 领	脚 法	方 位	升 降	转 度	倾 斜
1	1	右脚后退	掌跟	背向舞程线	结尾开始上升	不转	—
2	2	左脚经右脚横步	掌	背向舞程线	继续上升	不转	左
3	3	右脚并于左脚	掌	背向舞程线	继续上升,结尾下降	不转	左
4	1	左脚后退	掌跟	背向舞程线	结尾开始上升	不转	—
5	2	右脚经左脚横步	掌	背向舞程线	继续上升	不转	右
6	3	左脚并于右脚	掌	背向舞程线	继续上升,结尾下降	不转	右

动作提示:在这个动作的配合中,处于后退的一方一定要给前进的一方让开位置,第一步中身体没有任何变化,在跳第二步时,男士、女士的身体要向侧做倾斜,升到最高点时,重心落下后才能走下一个步法。

前进并换步的 1~6 步动作如图 14-1 所示。

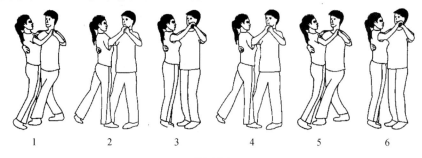

图 14-1

2. 后退直步

男士的动作如表 14-3 所示,女士的动作如表 14-4 所示。

表 14-3

步 数	节 奏	要 领	脚 法	方 位	升 降	转 度	倾 斜
1	1	右脚后退	掌跟	背向舞程线	结尾开始上升	不转	—
2	2	左脚经右脚横步	掌	背向舞程线	继续上升	不转	右
3	3	右脚并于左脚	掌	背向舞程线	继续上升,结尾下降	不转	右
4	1	左脚后退	掌跟	背向舞程线	结尾开始上升	不转	—
5	2	右脚经左脚横步	掌	背向舞程线	继续上升	不转	左
6	3	左脚并于右脚	掌	背向舞程线	继续上升,结尾下降	不转	左

表 14-4

步 数	节 奏	要 领	脚 法	方 位	升 降	转 度	倾 斜
1	1	左脚前进	掌跟	面向舞程线	结尾开始上升	不转	—
2	2	右脚经左脚横步	掌	面向舞程线	继续上升	不转	右
3	3	左脚并于右脚	掌	面向舞程线	继续上升,结尾下降	不转	右
4	1	右脚前进	掌跟	面向舞程线	结尾开始上升	不转	—
5	2	左脚经右脚横步	掌	面向舞程线	继续上升	不转	左
6	3	右脚并于左脚	掌	面向舞程线	继续上升,结尾下降	不转	左

动作提示:这个步法的配合要求同前进直步。为了更好地完成比较复杂的高难度动作,要求学生反复地练习最基本的舞步,在基本功上下功夫。

后退并换步的 1～6 步动作如图 14-2 所示。

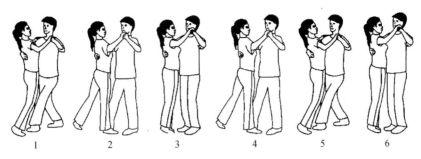

图 14-2

3. 组合练习

(1) 组合练习一：男士的动作。

进(直步＋左转 90°)→退(直步＋右转 90°)→进(横步＋左转 90°)→退(直步＋右转 90°)→进(直步＋左转 90°)→退(横步＋右转 90°)→进(让步＋右转 90°)。

(2) 组合练习二：女士的动作。

退(直步＋左转 90°)→进(直步＋右转 90°)→退(横步＋左转 90°)→进(左旋转步 270°＋横步)→退(直步＋左转 90°)→进(横步＋右转 90°)→退(让步＋右转 90°)。

(二) 探戈的基本舞步

探戈的风格是动静交织、潇洒奔放，头部左顾右盼、快速转动。舞曲为 2/4 拍，每分钟 30～34 小节。音乐的特点是以切分音为主，带有附点和停顿。舞步分 S(慢)和 Q(快)，其中，S 占 1 拍，Q 占半拍。跳探戈时，要求膝关节松弛、微屈，身体重心下沉，脚下干净利落，不拖泥带水。下面以常步和常步至侧行位为例，介绍探戈的基本舞步特点。

1. 常步

男士的动作如表 14-5 所示，女士的动作如表 14-6 所示。

表 14-5

步 数	节 奏	要 领	脚 法	方 位	转 度	倾 斜
1	S	左脚前进	掌跟	面向斜墙壁	不转	反身动作位置
2	S	右脚前进，右肩引导	掌跟	面向斜墙壁	左转 1/8	—
3	Q	左脚前进	掌跟	面向斜墙壁	开始右转	反身动作位置
4	Q	右脚跟上，呈基本站位姿势	全脚	面向斜墙壁	右转 1/8	—

表 14-6

步 数	节 奏	要 领	脚 法	方 位	转 度	倾 斜
1	S	右脚后退	掌跟	背向斜墙壁	不转	反身动作位置
2	S	左脚后退，左肩引导	掌跟	背向斜墙壁	右转 1/8	—
3	Q	右脚后退	掌跟	背向斜墙壁	开始左转	反身动作位置
4	Q	左脚跟上，呈基本站位姿势	掌跟	背向斜墙壁	左转 1/8	—

常步舞步的 1～4 步的动作如图 14-3 所示。

图 14-3

2. 常步至侧行位

男士的动作如表 14-7 所示，女士动作做法如表 14-8 所示。

表 14-7

步数	节奏	要领	脚法	方位	转度	反身动作
1	S	左脚前进	掌跟	面向斜墙壁	不转	反身动作位置
2	S	右脚前进,右肩引导	掌跟	面向舞程线	左转 1/8	—
3	Q	左脚前进	掌跟,掌尖内侧	面向斜墙壁	开始右转	反身动作位置
4	Q	右脚横步稍后	全脚	位向斜墙壁	继续右转 1/8	—

表 14-8

步数	节奏	要领	脚法	方位	转度	反身动作
1	S	右脚后退	掌跟	背向斜墙壁	不转	反身动作位置
2	S	左脚后退,左肩引导	掌跟	背向舞程线	右转 1/8	—
3	Q	右脚后退	掌跟,掌尖内侧	背向斜墙壁	开始左转	反身动作位置
4	Q	左脚横步稍后	掌跟	背向斜墙壁	继续左转 1/8	—

常步至侧行位的 1～4 步动作如图 14-4 所示。

图 14-4

3. 组合练习

(1) 组合练习一：常步→常步至侧行位→侧行并步。

(2) 组合练习二：摇转步→开式左转步。

(三) 恰恰的基本舞步

恰恰的舞曲为 4/4 拍,速度为 29～32 小节/分钟,其节奏为 1、2、3、4 & 1,其节拍分别为 1 拍、1 拍、1/2 拍、1/2 拍、1、2、3 拍各走一步,4 拍走两步,因此,恰恰恰舞由 5 步构成。每个舞步都应在前脚掌上施加压力,当身体重心放在脚上时,脚跟要放低,膝关节要伸直,用稍离地面的踏步来表现心情的欢快。向后退步时,脚跟下落要比前进时晚,以免重心一下子"掉"到后面。正确的舞姿,稳定有力的腿部和足部支撑是很重要的。下面以追步和锁步为例,介绍恰恰的基本舞步特点。

1. 追步

以右追步为例,动作如表 14-9 所示。

表 14-9

节 奏	动 作 过 程
4	右脚向右侧横半步,屈膝,半掌(如图 14-5 所示)
达	左脚并右脚,屈膝,半掌,右脚跟放下(如图 14-6 所示)
1	左脚蹬地,将右脚向侧推出一步,直膝,全掌,左脚侧点地(如图 14-7 所示)

动作提示:后退主动靠、用力蹬,避免向上跳。

图 14-5　　　　　图 14-6　　　　　图 14-7

2. 锁步

(1) 前进锁步。以右前进锁步为例,动作如表 14-10 所示。

表 14-10

节 奏	动 作 过 程
4	右脚上前半步,直膝,全掌(如图 14-8 所示)
达	左脚屈膝靠在右腿膝后,半掌并外转,形成拉丁交叉步(如图 14-9 所示)
1	左脚蹬地,将右脚向侧推出一步,直膝,全掌,左腿直膝后点(如图 14-10 所示)

动作提示:后退主动靠、用力蹬,避免向上跳。

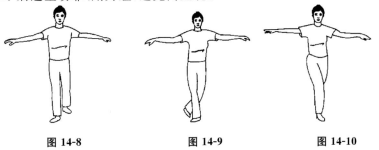

图 14-8　　　　　图 14-9　　　　　图 14-10

(2) 后退锁步。以左后退锁步为例,动作如表14-11所示。

表 14-11

节 奏	动 作 过 程
4	左腿后退半步,直膝,半掌(如图14-11所示)
达	右脚屈膝靠在左腿膝前,形成拉丁交叉步(如图14-12所示)
1	右脚蹬地将左脚向后推出一步,直膝,全掌,右腿直膝后点(如图14-13所示)

动作提示:前腿主动靠、蹬,步子稍小。

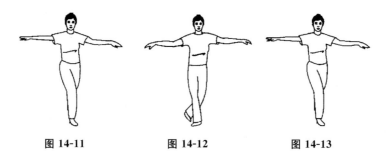

图 14-11　　　　　图 14-12　　　　　图 14-13

3. 组合练习

(1) 组合练习一(如表14-12所示):

表 14-12

小 节	男 士	女 士
1~2	前进十字步	后退十字步
3	十字步	十字步
4	扭胯步	扇形步
5	后交叉扭胯步	开式扭胯步
6	后退十字步	阿里曼娜

(2) 组合练习二(如表14-13所示):

表 14-13

小 节	男 士	女 士
1	前进十字步	后退十字步
2	后退十字步	前进十字步
3	扇形步	扇形步
4	十字步引导女伴	前进十字步
5	后拖步	开式扭胯步
6	前进十字步	后退十字步

第三节 体育舞蹈竞赛规则

一、比赛场地与要求

（一）比赛场地

体育舞蹈赛场的地面应平整、光滑。比赛场地长 23 米、宽 15 米，摩登舞及拉丁舞中的桑巴舞、斗牛舞按逆时针方向行进，交换舞程线时应过中心线。

（二）比赛服装

摩登舞男选手穿燕尾服，女选手穿不过脚踝的长裙；拉丁舞服装应具拉美风格，男、女选手服装必须搭配协调，男选手穿紧身裤或萝卜裤，女选手穿露背短裙。专业选手背号为黑底白字，业余选手背号为白底黑字。

（三）比赛仪容

男选手发型可留分头，前不掩耳，后不过领，不能留长发、长须；女选手为短发或长发盘髻，可加头饰，不可披长发。

（四）对选手的规定

选手不能在同类舞场中交换舞伴；应准时入场，违者按弃权论处；编组后不能随意改变组别；摩登舞比赛必须男女交手跳舞；拉丁舞比赛中不许做托举上肩、跪腿等动作。

二、简要竞赛规则

（一）裁判组组成

裁判组通常设裁判长 1 名，裁判员若干名。场上裁判人数必须为单数。全国性、国际性大赛设裁判员 7～11 名。裁判姓名用英文字母 A、B、C、D……代表，在裁判评分夹上标记出来。

（二）评判要素

评判主要涉及以下 6 个要素。其中，前 3 项主要指选手的技艺品质，后 3 项是选手的艺术魅力。在第一、第二次预赛中，裁判着重于前 3 项要素的评判；在半决赛时，着重于后 3 项要素的评判；在决赛中，应全面地评价选手各项要素的完成情况。

1. 基本技术

裁判主要从足部动作、身体姿态、动作的平衡稳定和移动几个方面进行评判。

2. 音乐表现力

裁判可从选手对音乐节奏和风格的理解及动作的表现力上对选手的表现进行打分。

3. 舞蹈风格

从各种不同舞种之间的风格和韵味上的细微差别,以及个人不同的风格特点展现来进行评判。

4. 动作编排

可从动作的新颖性、流畅性,动作体现舞种基本风韵的情况,动作与音乐的配合程度,动作本身具有的技术难度性,以及编排的章法和场地利用情况等多方面因素来进行评判。

5. 临场表现

应从选手在赛场上的应变能力、竞技状态的表现情况和临场自我控制发挥能力等方面进行打分。

6. 赛场效果

可从舞者的风度、气质、仪表及出入场时的总体形象等方面进行打分。

(三) 计分规则

体育舞蹈的计分方法以顺位法为依据,即决赛时裁判给选手评判的名次通过顺位排列的方法计算单项和全能名次。

1. 单项舞顺位规则

(1) 在各位次上领先获得过半数裁判判定的选手便获得该顺位的名次。

(2) 在同一顺位上有两对以上选手获过半数判定,则按数值的多少决定名次,多者名次列前。

(3) 在同一顺位上出现相等数时,则将顺位数相加,用括号表示,积数少者名次列前。

(4) 在第一顺位上所有选手未获过半数判定,则降下位计算,直至出现过半数判定为止。

2. 全能顺位规则

(1) 将总分顺位表的单项名次数相加,按合计数的大小,排列选手名次,数小的名次列前。

(2) 如果名次合计数相等,则看获得的顺位次数多少,多的名次列前。

(3) 如果合计数、顺位数都相等,则看顺位积数多少,少的名次列前。

(4) 如果合计数、顺位数、顺位积数都相等,则需将相等者的各单项名次顺位全部列出,重新计算;如又相等,则可加赛或用其他方法解决。

第十五章 瑜伽

第一节 瑜伽概述

一、瑜伽的起源与发展

瑜伽起源于5000多年前的古印度,是东方最古老的强身术之一,是人类智慧的结晶。瑜伽也是印度先贤在最深沉的思想和静定状态下,从直觉了悟生命的认知。

"瑜伽"一词源于梵文音译,有结合、联系之意,这也是瑜伽的宗旨和目的,是为达到冥想而集中意识之义。可究竟是什么同什么"结合"呢?其实瑜伽是为指明人类本能从较低到较高的"结合",用同样方式也可从较高到较低的"结合"或同自我"结合"。这也意味着与所谓"最高的宇宙万物之灵"相同化,使自己从痛苦和灾难中获得解脱。

瑜伽的修炼者开始只有少数人,一般在寺院、乡间小舍、喜马拉雅山洞穴和茂密森林中心地带修持,由瑜伽师讲授给门徒。后来,瑜伽逐步在印度普通人中间流传开来。

如今的瑜伽,已经是印度人民几千年来从实践中总结出的人体科学的修炼法,再也不是只限于少数隐居人仅有的秘密。目前,瑜伽已在全世界广泛传播。

瑜伽有一套从肉体到精神的极其完备的修持方法,能把散乱的精神集中并使之平静下来。瑜伽修炼首先着眼于身体的强健,然后要求身心融合为一。在此基础上,引导修炼者进入完美的境界。在瑜伽修炼过程中,修炼者逐渐深化自己的内在精神,从外到内,从感觉到精神理性,而后到意识,最后把握自我同内在的精神融合为一,达到天人合一。

瑜伽学说反对强加于人,它主张未经检验的东西不可轻信,也包括瑜伽本身。修炼者学习瑜伽必须经过自身的体验来领悟真谛。

二、瑜伽的修持方法

(一)道德规范

瑜伽的修炼必须以德为指导,德为成功之源。瑜伽道德的基本内容:非暴力、真实、不偷盗、节欲、无欲。这是瑜伽首先要求修炼者遵守的道德规范。瑜伽需要修炼者自身的内外净化:外净化为端正行为习惯,努力美化周围环境;内净化为根绝七种恶习,即欲望、愤怒、贪欲、狂乱、迷恋、恶意、嫉妒。

(二)体位法

体位法是一种姿势锻炼,能净化身心,保护身心。体位法的种类很多,对肌肉、消化器官、腺体、神经系统和肉体的其他组织起到良好作用,不仅可以提高身体素质,而且还可以提高精神素质,使肉体、精神平衡。

(三)呼吸法

呼吸法是指有意识地延长吸气、屏气、呼气的时间。吸气是接收宇宙能量的动作,屏气使宇宙能量活化,呼气可去除一切思考和情感,同时排除体内废气、浊气,使身心得到安定。

第二节 瑜伽的练习方法

一、瑜伽的坐姿、手势和呼吸方法

我们在练习瑜伽的时候首先要掌握瑜伽的坐姿、手势和呼吸方法。

瑜伽的坐姿有简易坐、半莲花坐、莲花坐、至善坐、吉祥坐、雷电坐。当我们直身打坐时，呼吸顺畅不受阻碍，这时肺泡完全扩张，气息更加稳定深长，提高氧气利用率，充分改善面色、精神面貌，心境更加平静。当我们保持瑜伽的坐姿时，腿部血液循环得到控制，让上半身、头部得到更多的血液滋养。

瑜伽的手势有两种，手指契合法和智慧契合法。两手放在两膝上，食指扣住大拇指的指根，其余的三指自然延伸，手指契合法掌心向上，智慧契合法掌心向下。

瑜伽的呼吸方法有三种：腹式呼吸、胸式呼吸和完全的瑜伽呼吸。腹式呼吸的要领是：胸口不动，气息下沉，腹部扩张。胸式呼吸的要领是：胸部扩张，腹部内收。完全的瑜伽呼吸是将以上两种呼吸方法结合起来。

二、瑜伽的姿式

古印度的智者们通过长期的自然生活，观察了动物的活动、休息和睡眠等本能的习性，以及动物如何通过自然的方式为自己治病疗伤，从中领悟到很多健身和治病的方法。例如，在长期观察猫科动物以后，智者们发现，猫科动物通过耸肩、胸部贴地等动作，使得肩、背、腰、臀的肌肉得到充分伸展，牵扯、按摩肺、胃等内部器官，刺激腰椎周围神经、肌腱、骨骼、肌肉等，于是智者们模仿猫科动物的姿势，将其演化为具有健体强身功效的瑜伽姿势，这就是猫伸展式、虎式等姿势的由来。瑜伽姿势的庞大体系就是在对自然的不断学习中逐步建立起来的。

传统的瑜伽姿势有成千上万种，现在最常见的瑜伽姿势有上百种，做这些瑜伽姿势练习时，会使用到弯、折、扭、俯、仰、屈、伸、提、压等动作，从而使骨骼、肌肉、脊柱、腺体都得到很好的锻炼。

瑜伽姿势只是练习中的部分内容，练习瑜伽姿势，还必须注重身心和呼吸的结合。人们不应用柔韧度的好坏来衡量一个人瑜伽练习得好坏，事实上，很多瑜伽大师也只是练习少数的简单的瑜伽姿势，而更注重内心冥想的修习。瑜伽的魅力之所以经久不衰，是因为它对心灵起到了很好的调节作用。瑜伽姿势历经数千年的发展，被证明是科学而安全的健身方法，是现代的一些运动形式所无法取代的。

瑜伽姿势练习中，由于有大量的肢体动作，很容易被误解为一种运动体操，其实，瑜伽和一般运动最明显的区别在于：

首先，运动是消耗体能的，持续一段时间之后，运动者往往感到非常疲劳，特别是不经常运动的人若偶尔参加运动，很快就会筋疲力尽；而在瑜伽运动中，所有的动作都特别地轻柔而有韵律，身体所有的肌肉、内脏、神经和骨骼等都能得到均衡的发展，因此瑜伽的作用在于恢复体能。练习者练习完瑜伽，只要练习的方法是恰当的，一定会感觉全身轻松，而不会产生疲劳感，一般的运动并不具备这样的特点。

其次，与竞技性体育运动不同的是，瑜伽是一项不带任何竞争性的活动，每个人的身体状态都不一样，因此瑜伽练习者不应该与别人比较，只需要集中自己的精神，量力而行，坚持不懈，就能不断超越自己。

三、瑜伽的冥想

把注意力集中到某一个特定对象的深思方法，就叫冥想，即专注地做一件事情。

练习者轻轻地闭上双眼、双唇，舌尖抵住上颚，嘴角微微上翘，两手臂放松地放在两膝之上，食指扣住大拇指的指根，均匀、稳定地呼吸，抛开心中所有的思绪，将注意力完全地放在呼吸之上，用心地感受呼吸带给身体的变化。

冥想的好处是确保身体与精神方面都健康，目的在于超脱物质欲望及与其相联系的愤怒、忧郁等情绪，使人获得内心的和平与安宁。

冥想可以舒缓因压力而引起的各种病症，如胃病、失眠、肌肉紧张疼痛等。总体来说，冥想可以稳定情绪，减少紧张，平息怒气，平衡内分泌及提高免疫力。

冥想还可以使练习者心理上更安详，情绪更积极，并把这种情绪渗透到生活当中，有助于提升自我形象，从而改进人际关系及生活状态。

此外，冥想还能提高思维创造力，使精神集中并增强记忆力。冥想可以帮助练习者放弃那些有损健康的坏习惯，如饮酒、吸烟等。

第三节 瑜伽的功效及注意事项

一、瑜伽的功效

瑜伽的功效可以简单归纳为以下七点。

(1) 矫正脊柱，美化姿态，减脂塑身。

(2) 强化内脏，调节内分泌，消除紧张，缓解压力。

(3) 延缓衰老，改善面色，美化肌肤。

(4) 增强记忆力，开发潜能，提高思维创造力。

(5) 帮助练习者提高集中精神的能力，稳定神经并加强内分泌系统的调节。

(6) 帮助练习者培养良好的饮食习惯，养成健康的生活方式。

(7) 帮助练习者调适身心，去发现内心真正的自我，体验平静、安宁、幸福的感受。

二、瑜伽练习的注意事项

(1) 不要一开始就做高难度的动作，以免造成运动伤害。最好先做一些瑜伽暖身动作，循序渐进,避免身体受伤。

(2) 练习时,一定要保持室内相对安静,空气一定要流通。不要在太软的床上练习,准备一个瑜伽垫子,然后穿着睡衣,光脚练习。

(3) 练习瑜伽时,每个动作一定都要保持3~5次呼吸,练习瑜伽后应该感觉心情的愉悦而不是身体酸累,甚至痛苦。

(4) 练习瑜伽千万不要勉强,瑜伽不一定每天都要做,只有在心情好、身体感觉好、时间空闲时做瑜伽,才会事半功倍。

(5) 练习完瑜伽0.5~1小时以后再进食。瑜伽练习中,消化器官得到充分的按摩,需给予一定的休息调整,从而最大限度地保护和提升器官机能。

第十六章 定向运动

第一节 定向运动概述

一、定向运动的起源和发展概况

(一) 定向运动的起源

在我国,定向运动对一般人而言或许有点陌生,但在欧美各国已风行多年。参与者需要利用地图及指北针判断地形、地势、方向等,穿越那些不可知的地区,活动内容相当丰富,并且充满趣味性和挑战性。在定向运动的世界里,人能充分地与大自然结合,体验与大自然合而为一的感受。

"定向"一词在1886年首次被瑞典人使用,意思是:在地图和指北针的帮助下,越过不被人所知的地带。若真要追溯它的起源,那就不得不提到在欧洲北部的斯堪的纳维亚半岛了。那里有一片散布着无数湖泊的森林,少数住在那里的村民必须利用那些散布在林中湖畔的幽幽小径往来各地,在那种环境生活的人们要具备优于其他人的方向感,否则无法穿越那片茫茫未知的林海,因此才逐渐有了定向运动的雏形。

定向运动最初只是一项军事体育活动,真正的定向比赛于1895年在瑞典斯德哥尔摩和挪威奥斯陆的军营区举行。而由瑞典斯德哥尔摩的童子军领袖梅吉兰特(Maijor Ernst Killander)所组织的寻宝活动,则成为现在全球通行的定向运动的基本模式。从那时起,这项运动在北欧蓬勃发展,此后被很多国家陆续引进和开展,继而风靡世界。

(二) 定向运动的发展概况

1. 国外定向运动的开展情况

定向运动本身作为一种体育项目开展是从20世纪初在北欧开始的。自从1919年第一次正式的定向运动比赛在斯堪的纳维亚举行之后,这个项目在北欧得到了迅速的发展,并很快地在世界各地得到普及。定向运动也由初期单一的一种比赛形式逐步演变为包括各种各样的比赛或娱乐项目的综合性群众体育活动。

到20世纪30年代,定向运动已在芬兰、挪威、瑞典、丹麦立足。1932年,第一次世界定向运动比赛举行。为使定向运动在全世界得到普及和发展,1961年5月,10个国家的定向运动积极分子在丹麦首都哥本哈根成立了国际定向运动联合会(International Orienteering Federation,IOF)(以下简称"国际定联"),确定了正式的比赛项目并制定了一系列的比赛规则与技术规范。国际定联是世界定向运动的行政实体,是国际体育联合会总会之一。定向运动也是国际承认的奥林匹克体育项目。

在瑞典,全国有700多个定向运动俱乐部,每年组织1000多场正式定向比赛。众多政界要人、商业巨头、媒体名人都是定向运动的钟爱者和积极参与者。所有瑞典学校学生及军队服役人员必须学习定向运动。对许多瑞典人来说,定向运动已成为一种生活方式。

总之,定向运动作为一项能够使人们的体力、智力、意志品质得到全面锻炼的新兴体育项目,目前它的爱好者的数量在北欧已"超过了足球";在另外一些国家,定向运动则被列入军队或地方院校的必修或选修课。

2. 我国定向运动的开展情况

我国按照国际规则开展定向运动是在1983年3月,由中国人民解放军体育学院在广州白云山举行的"定向越野试验比赛"。同年7月,北京测绘学会在举办测绘夏令营时,也进行了一次定向越野活动,尽管比赛不是很规范,但毕竟是在我国青少年中推广定向运动的开始。此后,定向运动先后在我国军事院校、青少年测绘夏令营、国家体委无线电测向运动队和大学生中逐步推广开来。1991年,中国定向运动委员会成立,现名为"中国定向运动协会"。1992年,国际定联接纳我国为该会正式成员国,从此定向运动正式进入我国群众体育运动的行列。

在体育界、教育界、测绘界以及部队系统的有关部门及热心人士的努力推动下,近些年来我国定向运动又有了进一步发展,机构得到加强,竞赛活动增多,竞赛规模扩大,国际交流广泛,普及程度提高。1993年,国家体育总局航管中心成立了无线电定向运动部。自1994年以来,我国每年举办一次全国定向运动锦标赛。此外,我国曾经多次举办有外国运动员参加的国际性定向运动友谊赛、邀请赛,同时多次派运动员,包括青少年参加国际定向比赛。1998年,我国还承办了亚太地区定向运动锦标赛。在北京、上海、昆明等地还接待过世界公园定向运动组织(Park World Tour,PWT)主办的公园定向循环赛,使我们有机会观摩世界排名前25位的男女定向运动员的精彩表演。凡此种种,说明我国的定向运动已经开始走向世界。

二、定向运动的分类

(一) 按运动工具分类

1. 徒步定向

徒步定向又可分为传统定向越野、接力定向、积分定向、夜间定向、五日定向、公园定向等。

2. 工具定向

工具定向又可分为滑雪定向、山地自行车定向、摩托车定向等。

(二) 按运动方式分类

1. 定向越野

这是各种定向运动比赛中组织方法比较简便,开展最为广泛的一种。由于其比赛的成败全在于个人的识图、用图、野外定向和奔跑能力的强弱,因此适于各种年龄、性别的人参加。为增加比赛的乐趣,也可以在判定比赛成绩的方法上有所区别,如可以个人跑计个人成绩、个人跑计团体成绩或个人跑计个人与团体成绩等。

定向越野比赛是国际定联正式承认的比赛项目之一。

2. 接力定向

接力定向是团体之间的定向越野比赛项目之一,其成绩好坏取决于每个队员个人能力的发挥。在接力定向比赛中,比赛的路线分成若干段(国际比赛通常为四段),每名选手完成其中的一段,各段参赛选手的成绩相加为该队团体总成绩。为便于观众欣赏各选手之间的激烈竞争,接力定向的场地必须设置一个"中心站",各段选手的交接(即"换段")均在这里以触手方式进行(不使用接力棒),因此接力定向的观赏性较好,被国际定联纳入了正式比赛项目。

3. 滑雪定向

滑雪定向也可以按个人、团体或接力比赛等形式进行。它与徒步定向越野赛的区别是选手需要使用滑雪工具(非机动的)。同一比赛路线上的滑道通常不只一条,以便于选手自行选择。

滑雪定向也是国际定联的正式比赛项目之一。滑雪定向在东欧国家十分流行,许多高山滑雪、越野滑雪和速度滑雪选手同时又是滑雪定向的高手。

4. 夜间定向

这是定向运动的一种高难度的比赛形式。由于是在夜间进行,不仅增加了比赛的难度,同时给观众和选手自己增加了吸引力和刺激性。夜间定向已被列入国际定联的正式比赛项目之中。

(三)按比赛形式分类

1. 记分定向

记分定向通常以个人方式进行。它是在比赛区域内预先设置好许多检查点,并根据地形的难易程度、距离远近、点的位置的相互关系不同而赋予每个检查点以不同分值。选手必须在规定时间内自行寻找若干或全部检查点,以积分最高者为优胜。

2. 专线定向

这种比赛与其他比赛的最大区别是在地图上明确地标出了比赛的路线,运动员必须按这些规定的路线行进,并将途中遇到的检查点位置标绘到图上去。成绩以检查点位置标绘的准确程度和所用时间的长短确定。

3. 五日定向

这是瑞典独有的一项比赛项目。比赛共进行五日,比赛路线由若干段组成,每次都单独记录下个人的成绩,最后再算出总成绩。在几十千米或者一百多千米的多条比赛路线中,除设置了许多检查点之外,还设有若干营地,供运动员与观众休息或参加丰富多彩的文化娱乐活动。

此外,为推动群众性定向运动的开展,作为参加上述比赛活动的预备,目前国际上还流行着一些其他的定向运动形式,如校园定向,是在学校的操场上或教室、体育馆内为孩子们设计的一种游戏;特里姆定向,是在一定的区域内设置许多永久性的检查点,不规定完成时间,以寻找到点数的多少给予纪念品以资鼓励。在有些国家,人们还常常以家庭为单位进行比赛,并尝试使用不同交通工具的定向运动比赛。

三、定向运动的特点

(一)定向运动是一种社交体育

定向运动是一项广交朋友的社交性体育项目。参与者不论男女老幼、种族背景、社会地位、文化差异,都可以尽情参与、相互交流、共享人生。

(二)定向运动是一种环保体育

定向运动是一项自然环境体育项目。参与者可以在亲近自然、享受自然的同时,体会到尊重自然、保护自然的重要性。

（三）定向运动是一种大众体育

定向运动是一项相对来讲费用不算昂贵的群众性体育项目。参与者不需配备特殊装备，而只需一张好的定向地图和一个指北针便可尽享比赛乐趣。当然，服装可以是定向专业套装，也可以只是普通运动服装。

（四）定向运动是一种家庭体育

参与者可以以家庭为单位参加定向运动，这样一家人可以在回归自然、放松身心、自我娱乐的同时，使家庭成员之间的关系更加密切，增进彼此间的理解和感情。

（五）定向运动是一种学生体育

定向运动是一项学生体育项目。通过定向运动的参与，学生们可以增强自己独立分析问题和解决问题的能力、良好的逻辑思维能力和快速的决断能力。

（六）定向运动是一种道德体育

与其他竞技运动相比，定向运动更强调其体育道德的遵守。除了禁止使用兴奋剂之外，在定向运动中，还有"禁止尾随其他运动员"等规则，以保证比赛的公正性和公平性。

（七）定向运动是一种商务体育

定向运动具有的时尚、自然、精英的特点，使其在商业领域有着巨大的商业价值，通过举办特别主题的商务定向活动，传递一种健康、环保、自然、崇尚运动的理念。

第二节 定向运动的器材和装备

一、地图和指北针的选择

标准的定向运动地图比例尺为1∶15 000或1∶10 000，等高距为5米；公园定向运动地图比例尺约为1∶2000～1∶5000。定向运动地图是一种详细的地形图，最多采用棕、蓝、绿、中黄、黑、品红（线路标志）六色印刷。

定向运动地图要表示出所有对读图和选择路线有影响的要素，特别是对地物的可识别性、地类界、树林的空旷程度、地面的可奔跑程度等应予以充分注意。

现代定向运动使用的指北针，多为透明式多用指北针。指北针底板透明，可透视地图，磁针灵敏度高，稳定性好，提高了读图速度。

二、定向运动检查点的设定要求

检查点用于检验运动员是否按规定跑完全程，为此，应设置专门的标志。检查点应在地图上准确地表示出来。

检查点的标志是由三面标志旗连接组成。将每面正方形小旗沿对角线分开，左上为白色，右下为红色，旗的尺寸为30厘米×30厘米，可以用硬纸壳、胶合板、金属板、布等材料制作。标志旗通常要编上代号（国际上过去曾使用数字作为代号，现规定使用英文字母），以便选手在比赛时根据旗上的代号来判断是否找到了正确的检查点。

三、定向运动的服装要求

定向运动对服装没有特殊的要求,大致上只要是紧身又不至于影响呼吸与四肢自由活动的服装即可。为防止草木的刺碰及虫蚁的侵袭,最好穿着面料结实的长袖上衣(有较高、较紧的领口)和长裤。

专业的定向选手普遍选用一种有弹性的轻质化纤服装。这种服装是速干的面料,能防止草籽钩粘,在被浸湿的情况下依然保持身体动作的最大灵活度。

第三节 定向运动的基本技术

一、基本定向技术

(一)地图正置及拇指辅行定向法

先将地图正置,把拇指放在地图上自己的位置,这样能够明白要前进的方向,使自己清楚地观察四周的环境及地理特征。当前进时,拇指随着移动,当改变前进方向时,地图也要随着转移,即保持地图指向正北方。这样操作可以保证在任何时候都能立即指出自己在图中的位置,节省时间和精力。

(二)利用指北针定向法

利用指北针准确地找出目标的方向,每次前往目标前,可先观察目标周围的地势,加深印象,务求快速、准确地到达目的地。

(三)扶手定向法

利用明显的地形或标志做特殊引导,使自己前进时更有信心,如小径、围栅、小溪涧、山丘等,皆是有用的"扶手"。

(四)搜集途中所遇特征定向法

辨别前往控制点途中所遇到的地理特征,确保前进方向及路线正确。切勿将相似的特征误认。

(五)利用攻击点定向法

先找出控制点附近特别明显的特征,然后利用指北针,从攻击点准确及迅速地前往控制点。攻击点必须容易辨认,如电塔架、小路交点等。

(六)数步测距定向法

先在地图上度量两点间的距离,然后利用自己的步幅准确地测量要走的路程。

测量方法:先量度100米所需步行的步数(设120步),当我们在地图上得出由A点到B点的距离是150米,便可推算出应走180步。

为了减少步数的数目,可利用"双步数",只数右脚落地的一步,便可把步数减半。上例中双步数为 90 步。

(七) 目标偏测定向法

利用指北针前进,把目标偏移,当到达目标的上面或下面时,沿"扶手"进入目标。

二、地图和指北针的运用方法

熟练地掌握国际定向地图与指北针的各种使用方法,在定向运动中具有重要的意义。认识定向地图是为了正确地使用定向地图,因此在学习定向越野技能的阶段,必须选择最合适的场地,用较多的时间去进行使用定向地图与指北针的训练。下述内容中,有的属于最基本且必须通过反复练习才能熟练掌握的;有的则可以根据具体情况,先选择一两种最适用的方法进行训练,以便收到由浅入深、循序渐进、触类旁通的学习效果。

(一) 标定地图

标定地图就是为了使定向地图的方位与现地的方向相一致。这是使用定向地图的最重要的前提。

1. 概略标定

定向地图上的方位是:上北,下南,左西,右东。当我们在现地正确地辨别了方向之后,只要将地图的上方对向现地的北方,地图即已标定。这种方法简便迅速,是定向越野比赛中最常用的方法。

2. 利用磁北线(MN 线)标定

先使透明式指北针圆盒内的定向箭头"↑"朝向地图上方,并使箭头两侧的平行线与地图上的磁北线重合(或平行),然后转动地图,使磁针北端对正磁北方向,地图即已标定。

3. 利用直长地物标定

利用直长地物(如道路、土垣、沟渠、高压线等)标定地图,首先应在图上找到这些直长地物,对照两侧地形,使图与现地各地形点的关系位置概略相符,然后转动地图,使图上的直长地物与现地的直长地物方向一致,地图即已标定。

4. 利用明显地形点标定地图

当自己位于明显地形点上,并已从图上找到该地形点的位置(即自己所在的站立点)时,可以利用明显地形点标定地图。方法是:先选择一个图上与现地都有的远方明显地形点(目标),然后转动地图,使图上的站立点至目标的连线与现地的站立点至目标的连线相重合,此时地图即已标定。

(二) 对照地形

对照地形,就是要通过仔细观察,使图上和现地的各种地物、地貌一一"对号入座",即相互对应。对照地形在定向运动比赛中的作用主要有两个:一是在站立点尚未确定时——只有正确地对照地形,才能在图上找出正确的站立点位置;二是在站立点已经确定,需要变换行进方向时——只有通过对照地形,才能在现地找到已选定的最佳行进路线。对照地形一般应先标定地图,然后根据不同的需要采用不同的对照方法。

1. 站立点尚未确定

首先应概略地标定地图,然后迅速地观察一下周围,记清最大或最有特征的地物、地貌的大概方位与距离,并从图上找到它们,此时站立点的位置即可概略地确定。

2. 站立点已经确定

同样首先应概略地标定地图,然后从图上查明自己选定的运动路线上近前方两侧的特征物,同时记清它们的大概方位与距离,并将它们在现地辨别出来,然后再前进。如果因为地形太复杂,如山丘重叠、形状相似等,不易进行对照,可以先采用较精确的方法标定地图,然后用带刻度尺的指北针的长边切于站立点和特征物,并沿这条直长边向前瞄准,则特征物一定在此方向线上。如果此方法还不能解决问题,应变换对照位置,或者登高观察和对照。

在这里需要特别强调的是,无论在什么情况下对照地形,都必须特别注意观察和对照地形的顺序与步骤问题。现地对照地形的顺序一般是:先对照大而明显的地形,后对照一般地形;由近及远,由左至右;由点及线,由线及面;逐段分片,有规律地进行对照。在步骤方面,首要的也是必不可少的就是要保持地图方位与现地方位的一致,然后再根据不同需要进行下面的步骤。

(三) 确定站立点

熟练地掌握在地图上确定站立点的各种方法是学习使用地图的关键。对于这些方法,除了要记住它们各自的步骤、要领外,尤为重要的是要学会根据不同情况,对它们进行选择使用和结合使用。

1. 直接确定法

当自己所处位置是在明显地形点上时,只要从图上找出该地形点,然后确定站立点即可确定。这是一种在行进中,特别是奔跑中最常用的方法。采用直接确定法的难点在于:在紧张的进程中,怎样才能很快地发现可供利用的明显地形点。当同一种明显的地形点互相靠近的时候,怎样才能够正确地区别它们,防止"张冠李戴"。

可以称得上是明显地形点的地物主要有:
(1) 单个的地物;
(2) 线状地物的拐弯点、交叉点(呈"十"字形)、交汇点(呈"丁"字形)和端点;
(3) 面状地物的中心或者有特征的边缘。

可以称得上是明显地形点的地貌主要有:
(1) 山地、鞍部、洼地;
(2) 特殊的地貌形态,如陡崖、冲沟等;
(3) 谷地的拐弯、交叉和交汇点;
(4) 山脊、山背线上的转折点、坡度变换点等。

2. 位置关系法

当站立点位于明显地形点附近时,可以采用位置关系法。利用位置关系法确定站立点主要是依据两个要素:一是站立点至明显地形点的方向,二是站立点至明显地形点的距离。在地形起伏明显的地方,还可以结合高度差情况进行判定。

3. 交会法

当站立点附近无明显地形点时,可以利用交会法确定站立点。按不同情况,交会法又可以具体分为90°确定法、截线确定法、连线确定法、后方交会确定法和磁方位角交会确定法。
(1) 90°确定法:当待测点位于线状地形(包括道路、沟渠、山背线、谷底线、坡度变换线等)上时,如果在与运动方向相垂直的方向上能够找出一个明显地形点,那么确定站立点就简单得多。线状地形符号与垂直方向线的交点即为站立点。

(2)截线确定法:当待测点位于线状地形上,但在其与运动方向相垂直的方向上没有明显地形点时,可以采用此法确立站立点。其步骤是:

① 标定地图;

② 在线状地形的侧方选择一个图上与现地都有的明显地形点;

③ 利用指北针的直长边缘(也可用三棱尺、铅笔等)切于图上明显地形点的定位点上(为便于操作可插一细针),然后转动指北针,使其直长边照准该地形点;

④ 沿指北针的直长边向后画方向线,该方向线与线状地形符号的交点,就是站立点在图上的位置。

(3)连线确定法:当待测点位于线状地形上,同时待测的位置恰好是在某两个明显地形点的连线上时,可以利用这种方法确定站立点。

(4)后方交会确定法:此法通常要求地形较开阔,通视良好。其步骤如下:

① 在图上找到选定的方位物之后,标定地图;

② 然后按照截线确定法的步骤分别向各个方位物瞄准并画方向线,图上方向线的交点就是站立点。

(5)磁方位角交会确定法:此法既可以在地形开阔时使用,也可以在丛林中使用。但是,在丛林中使用时需要攀爬到便于向远方观察的树上或其他物体上进行。其步骤如下:

① 选择图上和现地都有的两个明显地形点,并用指北针分别测出到这两个地形点的磁方位角;

② 标定地图,将所测磁方位角图解在地图上,图解磁方位角时,要先转动指北针的分度盘,让指标分别对正所测的方位角值,再将指北针的直长边分别切于图上被照准的两个地形点符号并转动指北针;待磁针与定向箭头重合后,分别沿直长边描画方向线,两条方向线的交点就是站立点在图上的位置。

这些方法的优点是:不需要判断或测量距离也能确定出较为准确的站立点位置,这对于初学者学习、巩固使用定向地图的训练是很有意义的。但是,它们中的一些方法,要么只能在某些特定的条件下才能运用,要么就是步骤烦琐,费时费力,因此在定向越野比赛中一般较少使用。

(四)按图行进

利用地图行进是定向越野的基本运动方式,它有赖于运动员对前面所述各种专项技能的综合运用。也就是说,学习辨别方向,识别定向地图以及标定地图,对照地形确定站立点,都是为了能够熟练地利用地图行进。因此,在实践中要根据地形情况、个人特点,选择下述对自己最适合的一两种方法,反复练习,融会贯通,以便在比赛时在不降低或少降低运动速度的情况下,始终正确地行进在自己选定的路线上,顺利到达目的地。

1. 记忆行进法

一般要按行进的顺序,分段地记住路线的方向、距离、经过的地形点、两侧的辅助参照物。通过记忆,应该使自己具备这样一种能力:现地的情景能够不断地与记忆的内容"重叠"、印证,即"人在地上跑,心在图上移"。

2. 拇指辅行法

先明确自己的站立点、将要运动的路线和到达目标,然后转动地图(身体要随之转动),

使地图与现地的方向一致,并用拇指压于站立点一侧,再开始行进。行进中要根据自己所到达的位置,不断移动拇指、转动地图,保持位置、方向的连贯性与正确性。

3. 借线行进法

当检查点位于线状地形或其附近时,可以采用此法。行进时,要先明确站立点,然后利用易于辨认的线状地形,如道路、围栏、高压线、山背线、坡度变换线等,作为行进的"引导",使自己运动时更有信心。由于沿着线状地形前进犹如扶着楼梯的栏杆行走,因此国外又称这种方法为"扶手法"。

4. 借点行进法

当检查点附近有高大、明显的地形点时,可用此法。行进前,要先将目标辨认清楚(亦可用其他物体佐证),然后用最快的速度前往检查点。

5. 导线行进法

当站立点距离检查点较远,途中地形又很复杂时,可以采用此法。行进过程中,要多次利用各个明显地形点,确保前进方向与路线的正确性。但需注意:切勿将相似的地形点搞混。

(五)寻找正确方向的技巧

迷失方向怎么办?当在现地找不到目标,同时又无法确定站立点时,就是迷失了方向。下面介绍的是寻找正确方向的几种常用方法。

1. 沿道路行进时迷失方向的寻找方法

标定地图,对照地形,判明是从哪里开始发生错误的以及偏差有多大,然后根据情况另选返回的道路前进。如果错得不多,可返回原路再行进。

2. 越野行进时迷失方向的寻找方法

应尽早停止行进,标定地图后选择最适用的方法确定站立点,然后尽量取捷径插到原来的正确路线上去,不得已时再返回原路。

3. 在山林地中行进时迷失方向的寻找方法

根据错过的基本方向、大概距离,找出最近的那个开始发生偏差的地点,并以此为基础,确定出站立点的概略位置。如果错得太远,确定不了站立点,又不能返回原路,就要在地图上查看迷失地区附近是否有较大型或较突出的明显地形(最好是线状的),如果有,就要果断地放弃原行进方向向它靠拢,并利用它确定站立点;如果没有这个条件,那么就继续按原定方向前进,待途中遇到能够确定站立点的机会后,再迅速取捷径插向目的地。在山林中行进,最忌讳在尚未查明差错程度和正确的行进方向都不清楚的情况下,匆忙地取"捷径"斜插,这样很可能造成在原地兜圈子。

4. 指北针的运用

如果在山林地中迷失了方向,甚至连"总的正确方向"都无法确定,那么就需要使用指北针。

三、检查点的精确定位

在定向运动竞赛中,要尽可能快地找到检查点,检查点的精确定位是至关重要的。接近检查点常用的方法如下。

(一)简化法

简化法就是抓住靠近检查点附近的地形地貌的主要特征,快速接近检查点。

(二) 放大法

放大法就是尽可能从接近检查点的地物一侧接近检查点,使检查点似乎很明显。

(三) 顺延法

顺延法就是顺着通向检查点的特征地物到达检查点。

总之,在接近检查点前,应瞄准检查点一侧,利用明显特征地物,准确确定检查点的位置。

四、行进路线的选择

选择行进路线的能力是建立在掌握其他定向越野技能,尤其是识图、用图能力基础之上的,这是体能与技能在比赛中的综合运用。因此,可以说选择行进路线是更高一层意义上的技能或称"尖端"技能。

(一) 选择行进路线的标准

什么是最佳行进路线?简单地说应该是:省体力,省时间,最安全,便于发挥自己的技能或体能优势等。

(二) 选择行进路线的基本问题与原则

1. 选择行进路线的基本问题

(1) 当遇到高地、陡坡、围栏之类的障碍时,是翻越还是绕行。

(2) 当遇到密林、沼泽、水塘之类的障碍时,是通过还是绕行。

2. 选择行进路线的原则

(1) 有路不越野。

应尽量选择沿道路行进,这是因为:

① 在道路上容易确定站立点,使运动员更具信心;

② 地面相对光滑、平坦,有利于提高奔跑速度。

(2) 走高不走低。

如果不得不越野,应尽量在高处(如山脊、山背)行进,避免在低处(如山谷、凹地)行进。这是因为:

① 地势高,展望好,便于确定站立点和保持正确的行进方向;

② 高处通风、干燥,荆棘、杂草、虫害及其他危险少;

③ 人们都习惯在高处行走。因此,像在山脊这样的地方,常常会有放牧、砍柴的人踏出的小路,利用它们便于提高运动速度。

(三) 不同地形对运动速度的影响

不同地形对运动速度的影响如表 16-1 所示。

表 16-1

行进方式	每千米用时/分钟			
	公路	空旷地	疏林	山地或树林
走	9	16	19	25
跑	6	8	10	14

(四) 选择行进路线的方法

实际上,依靠上述一般原则选择行进路线是不够的。只有让自己的"感觉"或"估计"更具有科学根据,才有可能更快地提高定向越野成绩。分析与解决选择行进路线基本问题的方法有多种,下面仅介绍其中的一种——经验法。我们来看一个例子:

某人以自己在道路上奔跑 300 米需要 2 分钟(近似值)作为一个标准,通过多次实践,对自己奔跑的速度有了如下了解,不同地形奔跑行进速度和距离参考值如表 16-2 所示。

表 16-2

地形类别	每 300 米用时/分钟	倍率	每 2 分钟的距离/米
大路	2	1	300
杂草地	4	2	150
有灌木的树林	6	3	100
密林或荆棘丛	8	4	75

那么,他就可以用这样的方法解决问题:假定穿过密林的距离为 1(75 米),沿大路跑的距离为 4(300 米),则两种选择所用的时间相等;如果他的体力好但定向本领差,那他就应该选择沿大路跑。对于其他选择,可以参照同样的方法进行换算。

五、定向技能技巧的运用

(一) 重新定位

当明确自己迷路或者在一个区域徘徊了一段时间的时候,需要重新确定自己的位置,可以这样进行:

(1) 确保到达最近的特征物并且确认刚才在地图上的位置。

(2) 尝试找到一些明显可辨认的特征物,如一些石头或者人工建筑物,可以指示自己在地图中的位置。

(二) 概略定向

(1) 使用指北针根据磁北线标定地图。

(2) 确立自己的站立点。

(3) 选择对于自己来说最简单而且最近的路线。

(4) 沿着前进的方向折叠好地图,以便更好地拿住地图并且不被地图上其他区域转移自己的注意力。

(三) 精确定向

(1) 当接近检查点的时候,要仔细地观察地图上的所有细节,以便能准确地知道自己在哪里。

(2) 用拇指指示自己在地图中的位置,并且伴随着自己的奔跑移动拇指在地图上的位置。

第十七章 武 术

第一节 武术概述

一、武术的概念

武术的概念可以表述为：以技击动作为主要内容，以套路和格斗为运动形式，注重内外兼修的中国传统体育项目。通常，我们将中国武术分为传统武术和竞技武术。竞技武术是由传统武术演化而来的体育运动，而传统武术则是由古代战争和街头打斗所发展出来的徒手和器械格斗术。

按照武术大师郑雨东的观念，传统武术不能算作一种体育运动：传统的中国武术又被称为国术，其本质是一种格斗，它与普通的体育运动不同，体育运动是一种健身游戏，而格斗却是一种生存游戏。当然，目前流行的竞技武术是一种体育运动，因为国标武术是竞技和表演性质的，本质上接近于体育。传统武术具有极其广泛的群众基础，是中华民族在长期的社会实践中不断积累和丰富起来的一项宝贵的文化遗产。

武术由两个部分组成。第一部分：套路，各种拳术的套路虽然没有什么技击作用，但这是武术的基本组成部分。套路可以锻炼身体的柔韧性、灵活性、协调性、力量、耐力等。第二部分：攻防，你打我防，我打你防，只要哪一方防不住，此方就输了。可以虚拟一个对手，假设他对你进行各种攻击，你将怎么样去防守和反击，把这些防守和反击动作组合起来，加以一定的力学原理，配合身体的灵活性和力量，这就可以形成一门武术。

二、武术的起源与发展

武术的起源可以追溯到原始社会。那时，人类已开始用棍棒等原始的工具作为武器同野兽进行斗争，一是为了自卫，二是为了猎取生活资料。之后，人们为了互相争夺财富，进而制造了更具有杀伤力的武器。人类通过战斗，不仅制造了武器，而且逐渐积累了具有一定的攻防格斗意义的技能。

在殷商时期，随着青铜业的发展，以车战为主，出现了一些铜制武器，如矛、戈、戟、斧、钺、刀、剑等。同时，也出现了这类武器的用法，如劈、扎、刺、砍等技术。为了提高战斗力，这时已有了比赛的形式，如《礼记·王制》所载"凡执技论力，适四方，裸股肱，决射御"，意即较量武艺高低。

春秋战国时期，铁器出现，步骑兵兴起，为了在步骑战中发挥作用，长柄武器变短、短柄武器（特别是剑身）变长。这样，武器的内容就更加丰富了，武术的技击性进一步突出，同时武术的健身作用也受到重视。这时，比试武艺的形式已广泛出现，更加推动了武艺的发展。据《管子·七法》载，当时每年有"春秋角试"。据《庄子·人间世》和《荀子·议兵》所载，当时比试武艺已非常讲究技巧，拳术打法有进攻、防守、反攻、佯攻等。

秦代时盛行角抵和手搏，比赛时有裁判、赛场、规定的服装。1975年湖北省江陵县凤凰山秦墓出土的一件木篦背面就画了当时一场比赛的盛况：台前有帷幕飘带，台上3个上身赤裸的男子,只穿短裤,腰部系带,足穿翘头鞋,2人在比赛、1人双手前伸作裁判。

汉代时,有了剑舞、刀舞、双戟舞、钺舞等。这都说明汉代时的武舞已有明显的技击性,有招法,又多以套路的形式出现。汉代时是武术大发展的时期,已形成了多种技术风格的流派。如《汉书·艺文志》收入的"兵技巧"类就有13家、199篇,都是论述"习手足,便器械,积机关,以立攻守之胜"的武术专著。

两晋南北朝时期,战乱频繁,官僚贵族或耽于宴乐或追求长生不老之术,其影响也渗透到社会各阶层的生活中,如视剑为具有神秘色彩的法器,甚至以木剑代刀剑,用荒诞无稽的法术取代练武,致使武艺停滞不前。

隋唐五代时期,随着封建社会经济的发展和繁荣,武术重新兴起,唐初天罡拳开始流行。

唐朝开始实行武举制,并用考试的办法授予武艺出众者以相应称号,如"猛殷之士""矫捷之士""技术之士""疾足之士",如何获得每个称号都有具体标准。这一通过考试选拔人才的制度,促进了社会上的练武活动。

随着步骑战的发展,在战场上,戈、戟逐渐被淘汰,剑作为军事技术多被刀所代替,但作为套路的演练仍在发展。

宋代出现了民间练武组织,见于记载的有"锦标社"(射弩)、"英略社"(使棒)、"角抵社"(相扑)等。这些社团因陋就简,"自置裹头无刃枪、竹标排、木弓刀、蒿矢等习武技"(《宋史》卷一九一)。据《栋亭十二种都城记胜》所载,在城市中,在街头巷尾打场演武,十分热闹。表演的武艺有角抵、使拳、踢腿、使棒、弄棍、舞刀枪、舞剑以及打弹、射弩等,对练叫"打套子",有"枪对牌""剑对牌"等。这段时期,集体项目也发展较快,例如,《东京梦华录》卷七载:"两人出阵对舞如击刺之状……出场凡五七对,或以枪对牌、剑对牌之类。"但对抗性的攻防技术由于受了宋理学家倡导"主静"的影响,都逐渐走向衰微。

元代统治者规定民间"……二十人之上不许聚众围猎",连民间私藏武器也属犯罪。武艺多以秘密家传的方式冒着生命危险进行传授。

明代是武艺大发展的时期,出现了不同风格的技术流派,拳术、器械都得到了发展,特别是在理论上总结了过去的练武经验,具有代表性的著作有《纪效新书》《武篇》《耕余剩技》等。这些著作不同程度地记载了拳术、器械的流派、沿革、动作名称、特征、运动方法和技术理论等,有的还附有歌诀及动作图解。明洪武年间,洪武拳开始流行,为后世研究武术提供了重要依据。

清代统治者禁止练武,民间则以"社""馆"的秘密结社形式传授武艺,其中著名的拳种,如太极拳、八卦掌、形意拳、劈挂拳等,多在清代形成。

民国期间,社会上存在着各种形式的拳社,对传播和发展武术起到了积极作用。

中华人民共和国成立后,武术被作为优秀民族遗产加以继承、整理和提高。国家成立了各级武术协会,并设有专门机构负责开展武术运动,还将武术列为正式比赛项目。1953年,我国在天津举行了第一届全国民族形式体育表演及竞赛大会,接着又举行多次全国性武术比赛或表演大会。为了推动武术的普及和提高,国家组织创编了比赛规定套路,编制了群众武术活动所需要的初级套路和简化太极拳等,出版武术书籍和挂图,拍摄武术影片和视频。为探讨武术运动锻炼的价值,还组织有关生理学方面的测定和研究,使其逐步科学化。此外,各体育学院、体育系相继设立武术课和武术专业班,大、中、小学也把武术列为体育课教学内容,青少年业余体校也建立了武术班,各地武术协会还设立各种形式的武术辅导站。

第二节 传统武术

传统武术是由古代战争和街头比武所发展出来的徒手和器械格斗术,其本质是一种具有杀伤力的格斗技术。中国传统武术传承门派繁多,风格各不相同。例如,地域方面,北派武术大多长桥大马,多跳跃。因为北方人大多身材高大,这种特点有利于他们发挥这种优势。而宗教武术方面,佛教武术刚猛无比,拳重腿沉,抗击打能力强;道家武术讲究以柔克刚,注重四两拨千斤的巧劲,兼具修身养性的养身功能。

在古代,武术是一种自卫及保家的技艺。和影视、文学作品中的武术形象不同的是,真正的传统武术都是实用的攻击技术,注重杀伤力而不是艺术效果。

一、传统武术流派

(一)少林派

少林武术在中国早已家喻户晓,成为中华文化的宝贵遗产。少林派是武术中一个约定俗成的技术流派。因以少林寺所传习拳械为基础形式,又称少林拳、少林武功、少林功夫等。少林功夫是一项综合的武术体系,其中"禅"字是提高功夫的重要依据,因为"禅"是"外不着想,内不动心"。它的基本含义就是息心静寂地参悟。所以,少林功夫和其他派别不同,讲究的是"禅武合一"。少林武术又是中国武术最具代表性、最具文化内涵、最具宗教文化底蕴、最具完整体系的中国武术流派,它无疑已成为中国武术的主流学派。

相传著名的达摩祖师在少林寺面壁修炼十年的漫长岁月中,创造了少林武术流派,而且使少林武术一开始就具备了深厚的人文内涵,具有修身养性、善化人性、清静无为的武德,与佛教文化哲理的"禅"等相辅相成,达到你中有我、我中有你的至高境界。

发展到近现代,少林派的运动特点表现为拳禅一体、神形一片、硬打快攻、齐进齐退。

少林拳套路很多,包括小洪拳、大洪拳、老洪拳、罗汉拳、邵阳拳、梅花拳、炮拳、七星拳、柔拳等,对练套路有扳和六合、咬手六合、耳把六合、踢打六合等。此外,还有"心意把"等散招练法。器械有刀、枪、剑、戟等十八般武器齐全,其代表性的拳术如下。

1. 少林五拳

少林五拳是少林龙拳、虎拳、豹拳、蛇拳、鹤拳的总称,载于《少林宗法》和由其脱胎而成的《少林拳术秘诀》中。书中记载:"龙拳练神、虎拳练骨、豹拳练力、蛇拳练气、鹤拳练精。五拳学之能精,则身坚气壮,手灵足稳,眼锐胆壮。"

2. 心意把

"心意把"是河南少林寺中传习的一种散招练习法。心意把共十二大势,其名目有:起式把、反身劈把捶、进步劈把捶、移身把、斜势把、顺势把、反身推苍把、撩阴把、腾挪把、展翅把、推苍把、虎扑把等。心意把只有单势练习形式,无套路。此为少林派秘不外传之技。

3. 炮拳

炮拳,性烈刚猛,轻捷快灵,如爆似炮。谱曰:"青龙献爪追风炮,猛虎扑食飞门炮;狮子张口开路跑,白鹤亮翅连环炮,梅鹿卧枕转身炮,豹子翻山当头炮,白蛇吐信地雷炮;鸿雁斜翅冲天炮。"少林炮拳,既有钻翻上挑冲天之能,又有劈压下砸截之功。

4. 罗汉拳

罗汉拳共有十八路,意为具有降龙伏虎之罗汉那样的本领的拳法。歌曰:"头如波浪,手似流星。身如杨柳,脚似醉汉。出于心灵,发于性能。似刚非刚,似实而虚。久练自化,熟极通神。"

(二)武当派

源于湖北武当山的武当派,据传是张三丰"夜梦玄帝授之拳法",次日便身怀神勇杀敌百人,绝技遂此传名于世。此说无实可考。黄百家称:"张三丰精于少林,复从而翻之,是名内家。"可以说,武当派是在少林派的基础上发展而成的。近代有人将太极拳、八卦拳、形意拳合并为"内家拳",称为"武当派"。实际上,张三丰是否创造了内家拳尚属悬案,太极拳、八卦拳、形意拳也并不出自武当山,少林派亦不能包罗那么庞杂的内容。

除上述各拳种外,武当拳具有代表性的拳术还有"九宫神行拳""九宫十八腿""太乙五行擒扑"等,更以武当剑法为最。

(三)峨眉派

峨眉派是中国武术的著名流派之一。该系武技崇奉四川峨眉山为发祥地。清初,湛然法师在《峨眉拳谱》中写道:"一树开五花,五花八叶扶,皎皎峨眉月,光辉满江湖。""峨眉月"即指峨眉派武术。有人将近代四川流传的僧、岳、杜、赵、洪、化、字、慧八门,以及黄林、点易、铁佛、青城、青牛等五派,统归为峨眉派,即《峨眉拳谱》所谓"五花八叶扶"。此外,还有余门拳和白眉拳等。其中,僧、岳、杜、赵称为四大家,洪、化、字、慧称为四小家。

1. 僧门

僧门是四川地方拳种,蜀称"四大家"之一,也称"申门"。

2. 岳门

岳门是四川地方拳种,蜀称"四大家"之一,附会岳飞为创始人。

3. 杜门

杜门是四川地方拳种,蜀称"四大家"之一,据说此拳是清代乾隆年间由江西杜观印传入四川,故名"杜门",又说"杜"是指杜绝,阻止敌人进攻之意。杜门初无拳套,只练单操手法和功法。

4. 赵门

赵门是四川地方拳种,蜀称"四大家"之一,附会宋太祖赵匡胤为创始人,故称赵门。此系拳法以"红拳"为基础。

5. 洪门

洪门是四川流传的拳种,蜀称"四小家"之一。据说,其源自反清秘密组织三合会传习的洪拳,分为旱洪门、水洪门两系。靠近长江流域者称水洪,其余称旱洪。

6. 化门

化门是四川流传的一种拳术,蜀称"四小家"之一,又称缠闭,传自江西人黄吉川。

7. 字门

字门是四川流传的一种杂谈,蜀称"四小家"之一,湖北汉阳李国操于1919年入川,传授此拳。据说此拳有108字,以字练拳,以单操为主。

8. 慧门

慧门是四川流行的一种拳术,蜀称"四小家"之一,亦称会门。近代传习者不多。

9. 余门拳

余门拳是四川地方拳术之一,传自四川简阳市余氏。

10. 白眉拳

白眉拳是四川地方拳术的一种,据传此拳是四川峨眉山道人所传,故得此名。

二、传统武术常见拳法

(一) 内家拳

内家拳是一种"主于御敌"的拳种。所谓内家是相对于主于搏人的外家拳技而言。

1. 太极拳

太极拳是武术拳种之一,清初始见传于河南温县陈家沟。关于太极拳的起源,有几种不同说法:一说传自唐朝许宣平或李道子,一说传自宋代张三丰,一说传自陈家沟陈氏始祖陈卜。据唐豪、顾留馨等人考证,这些说法均涉及附会,或者仅是没有依据的传说。

(1) 太极拳分类。

陈式太极拳,创始人陈王庭;

杨式太极拳,创始人杨露禅;

武式太极拳,创始人武禹襄;

孙式太极拳,创始人孙禄堂;

吴式太极拳,创始人吴鉴泉;

赵堡太极拳,因在赵堡镇流传,故名。

(2) 太极五星推。太极五星推为太极拳系套路。

2. 六合八法拳

六合八法拳是一个拳术套路。1930年铁岭人吴翼军开始在上海传授此拳。吴翼军自述此拳是从河南开封陈光兴、陈鹤侣学得。据传该拳源自宋初道士陈搏,"见蛇鹤相争,而悟创拳"。一般认为,陈搏创拳说出于"伪托"。据推测,六合八法可能源自太极拳,兼取心意六合拳和八卦拳之长编成;或者源自心意六合拳,兼取太极拳和八卦拳之长编成。

3. 禅门太极拳

禅门太极拳是一个拳术套路,相传为少林和尚根据"广大圆满无碍大悲心陀罗尼"经咒,演绎其意融入拳式而编成,初名"大悲陀罗尼拳"(简称"大悲拳")。

4. 八卦掌

八卦掌为武术流派之一,原名"转掌",后称"八卦掌",亦称"八卦转掌""游身八卦掌""揉身八卦掌""八卦连环掌"。影响较大的有程派、尹派、梁派等。

5. 心意拳

心意拳全称心意六合拳,亦称六合拳。后代传习者以此拳强调心之发动曰意、意之所向为拳,而惯称之为"心意拳"。关于此拳的起源传说不一,一般认为此拳创自明末清初山西蒲州人姬际可,也有人附会为岳飞所传。

6. 形意拳

形意拳,亦称为行意拳,此拳讲究"像其形,取其意",要求"心意诚于中,肢体形于外,内意和外形高度统一",故名。形意拳脱胎于心意六合拳而自成一系,有以下几种形式。

（1）五行拳。

五行拳是形意拳的基本拳法。它包括劈拳、钻拳、崩拳、炮拳、横拳。形意拳将此五拳配以金、木、水、火、土五行,故名。

（2）五行生克拳。

五行生克拳为形意拳对练套路名称,亦名"五行"。此套路采用劈拳、崩拳、钻拳、炮拳、横拳（即五行拳）技法,运用五行相生相克理论,自生互破进行演练。

（3）五行连环拳。

五行连环拳为形意拳本套路,亦简称连环拳,是以五行拳为基本动作编组而成。

（4）十二形。

十二形是形意拳系传统套路之一,取十二种动作特点,结合动物的术招式编组而成。它包括：龙形、虎形、猴形、马形、鼍形、鸡形、鹞形、燕形、蛇形、鲐形、鹰形、熊形。

（5）八字功。

八字功是形意拳系拳术套路之一,因其传者将其拳路要诀概括为八字而名。这八字是：斩、截、裹、跨、挑、顶、云、领。

（6）百形拳。

百形拳为新篇形意拳套路,传自姜容樵。据姜说,这是他根据形意拳谱和周侗的百形图创编而成的。

（7）意拳。

意拳是拳术的名称,是形意拳的古名之一,近代王芗斋的意拳又称"大成拳"。

（二）长拳

长拳泛指遐举遥击、进退疾速的徒手攻防技术和运动形式,所谓"长"是相对短打而言。现代长拳拳术架势舒展、工整,动作灵活、敏捷。

1. 查拳

查拳是长拳类的代表拳种之一,亦写作（插）叉步、插拳。现代统一写为查拳。查拳拳系以十路查拳为本,另有滑、炮、洪、弹诸拳。

2. 弹腿

弹腿是一种以屈伸腿法为主,结合步法、手法编组成的拳术。因该拳发腿是出以激力,取弹射之势,故名。弹腿有"十路弹腿"和"十二路弹腿"之分。

3. 华拳

华拳是长拳类的代表拳种之一,或者说此拳始自华山蔡氏,故名"华拳",又因此拳以精、气、神为三华,以"三华贯一"为理论基础,而称华拳。还有称此拳源于西岳华山,故名。华拳的代表套路为十二路拳。另有其他拳械,共计四十八路之多。有"华拳四十八,艺成行天下"之说。

4. 红拳

红拳是长拳的一种。传说创自宋太祖赵匡胤,或说萌发于陕西关中,有的人将红拳写成洪拳,并称之为北派洪拳,以便与南拳系中洪拳相区别。

5. 梅花拳

梅花拳是长拳类拳术之一,亦称梅拳。此拳起源待考,据说源自少林寺拳技。

6. 六合拳

六合拳是长拳类拳术之一,源自少林拳。万籁声《武术汇宗》称此拳属于少林韦陀门。传统六合拳套路共十二路。

7. 迷踪拳

迷踪拳是长拳一种,亦称燕青拳、迷踪拳、猊踪拳、迷踪艺。有关此拳起源的传说颇多。或称创自宋代燕青,故名"燕青拳";或说燕青雪夜逃往梁山,一边前行,一边以树枝扫去足迹,后世取此意遂以"迷踪"名其拳;或说燕青之拳学自耍猴人"半夜仙",其拳是取猊踪猴灵敏善跃的特点编成,故名猊踪拳;或说此拳是取各家招法编成,难明其宗,故名迷踪拳。这些传说多无史料凭据。迷踪拳拳械套路有三十六路,有"迷踪三十六,艺成天下行"的说法。

8. 花拳

花拳是一种注重实用、以跌法为主、不讲套路的拳法。此拳创自清代康熙雍正年间的江宁侠士甘凤池。

(三) 八卦拳

武术中取名为"八卦拳"的拳术有多种。西南地区流传有八套路,中州地区流传有阴阳八卦拳(亦称八卦捶),浙江地区流传有小八卦拳,两广地区流传有洪家八卦拳和内外八卦拳。体系较为完备的有流传于鲁、冀、豫地区的八卦拳。

(四) 三晃膀大洪拳

三晃膀大洪拳是集内外家于一体的近身短打拳,此拳强调调动内气,以气发力,架子名六六架,先天纯阳,后天八九七十二为阴,运用全身。三晃膀大洪拳又名三晃膀:一晃无极静,二晃太极动,三晃混合气,水火济济,气存丹田。其又称六步架,以马步桩为根基,攻多崩炮,防多截肩,独具一体,有别于我国南方的洪拳和北方的红拳。该拳起势横劲,撇身埋膀;阴阳合璧,虚实相生;出没无阵,变化无端;打即防、防即打,攻防兼备,顾打合一。手法以勾、挂、缩、挑、软、硬、随、发为主。一动全身皆动,拧腰晃膀,立身旋滚发变,内含吸、转、护、封、化、让一体之技法,势势相连,技法多变,招里含招,拳里有拳,一打三还,肘捶相连,见势打势,旋掌连环,因敌制化。强调内练精气神,外练筋骨皮,要求手眼身法步,步眼身法合,内外兼修互练。底盘马步稳扎,架势浑厚,朴实无华。脚步法以勾、挂、碾、踏为佳,腾、挪、踩、撩为妙,于旋风步里求功夫。该拳主要流传于江苏丰沛县及苏鲁豫皖周边地区。

(五) 戳脚

戳脚是一种以腿法为主的拳术,相传起源于宋代,戳脚的典型动作为玉环步、鸳鸯脚。

小说《水浒传》中描写武松醉打蒋门神时,就用了玉环步、鸳鸯脚。戳脚套路内容分为武趟子、文趟子两类。武趟子全名为"九转连环鸳鸯脚",是戳脚的本源。文趟子是在武趟子的基础上发展形成的套路。戳脚翻子是戳脚和翻子拳相互融为一体的拳术。此拳兼具戳脚法之灵活、翻子拳之手法密集,因而手领脚现,脚到手到,手防上,脚防下。

(六) 通背拳

通背拳,也称为通臂拳,是一种典型的长击类拳术。一些拳家以此系拳法多为上肢动作,两臂宛如通臂猿(或名长臂猿)舒使猿臂,而写作"通臂拳"。一些拳家以此系拳法强调以"通背"促成"通肩""通臂",使两臂串通如一,而写作"通背"。

近现代传留的通背拳主要有"白猿通背""祁家通背""五行通背"三种。

1. 白猿通背拳

白猿通背拳属通背拳系,因崇"白猿"为始祖,故名。

2. 祁家通背拳

祁家通背拳以其拳系始传自祁姓而言名。初有"老祁派"和"少祁派"之分,后"少祁派"发展成"五行通背拳"系,"祁家通背拳"就单指老祁派技法体系了。

3. 五行通背拳

五行通背拳由祁家"少祁派"拳技发展而成。

第三节 现代竞技武术

随着现代文明的进步及法制社会的健全,依靠武力解决问题的时代已经过去。人们对审美的需要日渐增强。越来越多的人把武术作为一种艺术搬上舞台,向广大观众展示人体所特有的动作韵律美。目前流行的竞技武术是一种体育运动,因为竞技武术是竞技和表演性质的。

竞技武术则划分为散打和套路。散打是竞技武术的擂台对抗形式,套路则为竞技武术的表演形式。

现阶段竞技武术的发展从大的方向看,基本上是套路和散打两方面发展的趋势。套路的"高、难、美"更加注重了技巧性和观赏性,武术套路竞赛规则在更完善、更数字化的同时,让人看到了体操化的武术量化痕迹,从规定的难度数量、质量要求和穿插越来越少的拳械基本技法,越来越不明显的攻防特点,可以感受到竞技武术对于艺术表现力的追求远高于对实用性的要求。

而散打的发展应该说是十分迅猛,在对中国武术技击承载的同时,也吸收了一些世界其他民族搏击形式的精华内容,散打的规则也在不断地变化,具有刺激性、观赏性和更大经济引力的市场化运行特点。

第十八章 舞龙、舞狮

第一节　舞龙运动概述

舞龙，又称耍龙灯、龙灯舞。龙是中华民族古老的图腾，人们认为龙能行云布雨、消灾降福，象征祥瑞，所以以舞龙的方式来祈求平安和丰收就成为中华民族的一种习俗。从春节到元宵灯节，许多地方都有舞龙的习俗。龙在中华民族代表了吉祥、尊贵、勇猛，更是权力的象征。

一、舞龙运动的起源与发展

早在汉代就有杂记记载了这样的壮观场面：为了祈雨，人们身穿各色彩衣，舞起各色大龙。渐渐的，舞龙成为人们表达良好祝愿、祈求人寿年丰必有的方式。尤其是在喜庆的节日里，人们更是手舞长龙，宣泄着欢快的情绪。

全国的舞龙方式有上百种，经过几千年的流传和发展，表现的形式更是多种多样。舞龙能受到人们如此的喜爱，与它的群众性、娱乐性是分不开的。民间传说："七八岁玩草龙，十五六岁耍小龙，青年、壮年舞大龙。"耍龙的时候，少则一两个人，多则上百人舞一条大龙。最为普遍的叫火龙，舞火龙的时候，常常伴有数十盏云灯相随，并常常在夜间舞，所以火龙又有一个名称叫"龙灯"。

二、舞龙运动的特点

人们在喜庆日子里用舞龙来祈祷龙的保佑，以求得风调雨顺，五谷丰登。舞龙的主要道具是龙。龙用草、竹、布等扎制而成，龙的节数以单数为吉利，多见九节龙、十一节龙、十三节龙，多者可达二十九节。十五节以上的龙就比较笨重，不宜舞动，主要是用来观赏，这种龙特别讲究装潢，具有很高的工艺价值。还有一种火龙，用竹篾编成圆筒，形成笼子，糊上透明、漂亮的龙衣，内燃蜡烛或油灯，夜间表演十分壮观。时至今日，舞龙经过不断发展和改进，已经成为一种具有观赏性的竞赛运动。

舞龙的动作千变万化，九节以内的龙侧重于花样技巧，较常见的动作有：蛟龙漫游、头尾齐钻、龙摆尾和蛇蜕皮等。十一节、十三节的龙，侧重于动作表演，金龙追逐宝珠，飞腾跳跃，时而飞进云端，时而入海破浪。然后，再配合龙珠及鼓乐衬托，成为一种集武术、鼓乐、戏曲与龙艺于一体的艺术样式。

第二节 舞狮运动概述

舞狮是我国优秀的民间艺术。每逢佳节或集会庆典,民间都以舞狮来助兴。舞狮有南北之分,南方以广东的舞狮表演最为有名。其狮子是由彩布条制作而成的,每头狮子由两个人合作表演,一人舞头,一人舞尾。表演者在锣鼓音乐下,装扮成狮子的样子,做出狮子的各种形态动作。在表演过程中,舞狮者要以各种招式来表现南派武功,非常富有阳刚之气。最初北狮在我国长江以北较为流行,而南狮则是流行于我国华南、东南亚地区及海外其他地区。近些年来,亦有将二者融合的舞法,主要是将南狮的狮子与北狮的步法结合,称为"南狮北舞"。

一、舞狮运动的起源与发展

人们在喜庆日子里用舞狮来祈祷狮子的保佑。狮子外形威武,动作刚劲,神态多变。人们相信狮子是祥瑞之兽,舞狮能够带来好运,所以每逢春节或其他一些庆典节日,都会在阵阵锣鼓鞭炮声中,舞狮助庆,祈求吉利。

二、舞狮运动的南北分别

(一) 北狮

北狮的造型酷似真狮,狮头较为简单,全身披金黄色毛。舞狮者(一般两人舞一头狮)的裤子,鞋都会披上毛。狮头上有红结者为雄狮,有绿结者为雌狮。舞北狮主要表现狮子的灵活,与南狮着重威猛不同。舞动则是以扑、跌、翻、滚、跳跃、抓痒等动作为主。

北狮一般是雌雄成对出现,由装扮成武士的主人前领。有时,一对北狮会配一对小北狮,小狮戏弄大狮,大狮弄儿为乐,尽显天伦。北狮表演较为接近杂耍,配乐方面,以京钹、京锣、京鼓为主。

河北是北狮的发祥地。徐水县(现保定市徐水区)北里村狮子会创建于1925年,以民间花会形式存在,中华人民共和国成立后得以迅速发展。徐水舞狮的活动时间主要在春节和春季寺庙法会期间。表演时由两人前后配合,前者双手执道具戴在头上扮演狮头,后者俯身双手抓住前者腰部,披上用牛毛缀成的狮皮扮演狮身,两人合作扮成一只大狮子,称太狮;另由一人头戴狮头面具,身披狮皮扮演小狮子,称少狮;手持绣球逗引狮子的人称引狮郎。引狮郎在整个舞狮活动中具有重要作用,他不但要有英雄气概,还要有良好的武功,能表演前空翻越过狮子、后空翻上高桌、云里翻下梅花桩等动作。引狮郎与狮子默契配合,形成北方舞狮的一个重要特征。徐水舞狮的基本特征是外形夸张,狮头圆大,眼睛灵动,大嘴张合有度,既威武雄壮,又憨态可掬,表演时能模仿真狮子的看、站、走、跑、跳、滚、睡、抖毛等动作,形态逼真,还能展示耍长凳、梅花桩、跳桩、隔桩跳、360°拧弯、独立单桩跳、前空翻二级下桩、后空翻下桩等高难度技巧。

徐水舞狮在中国民间艺术表演中占有重要地位。1953年,徐水舞狮团曾到首都北京参加中国民间艺术会演,并代表国家多次出访演出;还曾在罗马尼亚首都布加勒斯特举行的"第四届世界青年联欢节"的比赛中获一等奖。河北省杂技家协会于2001年10月正式命名徐水县北里村为"杂技舞狮之乡"。

(二)南狮

南狮又称醒狮,造型较为威猛,舞动时注重马步。南狮主要是靠舞者的动作表现出威猛的狮子形态,一般只会两人舞一头狮。狮头以戏曲面谱作鉴,色彩艳丽,制作考究;眼帘、嘴都可动。严格来说,南狮的狮头不太像是狮子头,有人甚至认为南狮较为接近年兽。南狮的狮头还有一只角,传闻以前会用铁做,以应付舞狮时经常出现的武斗。传统上,南狮狮头有刘备、关羽、张飞之分。三种狮头,不单颜色、装饰不同,舞法亦根据三位古人的性格而异。红色为关公狮,代表忠义、胜利,因关羽在人们心目中又为武财神,故关公狮又代表财富;黄色为刘备狮,代表泽被苍生、仁义及皇家贵气;黑色为张飞狮,代表霸气、勇猛,故一般张飞狮只有在比赛或者踢馆挑战时才使用,一般喜庆之事还是红黄狮为常见者。

南师的舞动造型很多,常见的有起势、常态、奋起、疑进、抓痒、迎宾、施礼、惊跃、审视、酣睡、出洞、发威、过山、上楼台等。舞者通过不同的马步,配合狮头动作把各种造型抽象地表现出来。故此南狮讲究的是意在和神似。南狮有出洞、上山、巡山会狮、采青、入洞等表演方式。其中采青最为常见,采青一般是取其意头,有生意兴隆的象征。"青"用的是生菜,谐音"生财"。把生菜及利市(红包)悬挂起来,狮在青前舞数回,表现犹豫,然后一跃而起,把青菜一口吃掉(谓之采青),再把生菜咬碎(谓之碎青),还要模仿狮子吃饱的表情神态(谓之醉青),再把咬碎的青吐向大家致意(谓之遍地生财)。为了增加娱乐性,采青有时还会用上各种方式(采天青、采地青、采水青等)并配以各种特技动作,如上肩(舞狮头者站在狮尾者肩上)、叠罗汉,或者过梅花桩(经过高低不一长木桩)等。

舞南狮时会配以大锣、大鼓、大钹。狮的舞动要配合音乐的节奏。舞南狮有时还会有一人扮作大头佛,手执葵扇带领。

舞狮之前通常还会举行点睛仪式。仪式由主礼嘉宾进行,把朱砂涂点在狮的眼睛及天庭上,象征给予灵气及生命。

1. 南狮狮头

南狮的狮头一般可分为佛山装狮和鹤山装狮。佛山装狮的狮头较大而圆,额位宽而有势,嘴较平阔;鹤山装狮的狮头较扁而长,嘴突出如鸭嘴状,因此内行人又称之为"鸭嘴狮"。

2. 南狮舞法

在舞狮技艺中,北狮重写实,南狮重写意。在南狮表演中,要体现狮子时而威武勇猛、雄壮威风,时而嬉戏欢乐、幽默诙谐,那么就要将喜、怒、醉、乐、猛、惊、疑、动、静、醒等神态表演得惟妙惟肖、出神入化、淋漓尽致。成功的表演往往让观众看到的不仅是精湛的技艺和高超的难度,更重要的是让观众从中看出或悟到狮子在表演中的各种思维、各种动作的目的,把舞狮表演拟人化,赋予人的思想。让人们在观赏舞狮表演中时而紧张、惊奇,时而欢乐、陶醉,从而得到美好的艺术享受。

附录：

国家学生体质健康标准(2014年修订)

一、说明

1. 《国家学生体质健康标准》(以下简称《标准》)是国家学校教育工作的基础性指导文件和教育质量基本标准,是评价学生综合素质、评估学校工作和衡量各地教育发展的重要依据,是《国家体育锻炼标准》在学校的具体实施,适用于全日制普通小学、初中、普通高中、中等职业学校、普通高等学校的学生。

2. 本标准的修订坚持健康第一,落实《国家中长期教育改革和发展规划纲要(2010—2020年)》、《国务院办公厅转发教育部等部门关于进一步加强学校体育工作若干意见的通知》(国办发〔2012〕53号)和《教育部关于印发〈学生体质健康监测评价办法〉等三个文件的通知》(教体艺〔2014〕3号)有关要求,着重提高《标准》应用的信度、效度和区分度,着重强化其教育激励、反馈调整和引导锻炼的功能,着重提高其教育监测和绩效评价的支撑能力。

3. 本标准从身体形态、身体机能和身体素质等方面综合评定学生的体质健康水平,是促进学生体质健康发展、激励学生积极进行身体锻炼的教育手段,是国家学生发展核心素养体系和学业质量标准的重要组成部分,是学生体质健康的个体评价标准。

4. 本标准将适用对象划分为以下组别:小学、初中、高中按每个年级为一组,其中小学为6组、初中为3组、高中为3组。大学一、二年级为一组,三、四年级为一组。

5. 小学、初中、高中、大学各组别的测试指标均为必测指标。其中,身体形态类中的身高、体重,身体机能类中的肺活量,以及身体素质类中的50米跑、坐位体前屈为各年级学生共性指标。

6. 本标准的学年总分由标准分与附加分之和构成,满分为120分。标准分由各单项指标得分与权重乘积之和组成,满分为100分。附加分根据实测成绩确定,即对成绩超过100分的加分指标进行加分,满分为20分;小学的加分指标为1分钟跳绳,加分幅度为20分;初中、高中和大学的加分指标为男生引体向上和1000米跑,女生1分钟仰卧起坐和800米跑,各指标加分幅度均为10分。

7. 根据学生学年总分评定等级:90.0分及以上为优秀,80.0～89.9分为良好,60.0～79.9分为及格,59.9分及以下为不及格。

8. 每个学生每学年评定一次,记入《〈国家学生体质健康标准〉登记卡》(附表1～6)。特殊学制的学校,在填写登记卡时可以按规定和需求相应地增减栏目。学生毕业时的成绩和等级,按毕业当年学年总分的50%与其他学年总分平均得分的50%之和进行评定。

9. 学生测试成绩评定达到良好及以上者,方可参加评优与评奖;成绩达到优秀者,方可获体育奖学分。测试成绩评定不及格者,在本学年度准予补测一次,补测仍不及格,则学年成绩评定为不及格。普通高中、中等职业学校和普通高等学校学生毕业时,《标准》测试的成绩达不到50分者按结业或肄业处理。

10. 学生因病或残疾可向学校提交暂缓或免予执行《标准》的申请,经医疗单位证明,体育教学部门核准,可暂缓或免予执行《标准》,并填写《免予执行〈国家学生体质健康标准〉申请表》(附表7),存入学生档案。确实丧失运动能力、被免予执行《标准》的残疾学生,仍可参加评优与评奖,毕业时《标准》成绩需注明免测。

11. 各学校每学年开展覆盖本校各年级学生的《标准》测试工作,《标准》测试数据经当地教育行政部门按要求审核后,通过"中国学生体质健康网"上传至"国家学生体质健康标准数据管理系统"。测试和数据上传时间由教育行政部门确定。

12. 本标准由教育部负责解释。

二、单项指标与权重

测试对象	单项指标	权重(%)
小学一年级至大学四年级	体重指数(BMI)	15
	肺活量	15
小学一、二年级	50米跑	20
	坐位体前屈	30
	1分钟跳绳	20
小学三、四年级	50米跑	20
	坐位体前屈	20
	1分钟跳绳	20
	1分钟仰卧起坐	10
小学五、六年级	50米跑	20
	坐位体前屈	10
	1分钟跳绳	10
	1分钟仰卧起坐	20
	50米×8往返跑	10
初中、高中、大学各年级	50米跑	20
	坐位体前屈	10
	立定跳远	10
	引体向上(男)/1分钟仰卧起坐(女)坐(女)	10
	1000米跑(男)/800米跑(女)	20

注:体重指数(BMI)=体重(千克)/身高^2(米^2)。

三、评分表
（一）单项指标评分表

男生体重指数（BMI）单项评分表　　　　　　　　　　单位：千克/米²

等级	单项得分	一年级	二年级	三年级	四年级	五年级	六年级	初一	初二	初三	高一	高二	高三	大学
正常	100	13.5~18.1	13.7~18.4	13.9~19.4	14.2~20.1	14.4~21.4	14.7~21.8	15.5~22.1	15.7~22.5	15.8~22.8	16.5~23.2	16.8~23.7	17.3~23.8	17.9~23.9
低体重	80	≤13.4	≤13.6	≤13.8	≤14.1	≤14.3	≤14.6	≤15.4	≤15.6	≤15.7	≤16.4	≤16.7	≤17.2	≤17.8
超重	80	18.2~20.3	18.5~20.4	19.5~22.1	20.2~22.6	21.5~24.1	21.9~24.5	22.2~24.9	22.6~25.2	22.9~26.0	23.3~26.3	23.8~26.5	23.9~27.3	24.0~27.9
肥胖	60	≥20.4	≥20.5	≥22.2	≥22.7	≥24.2	≥24.6	≥25.0	≥25.3	≥26.1	≥26.4	≥26.6	≥27.4	≥28.0

女生体重指数（BMI）单项评分表　　　　　　　　　　单位：千克/米²

等级	单项得分	一年级	二年级	三年级	四年级	五年级	六年级	初一	初二	初三	高一	高二	高三	大学
正常	100	13.3~17.3	13.5~17.8	13.6~18.6	13.7~19.4	13.8~20.5	14.2~20.8	14.8~21.7	15.3~22.2	16.0~22.6	16.5~22.7	16.9~23.2	17.1~23.3	17.2~23.9
低体重	80	≤13.2	≤13.4	≤13.5	≤13.6	≤13.7	≤14.1	≤14.7	≤15.2	≤15.9	≤16.4	≤16.8	≤17.0	≤17.1
超重	80	17.4~19.2	17.9~20.2	18.7~21.1	19.5~22.0	20.6~22.9	20.9~23.6	21.8~24.4	22.3~24.8	22.7~25.1	22.8~25.2	23.3~25.4	23.4~25.7	24.0~27.9
肥胖	60	≥19.3	≥20.3	≥21.2	≥22.1	≥23.0	≥23.7	≥24.5	≥24.9	≥25.2	≥25.3	≥25.5	≥25.8	≥28.0

男生肺活量单项评分表　　　　　　　　　　　　　　　　单位：毫升

等级	单项得分	一年级	二年级	三年级	四年级	五年级	六年级	初一	初二	初三	高一	高二	高三	大一、大二	大三、大四
优秀	100	1700	2000	2300	2600	2900	3200	3640	3940	4240	4540	4740	4940	5040	5140
优秀	95	1600	1900	2200	2500	2800	3100	3520	3820	4120	4420	4620	4820	4920	5020
优秀	90	1500	1800	2100	2400	2700	3000	3400	3700	4000	4300	4500	4700	4800	4900
良好	85	1400	1650	1900	2150	2450	2750	3150	3450	3750	4050	4250	4450	4550	4650
良好	80	1300	1500	1700	1900	2200	2500	2900	3200	3500	3800	4000	4200	4300	4400
及格	78	1240	1430	1620	1820	2110	2400	2780	3080	3380	3680	3880	4080	4180	4280
及格	76	1180	1360	1540	1740	2020	2300	2660	2960	3260	3560	3760	3960	4060	4160
及格	74	1120	1290	1460	1660	1930	2200	2540	2840	3140	3440	3640	3840	3940	4040
及格	72	1060	1220	1380	1580	1840	2100	2420	2720	3020	3320	3520	3720	3820	3920
及格	70	1000	1150	1300	1500	1750	2000	2300	2600	2900	3200	3400	3600	3700	3800
及格	68	940	1080	1220	1420	1660	1900	2180	2480	2780	3080	3280	3480	3580	3680
及格	66	880	1010	1140	1340	1570	1800	2060	2360	2660	2960	3160	3360	3460	3560
及格	64	820	940	1060	1260	1480	1700	1940	2240	2540	2840	3040	3240	3340	3440
及格	62	760	870	980	1180	1390	1600	1820	2120	2420	2720	2920	3120	3220	3320
及格	60	700	800	900	1100	1300	1500	1700	2000	2300	2600	2800	3000	3100	3200
不及格	50	660	750	840	1030	1220	1410	1600	1890	2180	2470	2660	2850	2940	3030
不及格	40	620	700	780	960	1140	1320	1500	1780	2060	2340	2520	2700	2780	2860
不及格	30	580	650	720	890	1060	1230	1400	1670	1940	2210	2380	2550	2620	2690
不及格	20	540	600	660	820	980	1140	1300	1560	1820	2080	2240	2400	2460	2520
不及格	10	500	550	600	750	900	1050	1200	1450	1700	1950	2100	2250	2300	2350

女生肺活量单项评分表

单位：毫升

等级	单项得分	一年级	二年级	三年级	四年级	五年级	六年级	初一	初二	初三	高一	高二	高三	大一、大二	大三、大四
优秀	100	1400	1600	1800	2000	2250	2500	2750	2900	3050	3150	3250	3350	3400	3450
优秀	95	1300	1500	1700	1900	2150	2400	2650	2850	3000	3100	3200	3300	3350	3400
优秀	90	1200	1400	1600	1800	2050	2300	2550	2800	2950	3050	3150	3250	3300	3350
良好	85	1100	1300	1500	1700	1950	2200	2450	2650	2800	2900	3000	3100	3150	3200
良好	80	1000	1200	1400	1600	1850	2100	2350	2500	2650	2750	2850	2950	3000	3050
及格	78	960	1150	1340	1530	1770	2010	2250	2400	2550	2650	2750	2850	2900	2950
及格	76	920	1100	1280	1460	1690	1920	2150	2300	2450	2550	2650	2750	2800	2850
及格	74	880	1050	1220	1390	1610	1830	2050	2200	2350	2450	2550	2650	2700	2750
及格	72	840	1000	1160	1320	1530	1740	1950	2100	2250	2350	2450	2550	2600	2650
及格	70	800	950	1100	1250	1450	1650	1850	2000	2150	2250	2350	2450	2500	2550
及格	68	760	900	1040	1180	1370	1560	1750	1900	2050	2150	2250	2350	2400	2450
及格	66	720	850	980	1110	1290	1470	1650	1800	1950	2050	2150	2250	2300	2350
及格	64	680	800	920	1040	1210	1380	1550	1700	1850	1950	2050	2150	2200	2250
及格	62	640	750	860	970	1130	1290	1450	1600	1750	1850	1950	2050	2100	2150
及格	60	600	700	800	900	1050	1200	1350	1500	1650	1750	1850	1950	2000	2050
不及格	50	580	680	780	880	1020	1170	1310	1460	1610	1710	1810	1910	1960	2010
不及格	40	560	660	760	860	990	1140	1270	1420	1570	1670	1770	1870	1920	1970
不及格	30	540	640	740	840	960	1110	1230	1380	1530	1630	1730	1830	1880	1930
不及格	20	520	620	720	820	930	1080	1190	1340	1490	1590	1690	1790	1840	1890
不及格	10	500	600	700	800	900	1050	1150	1300	1450	1550	1650	1750	1800	1850

男生50米跑单项评分表

单位：秒

等级	单项得分	一年级	二年级	三年级	四年级	五年级	六年级	初一	初二	初三	高一	高二	高三	大一、大二	大三、大四
优秀	100	10.2	9.6	9.1	8.7	8.4	8.2	7.8	7.5	7.3	7.1	7.0	6.8	6.7	6.6
优秀	95	10.3	9.7	9.2	8.8	8.5	8.3	7.9	7.6	7.4	7.2	7.1	6.9	6.8	6.7
优秀	90	10.4	9.8	9.3	8.9	8.6	8.4	8.0	7.7	7.5	7.3	7.2	7.0	6.9	6.8
良好	85	10.5	9.9	9.4	9.0	8.7	8.5	8.1	7.8	7.6	7.4	7.3	7.1	7.0	6.9
良好	80	10.6	10.0	9.5	9.1	8.8	8.6	8.2	7.9	7.7	7.5	7.4	7.2	7.1	7.0
及格	78	10.8	10.2	9.7	9.3	9.0	8.8	8.4	8.1	7.9	7.7	7.6	7.4	7.3	7.2
及格	76	11.0	10.4	9.9	9.5	9.2	9.0	8.6	8.3	8.1	7.9	7.8	7.6	7.5	7.4
及格	74	11.2	10.6	10.1	9.7	9.4	9.2	8.8	8.5	8.3	8.1	8.0	7.8	7.7	7.6
及格	72	11.4	10.8	10.3	9.9	9.6	9.4	9.0	8.7	8.5	8.3	8.2	8.0	7.9	7.8
及格	70	11.6	11.0	10.5	10.1	9.8	9.6	8.9	8.7	8.5	8.3	8.2	8.1	8.0	
及格	68	11.8	11.2	10.7	10.3	10.0	9.8	9.4	9.1	8.9	8.7	8.6	8.4	8.3	8.2
及格	66	12.0	11.4	10.9	10.5	10.2	10.0	9.6	9.3	9.1	8.9	8.8	8.6	8.5	8.4
及格	64	12.2	11.6	11.1	10.7	10.4	10.2	9.8	9.5	9.3	9.1	9.0	8.8	8.7	8.6
及格	62	12.4	11.8	11.3	10.9	10.6	10.4	10.0	9.7	9.5	9.3	9.2	9.0	8.9	8.8
及格	60	12.6	12.0	11.5	11.1	10.8	10.6	10.2	9.9	9.7	9.5	9.4	9.2	9.1	9.0
不及格	50	12.8	12.2	11.7	11.3	11.0	10.8	10.4	10.1	9.9	9.7	9.6	9.4	9.3	9.2
不及格	40	13.0	12.4	11.9	11.5	11.2	11.0	10.6	10.3	10.1	9.9	9.8	9.6	9.5	9.4
不及格	30	13.2	12.6	12.1	11.7	11.4	11.2	10.8	10.5	10.3	10.1	10.0	9.8	9.7	9.6
不及格	20	13.4	12.8	12.3	11.9	11.6	11.4	11.0	10.7	10.5	10.3	10.2	10.0	9.9	9.8
不及格	10	13.6	13.0	12.5	12.1	11.8	11.6	11.2	10.9	10.7	10.5	10.4	10.2	10.1	10.0

附录：国家学生体质健康标准（2014年修订）

女生50米跑单项评分表　　　　　　　　　　　　　　　　　　　　　　　　　　　　　单位：秒

等级	单项得分	一年级	二年级	三年级	四年级	五年级	六年级	初一	初二	初三	高一	高二	高三	大一、大二	大三、大四
优秀	100	11.0	10.0	9.2	8.7	8.3	8.2	8.1	8.0	7.9	7.8	7.7	7.6	7.5	7.4
优秀	95	11.1	10.1	9.3	8.8	8.4	8.3	8.2	8.1	8.0	7.9	7.8	7.7	7.6	7.5
优秀	90	11.2	10.2	9.4	8.9	8.5	8.4	8.3	8.2	8.1	8.0	7.9	7.8	7.7	7.6
良好	85	11.5	10.5	9.7	9.2	8.8	8.7	8.6	8.5	8.4	8.3	8.2	8.1	8.0	7.9
良好	80	11.8	10.8	10.0	9.5	9.1	9.0	8.9	8.8	8.7	8.6	8.5	8.4	8.3	8.2
及格	78	12.0	11.0	10.2	9.7	9.3	9.2	9.1	9.0	8.9	8.8	8.7	8.6	8.5	8.4
及格	76	12.2	11.2	10.4	9.9	9.5	9.4	9.3	9.2	9.1	9.0	8.9	8.8	8.7	8.6
及格	74	12.4	11.4	10.6	10.1	9.7	9.6	9.5	9.4	9.3	9.2	9.1	9.0	8.9	8.8
及格	72	12.6	11.6	10.8	10.3	9.9	9.8	9.7	9.6	9.5	9.4	9.3	9.2	9.1	9.0
及格	70	12.8	11.8	11.0	10.5	10.1	10.0	9.9	9.8	9.7	9.6	9.5	9.4	9.3	9.2
及格	68	13.0	12.0	11.2	10.7	10.3	10.2	10.1	10.0	9.9	9.8	9.7	9.6	9.5	9.4
及格	66	13.2	12.2	11.4	10.9	10.5	10.4	10.3	10.2	10.1	10.0	9.9	9.8	9.7	9.6
及格	64	13.4	12.4	11.6	11.1	10.7	10.6	10.5	10.4	10.3	10.2	10.1	10.0	9.9	9.8
及格	62	13.6	12.6	11.8	11.3	10.9	10.8	10.7	10.6	10.5	10.4	10.3	10.2	10.1	10.0
及格	60	13.8	12.8	12.0	11.5	11.1	11.0	10.9	10.8	10.7	10.6	10.5	10.4	10.3	10.2
不及格	50	14.0	13.0	12.2	11.7	11.3	11.2	11.1	11.0	10.9	10.8	10.7	10.6	10.5	10.4
不及格	40	14.2	13.2	12.4	11.9	11.5	11.4	11.3	11.2	11.1	11.0	10.9	10.8	10.7	10.6
不及格	30	14.4	13.4	12.6	12.1	11.7	11.6	11.5	11.4	11.3	11.2	11.1	11.0	10.9	10.8
不及格	20	14.6	13.6	12.8	12.3	11.9	11.8	11.7	11.6	11.5	11.4	11.3	11.2	11.1	11.0
不及格	10	14.8	13.8	13.0	12.5	12.1	12.0	11.9	11.8	11.7	11.6	11.5	11.4	11.3	11.2

男生坐位体前屈单项评分表　　　　　　　　　　　　　　　　　　　　　　　　　　　单位：厘米

等级	单项得分	一年级	二年级	三年级	四年级	五年级	六年级	初一	初二	初三	高一	高二	高三	大一、大二	大三、大四
优秀	100	16.1	16.2	16.3	16.4	16.5	16.6	17.6	19.6	21.6	23.6	24.3	24.6	24.9	25.1
优秀	95	14.6	14.7	14.9	15.0	15.2	15.3	15.9	17.7	19.7	21.5	22.4	22.8	23.1	23.3
优秀	90	13.0	13.2	13.4	13.6	13.8	14.0	14.2	15.8	17.8	19.4	20.5	21.0	21.3	21.5
良好	85	12.0	11.9	11.8	11.7	11.6	11.5	12.3	13.7	15.8	17.2	18.3	19.1	19.5	19.9
良好	80	11.0	10.6	10.2	9.8	9.4	9.0	10.4	11.8	13.8	15.0	16.1	17.2	17.7	18.2
及格	78	9.9	9.5	9.1	8.6	8.2	7.7	9.1	10.3	12.4	13.6	14.7	15.8	16.3	16.8
及格	76	8.8	8.4	8.0	7.4	7.0	6.4	7.8	9.0	11.0	12.3	13.4	14.4	14.9	15.4
及格	74	7.7	7.3	6.9	6.2	5.8	5.1	6.5	7.7	9.6	11.0	11.9	13.0	13.5	14.0
及格	72	6.6	6.2	5.8	5.0	4.6	3.8	5.2	6.4	8.2	9.4	10.5	11.6	12.1	12.6
及格	70	5.5	5.1	4.7	3.8	3.4	2.5	3.9	5.1	6.8	8.0	9.1	10.2	10.7	11.2
及格	68	4.4	4.0	3.6	2.6	2.2	1.2	2.6	3.8	5.4	6.6	7.7	8.8	9.3	9.8
及格	66	3.3	2.9	2.5	1.4	1.0	−0.1	1.3	2.5	4.0	5.2	6.3	7.4	7.9	8.4
及格	64	2.2	1.8	1.4	0.2	−0.2	−1.4	0.0	1.2	2.6	3.8	4.9	6.0	6.5	7.0
及格	62	1.1	0.7	0.3	−1.0	−1.4	−2.7	−1.3	−0.1	1.2	2.4	3.5	4.6	5.1	5.6
及格	60	0.0	−0.4	−0.8	−2.2	−2.6	−4.0	−2.6	−1.4	−0.2	1.0	2.1	3.2	3.7	4.2
不及格	50	−0.8	−1.2	−1.6	−3.2	−3.6	−5.0	−3.8	−2.6	−1.4	0.0	1.1	2.2	2.7	3.2
不及格	40	−1.6	−2.0	−2.4	−4.2	−4.6	−6.0	−5.0	−3.8	−2.6	−1.0	0.1	1.2	1.7	2.2
不及格	30	−2.4	−2.8	−3.2	−5.2	−5.6	−7.0	−6.2	−5.0	−3.8	−2.0	−0.9	0.2	0.7	1.2
不及格	20	−3.2	−3.6	−4.0	−6.2	−6.6	−8.0	−7.4	−6.2	−5.0	−3.0	−1.9	−0.8	−0.3	0.2
不及格	10	−4.0	−4.4	−4.8	−7.2	−7.6	−9.0	−8.6	−7.4	−6.2	−4.0	−2.9	−1.8	−1.3	−0.8

女生坐位体前屈单项评分表　　　　　　　　　　　　　　　　　　　　　　　　单位：厘米

等级	单项得分	一年级	二年级	三年级	四年级	五年级	六年级	初一	初二	初三	高一	高二	高三	大一、大二	大三、大四
优秀	100	18.6	18.9	19.2	19.5	19.8	19.9	21.8	22.7	23.5	24.2	24.8	25.3	25.8	26.3
优秀	95	17.3	17.6	17.9	18.1	18.5	18.7	20.1	21.0	21.8	22.5	23.1	23.6	24.0	24.4
优秀	90	16.0	16.3	16.6	16.9	17.2	17.5	18.4	19.3	20.1	20.8	21.4	21.9	22.2	22.4
良好	85	14.7	14.8	14.9	15.0	15.1	15.2	16.7	17.6	18.4	19.1	19.7	20.2	20.6	21.0
良好	80	13.4	13.3	13.2	13.1	13.0	12.9	15.0	15.9	16.7	17.4	18.0	18.5	19.0	19.5
及格	78	12.3	12.2	12.1	12.0	11.9	11.8	13.7	14.6	15.4	16.1	16.7	17.2	17.7	18.2
及格	76	11.2	11.1	11.0	10.9	10.8	10.7	12.4	13.3	14.1	14.8	15.4	15.9	16.4	16.9
及格	74	10.1	10.0	9.9	9.8	9.7	9.6	11.1	12.0	12.8	13.5	14.1	14.6	15.1	15.6
及格	72	9.0	8.9	8.8	8.7	8.6	8.5	9.8	10.7	11.5	12.2	12.8	13.3	13.8	14.3
及格	70	7.9	7.8	7.7	7.6	7.5	7.4	8.5	9.4	10.2	10.9	11.5	12.0	12.5	13.0
及格	68	6.8	6.7	6.6	6.5	6.4	6.3	7.2	8.1	8.9	9.6	10.2	10.7	11.2	11.7
及格	66	5.7	5.6	5.5	5.4	5.3	5.2	5.9	6.8	7.6	8.3	8.9	9.4	9.9	10.4
及格	64	4.6	4.5	4.4	4.3	4.2	4.1	4.6	5.5	6.3	7.0	7.6	8.1	8.6	9.1
及格	62	3.5	3.4	3.3	3.2	3.1	3.0	3.3	4.2	5.0	5.7	6.3	6.8	7.3	7.8
及格	60	2.4	2.3	2.2	2.1	2.0	1.9	2.0	2.9	3.7	4.4	5.0	5.5	6.0	6.5
不及格	50	1.6	1.5	1.4	1.3	1.2	1.1	1.2	2.1	2.9	3.6	4.2	4.7	5.2	5.7
不及格	40	0.8	0.7	0.6	0.5	0.4	0.3	0.4	1.3	2.1	2.8	3.4	3.9	4.4	4.9
不及格	30	0.0	−0.1	−0.2	−0.3	−0.4	−0.5	−0.4	0.5	1.3	2.0	2.6	3.1	3.6	4.1
不及格	20	−0.8	−0.9	−1.0	−1.1	−1.2	−1.3	−1.2	−0.3	0.5	1.2	1.8	2.3	2.8	3.3
不及格	10	−1.6	−1.7	−1.8	−1.9	−2.0	−2.1	−2.0	−1.1	−0.3	0.4	1.0	1.5	2.0	2.5

男生一分钟跳绳单项评分表　　　　　　　　　　　　　　　　　　　　　　　　单位：次

等级	单项得分	一年级	二年级	三年级	四年级	五年级	六年级
优秀	100	109	117	126	137	148	157
优秀	95	104	112	121	132	143	152
优秀	90	99	107	116	127	138	147
良好	85	93	101	110	121	132	141
良好	80	87	95	104	115	126	135
及格	78	80	88	97	108	119	128
及格	76	73	81	90	101	112	121
及格	74	66	74	83	94	105	114
及格	72	59	67	76	87	98	107
及格	70	52	60	69	80	91	100
及格	68	45	53	62	73	84	93
及格	66	38	46	55	66	77	86
及格	64	31	39	48	59	70	79
及格	62	24	32	41	52	63	72
及格	60	17	25	34	45	56	65
不及格	50	14	22	31	42	53	62
不及格	40	11	19	28	39	50	59
不及格	30	8	16	25	36	47	56
不及格	20	5	13	22	33	44	53
不及格	10	2	10	19	30	41	50

女生一分钟跳绳单项评分表　　　　　　单位：次

等级	单项得分	一年级	二年级	三年级	四年级	五年级	六年级
优秀	100	117	127	139	149	158	166
优秀	95	110	120	132	142	151	159
优秀	90	103	113	125	135	144	152
良好	85	95	105	117	127	136	144
良好	80	87	97	109	119	128	136
及格	78	80	90	102	112	121	129
及格	76	73	83	95	105	114	122
及格	74	66	76	88	98	107	115
及格	72	59	69	81	91	100	108
及格	70	52	62	74	84	93	101
及格	68	45	55	67	77	86	94
及格	66	38	48	60	70	79	87
及格	64	31	41	53	63	72	80
及格	62	24	34	46	56	65	73
及格	60	17	27	39	49	58	66
不及格	50	14	24	36	46	55	63
不及格	40	11	21	33	43	52	60
不及格	30	8	18	30	40	49	57
不及格	20	5	15	27	37	46	54
不及格	10	2	12	24	34	43	51

男生立定跳远单项评分表　　　　　　单位：厘米

等级	单项得分	初一	初二	初三	高一	高二	高三	大一、大二	大三、大四
优秀	100	225	240	250	260	265	270	273	275
优秀	95	218	233	245	255	260	265	268	270
优秀	90	211	226	240	250	255	260	263	265
良好	85	203	218	233	243	248	253	256	258
良好	80	195	210	225	235	240	245	248	250
及格	78	191	206	221	231	236	241	244	246
及格	76	187	202	217	227	232	237	240	242
及格	74	183	198	213	223	228	233	236	238
及格	72	179	194	209	219	224	229	232	234
及格	70	175	190	205	215	220	225	228	230
及格	68	171	186	201	211	216	221	224	226
及格	66	167	182	197	207	212	217	220	222
及格	64	163	178	193	203	208	213	216	218
及格	62	159	174	189	199	204	209	212	214
及格	60	155	170	185	195	200	205	208	210
不及格	50	150	165	180	190	195	200	203	205
不及格	40	145	160	175	185	190	195	198	200
不及格	30	140	155	170	180	185	190	193	195
不及格	20	135	150	165	175	180	185	188	190
不及格	10	130	145	160	170	175	180	183	185

女生立定跳远单项评分表　　　　　　　　　　　　　　　　　　　　单位：厘米

等级	单项得分	初一	初二	初三	高一	高二	高三	大一、大二	大三、大四
优秀	100	196	200	202	204	205	206	207	208
	95	190	194	196	198	199	200	201	202
	90	184	188	190	192	193	194	195	196
良好	85	177	181	183	185	186	187	188	189
	80	170	174	176	178	179	180	181	182
及格	78	167	171	173	175	176	177	178	179
	76	164	168	170	172	173	174	175	176
	74	161	165	167	169	170	171	172	173
	72	158	162	164	166	167	168	169	170
	70	155	159	161	163	164	165	166	167
	68	152	156	158	160	161	162	163	164
	66	149	153	155	157	158	159	160	161
	64	146	150	152	154	155	156	157	158
	62	143	147	149	151	152	153	154	155
	60	140	144	146	148	149	150	151	152
不及格	50	135	139	141	143	144	145	146	147
	40	130	134	136	138	139	140	141	142
	30	125	129	131	133	134	135	136	137
	20	120	124	126	128	129	130	131	132
	10	115	119	121	123	124	125	126	127

男生一分钟仰卧起坐、引体向上单项评分表　　　　　　　　　　　　单位：次

等级	单项得分	三年级	四年级	五年级	六年级	初一	初二	初三	高一	高二	高三	大一、大二	大三、大四
优秀	100	48	49	50	51	13	14	15	16	17	18	19	20
	95	45	46	47	48	12	13	14	15	16	17	18	19
	90	42	43	44	45	11	12	13	14	15	16	17	18
良好	85	39	40	41	42	10	11	12	13	14	15	16	17
	80	36	37	38	39	9	10	11	12	13	14	15	16
及格	78	34	35	36	37								
	76	32	33	34	35	8	9	10	11	12	13	14	15
	74	30	31	32	33								
	72	28	29	30	31	7	8	9	10	11	12	13	14
	70	26	27	28	29								
	68	24	25	26	27	6	7	8	9	10	11	12	13
	66	22	23	24	25								
	64	20	21	22	23	5	6	7	8	9	10	11	12
	62	18	19	20	21								
	60	16	17	18	19	4	5	6	7	8	9	10	11
不及格	50	14	15	16	17	3	4	5	6	7	8	9	10
	40	12	13	14	15	2	3	4	5	6	7	8	9
	30	10	11	12	13	1	2	3	4	5	6	7	8
	20	8	9	10	11		1	2	3	4	5	6	7
	10	6	7	8	9			1	2	3	4	5	6

注：小学三年级至六年级：一分钟仰卧起坐，初中、高中、大学：引体向上。

女生一分钟仰卧起坐单项评分表

单位：次

等级	单项得分	三年级	四年级	五年级	六年级	初一	初二	初三	高一	高二	高三	大一、大二	大三、大四
优秀	100	46	47	48	49	50	51	52	53	54	55	56	57
优秀	95	44	45	46	47	48	49	50	51	52	53	54	55
优秀	90	42	43	44	45	46	47	48	49	50	51	52	53
良好	85	39	40	41	42	43	44	45	46	47	48	49	50
良好	80	36	37	38	39	40	41	42	43	44	45	46	47
及格	78	34	35	36	37	38	39	40	41	42	43	44	45
及格	76	32	33	34	35	36	37	38	39	40	41	42	43
及格	74	30	31	32	33	34	35	36	37	38	39	40	41
及格	72	28	29	30	31	32	33	34	35	36	37	38	39
及格	70	26	27	28	29	30	31	32	33	34	35	36	37
及格	68	24	25	26	27	28	29	30	31	32	33	34	35
及格	66	22	23	24	25	26	27	28	29	30	31	32	33
及格	64	20	21	22	23	24	25	26	27	28	29	30	31
及格	62	18	19	20	21	22	23	24	25	26	27	28	29
及格	60	16	17	18	19	20	21	22	23	24	25	26	27
不及格	50	14	15	16	17	18	19	20	21	22	23	24	25
不及格	40	12	13	14	15	16	17	18	19	20	21	22	23
不及格	30	10	11	12	13	14	15	16	17	18	19	20	21
不及格	20	8	9	10	11	12	13	14	15	16	17	18	19
不及格	10	6	7	8	9	10	11	12	13	14	15	16	17

男生耐力跑单项评分表

单位：分·秒

等级	单项得分	五年级	六年级	初一	初二	初三	高一	高二	高三	大一、大二	大三、大四
优秀	100	1'36"	1'30"	3'55"	3'50"	3'40"	3'30"	3'25"	3'20"	3'17"	3'15"
优秀	95	1'39"	1'33"	4'05"	3'55"	3'45"	3'35"	3'30"	3'25"	3'22"	3'20"
优秀	90	1'42"	1'36"	4'15"	4'00"	3'50"	3'40"	3'35"	3'30"	3'27"	3'25"
良好	85	1'45"	1'39"	4'22"	4'07"	3'57"	3'47"	3'42"	3'37"	3'34"	3'32"
良好	80	1'48"	1'42"	4'30"	4'15"	4'05"	3'55"	3'50"	3'45"	3'42"	3'40"
及格	78	1'51"	1'45"	4'35"	4'20"	4'10"	4'00"	3'55"	3'50"	3'47"	3'45"
及格	76	1'54"	1'48"	4'40"	4'25"	4'15"	4'05"	4'00"	3'55"	3'52"	3'50"
及格	74	1'57"	1'51"	4'45"	4'30"	4'20"	4'10"	4'05"	4'00"	3'57"	3'55"
及格	72	2'00"	1'54"	4'50"	4'35"	4'25"	4'15"	4'10"	4'05"	4'02"	4'00"
及格	70	2'03"	1'57"	4'55"	4'40"	4'30"	4'20"	4'15"	4'10"	4'07"	4'05"
及格	68	2'06"	2'00"	5'00"	4'45"	4'35"	4'25"	4'20"	4'15"	4'12"	4'10"
及格	66	2'09"	2'03"	5'05"	4'50"	4'40"	4'30"	4'25"	4'20"	4'17"	4'15"
及格	64	2'12"	2'06"	5'10"	4'55"	4'45"	4'35"	4'30"	4'25"	4'22"	4'20"
及格	62	2'15"	2'09"	5'15"	5'00"	4'50"	4'40"	4'35"	4'30"	4'27"	4'25"
及格	60	2'18"	2'12"	5'20"	5'05"	4'55"	4'45"	4'40"	4'35"	4'32"	4'30"
不及格	50	2'22"	2'16"	5'40"	5'25"	5'15"	5'05"	5'00"	4'55"	4'52"	4'50"
不及格	40	2'26"	2'20"	6'00"	5'45"	5'35"	5'25"	5'20"	5'15"	5'12"	5'10"
不及格	30	2'30"	2'24"	6'20"	6'05"	5'55"	5'45"	5'40"	5'35"	5'32"	5'30"
不及格	20	2'34"	2'28"	6'40"	6'25"	6'15"	6'05"	6'00"	5'55"	5'52"	5'50"
不及格	10	2'38"	2'32"	7'00"	6'45"	6'35"	6'25"	6'20"	6'15"	6'12"	6'10"

注：小学五年级至六年级：50米×8往返跑，初中、高中、大学：1000米跑。

女生耐力跑单项评分表　　　　　　　　　　　　单位：分·秒

等级	单项得分	五年级	六年级	初一	初二	初三	高一	高二	高三	大一、大二	大三、大四
优秀	100	1′41″	1′37″	3′35″	3′30″	3′25″	3′24″	3′22″	3′20″	3′18″	3′16″
	95	1′44″	1′40″	3′42″	3′37″	3′32″	3′30″	3′28″	3′26″	3′24″	3′22″
	90	1′47″	1′43″	3′49″	3′44″	3′39″	3′36″	3′34″	3′32″	3′30″	3′28″
良好	85	1′50″	1′46″	3′57″	3′52″	3′47″	3′43″	3′41″	3′39″	3′37″	3′35″
	80	1′53″	1′49″	4′05″	4′00″	3′55″	3′50″	3′48″	3′46″	3′44″	3′42″
及格	78	1′56″	1′52″	4′10″	4′05″	4′00″	3′55″	3′53″	3′51″	3′49″	3′47″
	76	1′59″	1′55″	4′15″	4′10″	4′05″	4′00″	3′58″	3′56″	3′54″	3′52″
	74	2′02″	1′58″	4′20″	4′15″	4′10″	4′05″	4′03″	4′01″	3′59″	3′57″
	72	2′05″	2′01″	4′25″	4′20″	4′15″	4′10″	4′08″	4′06″	4′04″	4′02″
	70	2′08″	2′04″	4′30″	4′25″	4′20″	4′15″	4′13″	4′11″	4′09″	4′07″
	68	2′11″	2′07″	4′35″	4′30″	4′25″	4′20″	4′18″	4′16″	4′14″	4′12″
	66	2′14″	2′10″	4′40″	4′35″	4′30″	4′25″	4′23″	4′21″	4′19″	4′17″
	64	2′17″	2′13″	4′45″	4′40″	4′35″	4′30″	4′28″	4′26″	4′24″	4′22″
	62	2′20″	2′16″	4′50″	4′45″	4′40″	4′35″	4′33″	4′31″	4′29″	4′27″
	60	2′23″	2′19″	4′55″	4′50″	4′45″	4′40″	4′38″	4′36″	4′34″	4′32″
不及格	50	2′27″	2′23″	5′05″	5′00″	4′55″	4′50″	4′48″	4′46″	4′44″	4′42″
	40	2′31″	2′27″	5′15″	5′10″	5′05″	5′00″	4′58″	4′56″	4′54″	4′52″
	30	2′35″	2′31″	5′25″	5′20″	5′15″	5′10″	5′08″	5′06″	5′04″	5′02″
	20	2′39″	2′35″	5′35″	5′30″	5′25″	5′20″	5′18″	5′16″	5′14″	5′12″
	10	2′43″	2′39″	5′45″	5′40″	5′35″	5′30″	5′28″	5′26″	5′24″	5′22″

注：小学五年级至六年级：50米×8往返跑，初中、高中、大学：800米跑。

（二）加分指标评分表

男生一分钟跳绳评分表　　　　　　　　　　　　单位：次

加分	一年级	二年级	三年级	四年级	五年级	六年级
20	40	40	40	40	40	40
19	38	38	38	38	38	38
18	36	36	36	36	36	36
17	34	34	34	34	34	34
16	32	32	32	32	32	32
15	30	30	30	30	30	30
14	28	28	28	28	28	28
13	26	26	26	26	26	26
12	24	24	24	24	24	24
11	22	22	22	22	22	22
10	20	20	20	20	20	20
9	18	18	18	18	18	18
8	16	16	16	16	16	16
7	14	14	14	14	14	14
6	12	12	12	12	12	12
5	10	10	10	10	10	10
4	8	8	8	8	8	8
3	6	6	6	6	6	6
2	4	4	4	4	4	4
1	2	2	2	2	2	2

注：一分钟跳绳为高优指标，学生成绩超过单项评分100分后，以超过的次数所对应的分数进行加分。

附录：国家学生体质健康标准（2014年修订）

女生一分钟跳绳评分表　　　　　　　　　　　　　　　　　　　单位：次

加分	一年级	二年级	三年级	四年级	五年级	六年级
20	40	40	40	40	40	40
19	38	38	38	38	38	38
18	36	36	36	36	36	36
17	34	34	34	34	34	34
16	32	32	32	32	32	32
15	30	30	30	30	30	30
14	28	28	28	28	28	28
13	26	26	26	26	26	26
12	24	24	24	24	24	24
11	22	22	22	22	22	22
10	20	20	20	20	20	20
9	18	18	18	18	18	18
8	16	16	16	16	16	16
7	14	14	14	14	14	14
6	12	12	12	12	12	12
5	10	10	10	10	10	10
4	8	8	8	8	8	8
3	6	6	6	6	6	6
2	4	4	4	4	4	4
1	2	2	2	2	2	2

注：一分钟跳绳为高优指标，学生成绩超过单项评分100分后，以超过的次数所对应的分数进行加分。

男生引体向上评分表　　　　　　　　　　　　　　　　　　　　　单位：次

加分	初一	初二	初三	高一	高二	高三	大一、大二	大三、大四
10	10	10	10	10	10	10	10	10
9	9	9	9	9	9	9	9	9
8	8	8	8	8	8	8	8	8
7	7	7	7	7	7	7	7	7
6	6	6	6	6	6	6	6	6
5	5	5	5	5	5	5	5	5
4	4	4	4	4	4	4	4	4
3	3	3	3	3	3	3	3	3
2	2	2	2	2	2	2	2	2
1	1	1	1	1	1	1	1	1

女生一分钟仰卧起坐评分表　　　　　　　　　　　　　　　　　　单位：次

加分	初一	初二	初三	高一	高二	高三	大一、大二	大三、大四
10	13	13	13	13	13	13	13	13
9	12	12	12	12	12	12	12	12
8	11	11	11	11	11	11	11	11
7	10	10	10	10	10	10	10	10
6	9	9	9	9	9	9	9	9
5	8	8	8	8	8	8	8	8
4	7	7	7	7	7	7	7	7
3	6	6	6	6	6	6	6	6
2	4	4	4	4	4	4	4	4
1	2	2	2	2	2	2	2	2

注：引体向上、一分钟仰卧起坐均为高优指标，学生成绩超过单项评分100分后，以超过的次数所对应的分数进行加分。

男生 1000 米跑评分表　　　　　　　　　　　　　　　　　　　　　　　单位：分·秒

加分	初一	初二	初三	高一	高二	高三	大一、大二	大三、大四
10	−35″	−35″	−35″	−35″	−35″	−35″	−35″	−35″
9	−32″	−32″	−32″	−32″	−32″	−32″	−32″	−32″
8	−29″	−29″	−29″	−29″	−29″	−29″	−29″	−29″
7	−26″	−26″	−26″	−26″	−26″	−26″	−26″	−26″
6	−23″	−23″	−23″	−23″	−23″	−23″	−23″	−23″
5	−20″	−20″	−20″	−20″	−20″	−20″	−20″	−20″
4	−16″	−16″	−16″	−16″	−16″	−16″	−16″	−16″
3	−12″	−12″	−12″	−12″	−12″	−12″	−12″	−12″
2	−8″	−8″	−8″	−8″	−8″	−8″	−8″	−8″
1	−4″	−4″	−4″	−4″	−4″	−4″	−4″	−4″

女生 800 米跑评分表　　　　　　　　　　　　　　　　　　　　　　　单位：分·秒

加分	初一	初二	初三	高一	高二	高三	大一、大二	大三、大四
10	−50″	−50″	−50″	−50″	−50″	−50″	−50″	−50″
9	−45″	−45″	−45″	−45″	−45″	−45″	−45″	−45″
8	−40″	−40″	−40″	−40″	−40″	−40″	−40″	−40″
7	−35″	−35″	−35″	−35″	−35″	−35″	−35″	−35″
6	−30″	−30″	−30″	−30″	−30″	−30″	−30″	−30″
5	−25″	−25″	−25″	−25″	−25″	−25″	−25″	−25″
4	−20″	−20″	−20″	−20″	−20″	−20″	−20″	−20″
3	−15″	−15″	−15″	−15″	−15″	−15″	−15″	−15″
2	−10″	−10″	−10″	−10″	−10″	−10″	−10″	−10″
1	−5″	−5″	−5″	−5″	−5″	−5″	−5″	−5″

注：1000 米跑、800 米跑均为低优指标，学生成绩低于单项评分 100 分后，以减少的秒数所对应的分数进行加分。

附表 1

《国家学生体质健康标准》登记卡(小学一年级至二年级样表)

学　校＿＿＿＿＿＿

姓　名		性　别			学　号		
班　级		民　族			出生日期		

单项指标	一年级			单项指标	二年级		
	成绩	得分	等级		成绩	得分	等级
体重指数(BMI) (单位:千克/米^2)				体重指数(BMI) (单位:千克/米^2)			
肺活量 (单位:毫升)				肺活量 (单位:毫升)			
50米跑 (单位:秒)				50米跑 (单位:秒)			
坐位体前屈 (单位:厘米)				坐位体前屈 (单位:厘米)			
1分钟跳绳 (单位:次)				1分钟跳绳 (单位:次)			
标准分				标准分			
加分指标	成绩		附加分	加分指标	成绩		附加分
1分钟跳绳 (单位:次)				1分钟跳绳 (单位:次)			
学年总分				学年总分			
等级评定				等级评定			
体育教师签字				体育教师签字			
班主任签字				班主任签字			
家长签字				家长签字			

学校签章:
　　年　月　日

附表 2

《国家学生体质健康标准》登记卡（小学三年级至四年级样表）

学　校 _____

姓　名		性　别		学　号	
班　级		民　族		出生日期	

单项指标	三年级			单项指标	四年级		
	成绩	得分	等级		成绩	得分	等级
体重指数（BMI） （单位：千克/米²）				体重指数（BMI） （单位：千克/米²）			
肺活量 （单位：毫升）				肺活量 （单位：毫升）			
50米跑 （单位：秒）				50米跑 （单位：秒）			
坐位体前屈 （单位：厘米）				坐位体前屈 （单位：厘米）			
1分钟跳绳 （单位：次）				1分钟跳绳 （单位：次）			
标准分				标准分			
加分指标	成绩		附加分	加分指标	成绩		附加分
1分钟跳绳 （单位：次）				1分钟跳绳 （单位：次）			
学年总分				学年总分			
等级评定				等级评定			
体育教师签字				体育教师签字			
班主任签字				班主任签字			
家长签字				家长签字			

学校签章：

年　月　日

附表3

《国家学生体质健康标准》登记卡(小学五年级至六年级样表)

学　校＿＿＿＿＿＿

姓　名		性　别			学　号		
班　级		民　族			出生日期		

单项指标	五年级			六年级			毕业成绩	
	成绩	得分	等级	成绩	得分	等级	得分	等级
体重指数(BMI) (单位:千克/米²)								
肺活量 (单位:毫升)								
50米跑 (单位:秒)								
坐位体前屈 (单位:厘米)								
1分钟跳绳 (单位:次)								
1分钟仰卧起坐 (单位:次)								
50米×8往返跑 (单位:分·秒)								
标准分								
加分指标	成绩	附加分		成绩	附加分			
1分钟跳绳 (单位:次)								
学年总分								
等级评定								
体育教师签字								
班主任签字								
家长签字								

学校签章:
　　年　月　日

附表 4

《国家学生体质健康标准》登记卡（初中样表）

学　校＿＿＿＿＿＿＿＿

姓　名		性　别		学　号		
班　级		民　族		出生日期		

单项指标	初一			初二			初三			毕业成绩	
	成绩	得分	等级	成绩	得分	等级	成绩	得分	等级	得分	等级
体重指数（BMI）（千克/米^2）											
肺活量（毫升）											
50 米跑（秒）											
坐位体前屈（厘米）											
立定跳远（厘米）											
引体向上（男）/1 分钟仰卧起坐（女）（次）											
1000 米跑（男）/800 米跑（女）（分·秒）											
标准分											

加分指标	成绩	附加分	成绩	附加分	成绩	附加分
引体向上（男）/1 分钟仰卧起坐（女）（次）						
1000 米跑（男）/800 米跑（女）（分·秒）						
学年总分						
等级评定						
体育教师签字						
班主任签字						
家长签字						

学校签章：

年　月　日

附表5

《国家学生体质健康标准》登记卡（高中样表）

学　校＿＿＿＿＿＿

姓　名		性　别			学　号		
班　级		民　族			出生日期		

单项指标	高一			高二			高三			毕业成绩	
	成绩	得分	等级	成绩	得分	等级	成绩	得分	等级	得分	等级
体重指数（BMI）（千克/米^2）											
肺活量（毫升）											
50米跑（秒）											
坐位体前屈（厘米）											
立定跳远（厘米）											
引体向上（男）/1分钟仰卧起坐（女）（次）											
1000米跑（男）/800米跑（女）（分·秒）											
标准分											

加分指标	成绩	附加分	成绩	附加分	成绩	附加分
引体向上（男）/1分钟仰卧起坐（女）（次）						
1000米跑（男）/800米跑（女）（分·秒）						
学年总分						
等级评定						
体育教师签字						
班主任签字						
家长签字						

注：中等职业学校参照本样表执行。

学校签章：

年　月　日

附表 6

《国家学生体质健康标准》登记卡(大学样表)

学　校＿＿＿＿＿＿＿＿

姓　名		性　别		学　号	
院(系)		民　族		出生日期	

单项指标	大一			大二			大三			大四			毕业成绩	
	成绩	得分	等级	成绩	得分	等级	成绩	得分	等级	成绩	得分	等级	得分	等级
体重指数(BMI)(千克/米^2)														
肺活量(毫升)														
50 米跑(秒)														
坐位体前屈(厘米)														
立定跳远(厘米)														
引体向上(男)/1 分钟仰卧起坐(女)(次)														
1000 米跑(男)/800 米跑(女)(分·秒)														
标准分														

加分指标	成绩	附加分	成绩	附加分	成绩	附加分	成绩	附加分	成绩	附加分
引体向上(男)/1 分钟仰卧起坐(女)(次)										
1000 米跑(男)/800 米跑(女)(分·秒)										
学年总分										
等级评定										
体育教师签字										
辅导员签字										

注:高等职业学校、高等专科学校参照本样表执行。

学校签章:

年　月　日

附表 7

免予执行《国家学生体质健康标准》申请表(样表)

学　校＿＿＿＿＿＿

姓　　名		性　　别		学　　号	
攻级/院(系)		民　族		出生日期	
原因					

申请人：
　　　　年　月　日

体育教师签字		家长签字	
学校体育部门意见			

学校签章：
　　　　年　月　日

注：中等职业学校及普通高等学校的学生，"家长签字"由学生本人签字。

参考文献

[1] 肖夕君. 科学运动与健康[M]. 长沙：湖南大学出版社，2006.
[2] 管延伟. 新编体育教程[M]. 北京：北京体育大学出版社，2007.
[3] 何炜煌. 大学体育与健康[M]. 武汉：华中师范大学出版社，2007.
[4] 王晓成，周新华，等. 大学体育与健康教程[M]. 北京：北京体育大学出版社，2008.
[5] 孙庆杰. 田径[M]. 北京：高等教育出版社，2001.
[6] 张先松. 健身、健美运动[M]. 北京：高等教育出版社，2005.
[7] 陈智勇. 现代大学体育教程[M]. 北京：北京体育大学出版社，2008.
[8] 梁建. 排球[M]. 北京：北京师范大学出版社，2005.
[9] 曹镜鉴. 足球竞赛规则问答[M]. 北京：北京体育大学出版社，2002.
[10] 陶志祥. 网球运动教程[M]. 北京：高等教育出版社，2004.
[11] 苏丕仁. 乒乓球运动教程[M]. 北京：高等教育出版社，2004.
[12] 周之华，蔡仲林. 武术[M]. 北京：高等教育出版社，2005.
[13] 冯子安. 新编大学体育学[M]. 北京：北京体育大学出版社，2010.
[14] 张瑞林. 棒垒球运动[M]. 北京：高等教育出版社，2013.